《证券市场基本法律法规》机考题库·真题试卷(一)

一、选择题(共50题，每题1分，共50分)以下备选项中只有1项符合题目要求，不选、错选均不得分。

1. 在科创板创新交易机制中，下列关于科创板股票涨跌幅限制的说法，正确的是(　　)。
   A. 科创板股票的涨跌幅限制为20%，新股上市后的前5个交易日不设涨跌幅限制
   B. 科创板股票的涨跌幅限制为20%，新股上市首日不设涨跌幅限制
   C. 科创板股票的涨跌幅限制为10%，新股上市首日不设涨跌幅限制
   D. 科创板股票的涨跌幅限制为10%，新股上市后的前5个交易日不设涨跌幅限制
2. 因故意犯罪被判处刑罚，刑罚执行完毕未逾3年的张某，不得成为证券公司的(　　)。
   A. 持股5%以上的股东　　B. 客户
   C. 合格投资者　　D. 外聘顾问
3. 根据《中华人民共和国合伙企业法》，吴某、杜某、任某、于某是某特殊普通合伙企业合伙人，下列说法正确的是(　　)。
   A. 吴某在执业活动中因故意造成的合伙企业债务，吴某应承担有限连带责任
   B. 任某在执业活动中因重大过失造成的合伙企业债务，全体合伙人应承担无限连带责任
   C. 于某造成的重大过失由合伙企业承担责任后，不需对合伙企业的损失承担赔偿责任
   D. 杜某在执业活动中非因故意或者重大过失造成的合伙企业债务，由全体合伙人承担无限连带责任
4. 证券投资顾问应当遵循诚实信用原则，勤勉、审慎地为客户提供证券投资顾问服务，下列属于执业中禁止的行为是(　　)。
   A. 通过网络等公众媒体做了买入、卖出或持有具体证券的投资建议
   B. 忠实客户利益，不得为特定客户利益损害其他客户利益
   C. 向客户提供适当的投资建议服务
   D. 提供的投资建议依据为基于理论模型及分析方法形成的投资分析意见
5. 上市公司应当在每一会计年度结束之日起(　　)月内向中国证监会和证券交易所报送财务会计报告。
   A. 三个　　B. 两个　　C. 一个　　D. 四个
6. 公司应当自作出合并决议之日起(　　)日内通知债权人，并于30日内在报纸上公告。
   A. 10　　B. 20　　C. 15　　D. 30

以募集方式设立股份有限公司的，公司章程须经(　　)通过。
   A. 出席创立大会的认股人所持表决权过半数
   B. 全体认股人所持表决权过半数
   C. 出席创立大会的认股人所持表决权2/3以上
   D. 全体发起人、认股人所持表决权2/3以上

下列可以成为背信运用受托财产罪犯罪主体的是(　　)。

A. 自然人　　B. 期货经纪公司　　C. 会计师事务所　　D. 律师事务所

9. 下列关于资产管理合同需明确约定的或有事项的说法，错误的是(　　)。

A. 托管人变更　　B. 巨额申赎　　C. 延期支付　　D. 延期清算

10. 下列关于期货交易所的职责的说法，错误的是(　　)。

A. 期货交易所按照章程和交易规则对会员进行监督管理

B. 期货交易所负责设计合约，安排合约上市

C. 期货交易所不得为期货交易提供集中履约担保

D. 提供交易的场所、设施和服务

11. 证券公司违反法律、行政法规及中国证监会其他规定的，下列不属于中国证监会及其派出机构可以对其采取的行政监管措施的是(　　)。

A. 撤销行政许可　　B. 暂不受理与行政许可有关的文件

C. 责令改正　　D. 出具警示函

12. 下列各项中属于证券经纪业务合规风险的是(　　)。

A. 将客户资金账户、证券账户提供给他人使用

B. 工作人员违规操作导致客户账户管理差错

C. 交易场地电脑设备不足

D. 为法人客户开立账户审核资料不严

13. 公司分配当年税后利润时，应当提取利润的(　　)列入公司法定公积金。

A. 20%　　B. 15%　　C. 10%　　D. 25%

14. A公司拟公开发行股份，甲、乙、丙、丁四家证券公司都想作为A公司的主承销商，下列证券公司的做法中，错误的是(　　)。

A. 丁公司工作人员向A公司的主要负责人介绍承销业务的主要流程

B. 甲公司工作人员向A公司主要负责人介绍甲公司的承销资质

C. 丙公司工作人员为A公司的主要负责人提供出国参观机会

D. 乙公司工作人员邀请A公司主要负责人来乙公司参观

15. 证券公司将自有资金投资于依法公开发行的投资级公司债等中国证监会认可的(　　)的证券，或者委托其他证券公司或者基金公司进行投资管理，且投资规模合计不超过80%的，无须取得证券自营业务资格。

A. 风险较高、流动性较强　　B. 风险较低、流动性较强

C. 风险较低、流动性较弱　　D. 风险较高、流动性较弱

16. 根据《证券公司监督管理条例》，下列做法错误的是(　　)。

A. 丙证券公司按规定提取一般风险准备金，用于弥补经营亏损

B. 丁证券公司委托具有证券从业资格的公司以外人员作为证券经纪人

C. 乙证券公司向客户提供投资建议，对证券价格的涨跌做确定性的判断

D. 甲证券公司未经批准委托他人管理该证券公司的股权

17. 期货公司(　　)期货自营业务。

A. 在获得许可的情况下可从事　　B. 可以从事

C. 可绕道从事　　D. 不得从事或者变相从事

18. 证券市场的行业自律规则不包括(　　)。

A. 证券交易所制定的自律规则
B. 中国证监会制定的自律规则
C. 中国证券登记结算有限责任公司制定的自律规则
D. 中国证券业协会制定的自律规则

19. 证券公司在销售金融产品的过程中，禁止进行的活动是(　　)。
A. 向普通投资者主动推介风险等级低于其风险承受能力的金融产品
B. 向普通投资者主动推介符合其投资目标的金融产品
C. 向符合准入要求的投资者销售金融产品
D. 向投资者就不确定事项提供确定性的判断

20. 根据可疑交易报告的相关规定，证券公司正确的做法是(　　)。
A. 发现客户交易与洗钱等犯罪活动相关，对满足特定金额的，应向人民银行反洗钱监测分析中心提交可疑交易报告
B. 制定本公司的交易监测标准，但对其有效性不能完全负责
C. 明显涉嫌洗钱活动的，向人民银行反洗钱监测分析中心提交可疑交易报告的同时，以电子形式或书面形式向所在地中国人民银行或其分支机构报告
D. 交易监测标准仅包括客户交易金额、频率、流向等异常情形，不包括客户身份、行为等存在异常的情形

21. 证券公司作为融出方的，单一证券公司接受单只A股股票质押的数量不得超过该股票A股股本的(　　)。
A. 10%　　B. 50%　　C. 20%　　D. 30%

22. 取得(　　)后，证券经纪人方可执业。
A. 委托合同　　B. 证券经纪人证书
C. 证券经纪人从业资格　　D. 证券从业资格

23. 下列关于公司对外投资规定的表述，错误的是(　　)。
A. 公司可以向其他企业投资
B. 除法律另有规定外，公司不得成为对所投资企业债务承担连带责任的出资人
C. 公司章程对投资总额及单项投资的数额有限额规定的，不得超过规定的限额
D. 公司向其他企业投资，依照公司章程的规定，由董事长决定

24. 根据《区域性股权市场自律管理与服务规范(试行)》，下列关于证券公司参与区域性股权市场自律管理要求的说法，错误的是(　　)。
A. 中国证券业协会有权视情节轻重采取相关自律惩戒措施
B. 应当配合证券业协会对落实本规范及相关自律要求情况的监督检查
C. 应当遵守证券行业监管和自律规则以及区域性股权市场相关的管理规定
D. 中国证监会及其派出机构有权作出行政处罚

25. 根据《证券公司和证券投资基金管理公司合规管理办法》，下列不属于证券公司合规风险的是(　　)。
A. 丙证券公司赵某作为投资银行业务人员因违反执业行为准则被采取了纪律处分
B. 丁证券公司未有效管理内幕信息或未公开信息而造成的信息泄露
C. 乙证券公司李某作为股票自营部门负责人在股票投资业务中给公司带来亏损

D. 甲证券公司财务人员王某因违反相关法律法规给公司带来财产损失

26. 证券公司应当至少每半年经(　　)签署确认后，向公司全体股东报告一次公司净资本等风险控制指标的具体情况和达标情况，并至少获得主要股东的签收确认证明文件。

A. 董事会　　B. 监事会　　C. 股东(大)会　　D. 高级管理人员

27. 根据《中国证券业协会诚信管理办法》，诚信信息中的基本信息的效力期限为(　　)。

A. 长期有效　　B. 三年　　C. 十年　　D. 五年

28. 下列关于合伙企业不能清偿到期债务时债权人的做法，正确的是(　　)。

A. 债权人可以选择向人民法院提出破产申请或者要求普通合伙人清偿

B. 债权人可以要求全体合伙人清偿

C. 债权人自行承担

D. 债权人可以要求有限合伙人清偿

29. 下列各项中，公司监事会行使的职权不包括(　　)。

A. 检查公司财务

B. 提议召开临时股东会会议

C. 决定公司内部管理机构的设置

D. 对高级管理人员执行公司职务的行为进行监督

30. 我国《证券法》规定，持有公司(　　)以上股份的股东为知悉证券交易内幕信息的知情人员。

A. 3%　　B. 10%　　C. 20%　　D. 5%

31. 下列关于证券公司合并、解散、停业、分立的说法，正确的是(　　)。

A. 证券公司合并的，涉及客户权益的重大资产转让应当经具有证券相关业务资格的评估机构评估

B. 证券公司停业的，无需处理未了结业务

C. 证券公司分立的，重大资产转让无需评估

D. 证券公司解散的，应当经中国证券业协会批准

32. 根据现行规定，下列为证券业从业人员禁止从事的行为是(　　)。

A. 买卖成交后，不按照规定制作买卖成交报告单交付客户

B. 举办有关证券投资咨询的讲座、报告会、分析会

C. 接受投资人或客户的委托，提供证券投资咨询服务

D. 接受客户委托，按规定的标准收取各项费用

33. 以下属于我国《证券法》规定的内幕交易行为的是(　　)。

A. 与他人串通，以事先约定时间、价格和方式相互进行证券交易

B. 上市公司股利分配计划公开前，该计划的知情人，建议他人买卖该证券

C. 证券公司以自营账户为他人或以他人名义为自己买卖证券

D. 在自己实际控制的账户之间进行证券交易，影响证券交易价格

34. 下列关于资产管理计划投资者应履行义务的说法，错误的是(　　)。

A. 配合管理人或其销售机构完成投资者适当性管理、非居民金融账户涉税信息尽职调查、反洗钱等监管规定的工作

B. 承担资产管理合同约定的管理费、托管费、审计费、税费、业绩报酬等合理费用

C. 按照合同约定参与、退出和转让集合资产管理计划份额
D. 认真阅读并签署风险揭示书

35. 公开募集基金的基金管理人员及其董事、监事、高级管理人员和其他从业人员可以(　　)。
A. 不公平地对待其管理的不同基金财产
B. 向基金份额持有人承诺收益或者承担损失
C. 按照基金合同的约定确定基金收益分配方案，及时向基金份额持有人分配收益
D. 侵占、挪用基金财产

36. 股票的发行价格不得低于(　　)。
A. 每股净资产　　B. 两倍市净率
C. 同行业上市公司平均市盈率　　D. 票面金额

37. 上市公司并购重组活动涉及公开发行股票的，应当按照有关规定聘请具有(　　)资格的公司从事相关业务。
A. 证券自营　　B. 证券经纪　　C. 证券资产管理　　D. 保荐

38. 下列不属于柜台市场发行、销售与转让产品的方式是(　　)。
A. 拍卖竞价　　B. 集中竞价　　C. 做市　　D. 标购竞价

39. 下列关于证券公司风险管理能力评价指标评价依据的说法，错误的是(　　)。
A. 信息技术管理　　B. 资产管理业务
C. 客户权益保护　　D. 资本充足

40. 下列不得成为持有证券公司5%以上股权的股东、实际控制人的情形是(　　)。
A. 因故意犯罪被判处刑罚，刑罚执行完毕已经超过5年
B. 净资产高于实收资本的50%
C. 不能清偿到期债务
D. 或有负债不超过净资产的30%

41. 根据《证券公司及基金管理公司子公司资产证券化业务尽职调查工作指引》，下列关于尽职调查报告的说法，错误的是(　　)。
A. 尽职调查报告应加盖管理人公司公章和注明报告日期
B. 尽职调查报告应当对资产证券化项目是否符合相关法律法规、部门规章以及规范性文件的相关规定发表明确意见
C. 尽职调查报告应当说明调查的基准日、调查内容、调查程序等事项
D. 公司分管高级管理人员及尽职调查工作组全体成员应当在尽职调查报告上签字

42. 融资融券业务是指(　　)进行的证券交易中，证券公司向客户出借资金供其买入证券，出借证券供其卖出，并由客户交存相应担保物的经营活动。
A. 在证券交易所或者国务院批准的其他证券交易场所
B. 在证券交易所或者场外交易场所
C. 在场外交易场所
D. 在证券交易所

43. 根据《证券法》，下列关于公开发行证券募集资金用途的说法，正确的是(　　)。
A. 擅自改变用途而未作纠正的不得再次公开发行

B. 对擅自改变用途的发行人，上市公司直接责任人员仅处警告，不处罚款

C. 通过董事会的决议可以改变募集资金用途

D. 对公开发行的股票、债券募集资金用途均没有限制

44. 公司的经营范围由(　　)规定。

A. 公司章程　　B. 发起人协议　　C. 股东大会协议　　D. 董事会决议

45. 收购人未按照《证券法》规定履行上市公司收购的公告义务，在买入后的三十六个月内，对该超过规定比例部分的股份不得行使(　　)。

A. 处分权　　B. 知情权　　C. 表决权　　D. 分红权

46. 根据《证券期货经营机构参与股票期权交易试点指引》，下列关于证券公司开展股票期权业务的说法，错误的是(　　)。

A. 证券公司从事股票期权经纪业务，应当制定并严格执行股票期权经纪业务投资者适当性管理制度，全面介绍股票期权产品特征，充分揭示股票期权交易风险

B. 投资者应当在证券公司营业场所现场办理股票期权交易开户手续，并书面签署风险揭示书

C. 证券期货经营机构从事股票期权相关业务的，应当建立健全并有效执行信息隔离制度

D. 证券公司以自有资金参与股票期权交易试点的，应当具备证券自营业务资格，不具备证券自营业务资格的证券公司，其自有资金在任何情况下都不得参与股票期权交易

47. 下列关于恐怖活动资产冻结的说法中，正确的是(　　)。

A. 证券公司采取冻结措施后，应当及时告知客户，并说明采取冻结措施的依据和理由

B. 证券公司发现恐怖活动组织及恐怖活动人员拥有或控制的资产，应该在报告中国人民银行及其分支机构后采取冻结措施

C. 境外有关部门以涉及恐怖活动为由，要求证券公司冻结相关资产、提供客户身份信息及交易信息的，证券公司应当告知对方通过外交途径或者司法协助途径提出请求

D. 证券公司应当严格按照中国人民银行发布的恐怖活动组织及恐怖活动人员名单、冻结资产的决定，依法对相关资产采取冻结措施

48. (　　)负责非公开募集基金备案。

A. 基金业协会　　B. 证券交易所

C. 国务院证券监督管理机构　　D. 基金份额登记机构

49. 证券公司申请在全国股份转让系统从事推荐业务，应当具备的业务资格为(　　)。

A. 证券经纪业务资格　　B. 证券自营业务资格

C. 证券保荐与承销业务资格　　D. 财务顾问业务资格

50. 从业人员遇到自身利益或相关方利益与客户的利益发生冲突且无法避免时，应及时向所在机构报告；当无法避免时，应确保(　　)的利益得到公平的对待。

A. 所在机构　　B. 关联方　　C. 自身　　D. 客户

二、组合型选择题(共50题，每题1分，共50分)以下备选项中只有1项最符合题目要求，不选、错选均不得分。

1. 客户的交易结算资金、证券资产管理客户的委托资产属于客户，应当与(　　)的自有资

产相互独立、分别管理。

Ⅰ. 证券公司　Ⅱ. 指定商业银行　Ⅲ. 资产托管机构　Ⅳ. 保险公司

A. Ⅰ、Ⅱ、Ⅳ　B. Ⅰ、Ⅲ、Ⅳ　C. Ⅱ、Ⅲ、Ⅳ　D. Ⅰ、Ⅱ、Ⅲ

2. 根据《证券公司风险控制指标计算标准规定》，证券公司经营证券自营业务，持有权益类证券及证券衍生品的规模及比例应符合(　　)。

Ⅰ. 自营权益类证券及证券衍生品的合计额不得超过净资本的100%

Ⅱ. 自营权益类证券及证券衍生品的合计额不得超过净资产的500%

Ⅲ. 持有一种权益类证券的市值与其总市值的比例不得超过10%

Ⅳ. 持有一种权益类证券的成本不得超过净资本的30%

A. Ⅰ、Ⅳ　B. Ⅱ、Ⅳ　C. Ⅰ、Ⅲ　D. Ⅱ、Ⅲ

3. 下列关于有限合伙企业执行合伙事务的说法，正确的有(　　)。

Ⅰ. 有限合伙企业由普通合伙人执行合伙事务

Ⅱ. 有限合伙人不执行合伙事务

Ⅲ. 有限合伙人不得对外代表有限合伙企业

Ⅳ. 执行事务合伙人可以要求在合伙协议中明确执行事务的报酬及报酬提取方式

A. Ⅰ、Ⅱ、Ⅲ　B. Ⅰ、Ⅱ、Ⅲ、Ⅳ

C. Ⅰ、Ⅲ、Ⅳ　D. Ⅱ、Ⅳ

4. 下列属于证券公司隔离措施的有(　　)。

Ⅰ. 电脑部门、财务部门、监督检查部门与业务部门的人员不得相互兼任

Ⅱ. 资金清算人员不得由电脑部门人员和交易部门人员兼任

Ⅲ. 对跨隔离墙的人员、业务应有完整记录，并采取静默期

Ⅳ. 对跨越隔离墙的业务、人员应实行重点监控

A. Ⅰ、Ⅱ、Ⅳ　B. Ⅰ、Ⅱ、Ⅲ、Ⅳ

C. Ⅰ、Ⅱ、Ⅲ　D. Ⅱ、Ⅲ、Ⅳ

5. 中国证监会及其派出机构可以根据审慎监管原则，要求财务顾问提供已按照《上市公司并购重组财务顾问业务管理办法》的规定履行尽职调查义务的(　　)。

Ⅰ. 证明材料　Ⅱ. 工作档案　Ⅲ. 工作底稿　Ⅳ. 立项申请

A. Ⅰ、Ⅲ、Ⅳ　B. Ⅰ、Ⅱ、Ⅲ　C. Ⅱ、Ⅲ、Ⅳ　D. Ⅰ、Ⅱ、Ⅳ

6. 期货交割仓库不得有下列(　　)行为。

Ⅰ. 出具虚假仓单

Ⅱ. 违反期货交易所业务规则，限制交割商品的入库、出库

Ⅲ. 泄露与期货交易有关的商业秘密

Ⅳ. 违反国家有关规定参与期货交易

A. Ⅰ、Ⅱ、Ⅲ　B. Ⅰ、Ⅲ、Ⅳ　C. Ⅱ、Ⅳ　D. Ⅰ、Ⅱ、Ⅲ、Ⅳ

7. 关于证券期货经营机构向普通投资者提供服务时，应当进行更充分的风险警示，下列说法中，正确的有(　　)。

Ⅰ. 为普通投资者提供风险揭示材料

Ⅱ. 向普通投资者销售高风险产品时履行特别注意义务

Ⅲ. 向普通投资者提供服务时无需履行特别注意义务

Ⅳ. 向普通投资者进行网络风险警示的，应当全程录音录像

A. Ⅰ、Ⅳ　　B. Ⅱ、Ⅲ　　C. Ⅰ、Ⅱ　　D. Ⅰ、Ⅱ、Ⅲ、Ⅳ

8. “合规、诚信、专业、稳健”是证券业文化理念的体现，是资本市场长期稳定健康发展的价值取向，下列选项中正确的是(　　)。

Ⅰ. 合规是底线　　Ⅱ. 诚信是义务　　Ⅲ. 专业是特色　　Ⅳ. 稳健是保证

A. Ⅰ、Ⅱ、Ⅲ　　B. Ⅰ、Ⅱ、Ⅲ、Ⅳ

C. Ⅰ、Ⅱ、Ⅳ　　D. Ⅱ、Ⅲ、Ⅳ

9. 下列属于证券公司反洗钱内部控制制度的有(　　)。

Ⅰ. 客户身份识别制度和风险等级划分制度

Ⅱ. 客户身份资料和交易记录保存制度

Ⅲ. 保密制度

Ⅳ. 宣传培训制度

A. Ⅰ、Ⅱ、Ⅲ、Ⅳ　　B. Ⅱ、Ⅳ

C. Ⅰ、Ⅲ、Ⅳ　　D. Ⅰ、Ⅱ、Ⅲ

10. 下列关于董事、监事和高级管理人员的义务和责任中，正确的有(　　)。

Ⅰ. 不得违反公司章程的规定，未经股东会、股东大会或者董事会同意，将公司资金借贷给他人或者以公司财产为他人提供担保

Ⅱ. 将公司资金以其个人名义或者以其他个人名义开立账户存储

Ⅲ. 董事、高级管理人员违反经营义务所得的收入应当归公司所有

Ⅳ. 董事违反公司章程损害公司股东利益的，股东有权直接提起诉讼要求董事承担赔偿责任

A. Ⅰ、Ⅱ、Ⅳ　　B. Ⅱ、Ⅲ、Ⅳ　　C. Ⅰ、Ⅲ、Ⅳ　　D. Ⅰ、Ⅱ、Ⅲ

11. 国务院证券监督管理机构可以要求下列(　　)单位，在指定的期限内提供与证券公司经营管理和财务状况有关的资料、信息。

Ⅰ. 证券公司的开户银行、指定商业银行、资产托管机构

Ⅱ. 证券交易所

Ⅲ. 证券登记结算机构

Ⅳ. 为证券公司提供服务的证券服务机构

A. Ⅱ、Ⅲ、Ⅳ　　B. Ⅰ、Ⅳ　　C. Ⅰ、Ⅱ、Ⅲ　　D. Ⅰ、Ⅱ、Ⅲ、Ⅳ

12. 证券公司首席信息官的任职条件包括(　　)。

Ⅰ. 从事信息技术相关工作 10 年以上

Ⅱ. 在证券监管机构、证券基金业自律组织任职 8 年以上

Ⅲ. 最近 5 年未被金融监管机构实施行政处罚或采取重大行政监管措施

Ⅳ. 在证券监管机构、证券基金业自律组织任职 10 年以上

A. Ⅰ、Ⅱ、Ⅲ　　B. Ⅰ、Ⅲ、Ⅳ　　C. Ⅰ、Ⅱ　　D. Ⅲ、Ⅳ

13. 下列关于违反证券机构管理规定的说法，错误的有(　　)。

Ⅰ. 未获得证监会批准的投资咨询公司，向客户提供股票买入或者卖出建议

Ⅱ. 证券公司的证券经纪业务和证券承销业务混合经营

Ⅲ. 证券公司以他人名义经营证券自营业务

Ⅳ．除证券公司外，任何单位不得从事证券承销业务

A. Ⅰ、Ⅱ　B. Ⅰ、Ⅱ、Ⅲ　C. Ⅰ、Ⅲ、Ⅳ　D. Ⅱ、Ⅲ、Ⅳ

14. 证券公司应按照法律、行政法规和中国证监会的规定建立(　　)。

Ⅰ．盈利评估体系　Ⅱ．风险管理体系

Ⅲ．合规管理体系　Ⅳ．内部控制体系

A. Ⅰ、Ⅱ、Ⅲ　B. Ⅰ、Ⅱ、Ⅲ、Ⅳ

C. Ⅰ、Ⅳ　D. Ⅱ、Ⅲ、Ⅳ

15. 根据《关于加强证券经纪业务管理的规定》，下列关于违反经纪业务有关规定的法律责任的说法，正确的有(　　)。

Ⅰ．责令改正　Ⅱ．限制业务活动

Ⅲ．出具警示函　Ⅳ．责令处分有关人员

A. Ⅰ、Ⅱ、Ⅲ、Ⅳ　B. Ⅰ、Ⅱ、Ⅲ

C. Ⅰ、Ⅲ、Ⅳ　D. Ⅱ、Ⅲ、Ⅳ

16. 证券公司承销证券，应当对公开发行募集文件的(　　)进行核查。发现有虚假记载、误导性陈述或者重大遗漏的，不得进行销售活动。

Ⅰ．真实　Ⅱ．准确　Ⅲ．完整　Ⅳ．全面

A. Ⅰ、Ⅱ、Ⅲ　B. Ⅲ、Ⅳ　C. Ⅰ、Ⅱ　D. Ⅰ、Ⅱ、Ⅲ、Ⅳ

17. 法律关系客体包含(　　)。

Ⅰ．物　Ⅱ．人格　Ⅲ．精神成果　Ⅳ．行为

A. Ⅰ、Ⅳ　B. Ⅱ、Ⅲ　C. Ⅰ、Ⅱ、Ⅳ　D. Ⅰ、Ⅱ、Ⅲ、Ⅳ

18. 证券金融公司的资金，可以用于(　　)。

Ⅰ．履行证监会规定的转融通职责　Ⅱ．购买国债

Ⅲ．购置自用不动产　Ⅳ．维持公司正常运转

A. Ⅱ、Ⅲ、Ⅳ　B. Ⅰ、Ⅱ　C. Ⅰ、Ⅲ、Ⅳ　D. Ⅰ、Ⅱ、Ⅲ、Ⅳ

19. 下列关于基金管理人、托管人相关责任的说法，正确的有(　　)。

Ⅰ．基金管理人、托管人应缴纳的罚款、罚金以其固有财产承担

Ⅱ．基金托管人以受托资金承担罚款、罚金

Ⅲ．依法收缴的罚款、罚金和没收的违法所得，全部上缴国库

Ⅳ．依法收缴的罚款、罚金和没收的违法所得，全部归入基金财产

A. Ⅰ、Ⅳ　B. Ⅱ、Ⅳ　C. Ⅱ、Ⅲ　D. Ⅰ、Ⅲ

20. 证券公司从事介绍业务时，与期货公司签订的书面委托协议应当载明的事项包括(　　)。

Ⅰ．介绍业务的范围

Ⅱ．介绍业务对接规则

Ⅲ．执行期货保证金安全存管制度的措施

Ⅳ．客户投诉的接待处理方式

A. Ⅰ、Ⅱ、Ⅲ　B. Ⅱ、Ⅲ　C. Ⅰ、Ⅲ　D. Ⅰ、Ⅱ、Ⅲ、Ⅳ

21. 下列属于证券公司在合规负责人任期届满前可以免除其职务的正当理由是(　　)。

Ⅰ．合规负责人本人申请　Ⅱ．被中国证监会责令更换

Ⅲ. 确有证据证明其无法正常履职　　Ⅳ. 确有证据证明其未能勤勉尽责

A. Ⅲ、Ⅳ　　B. Ⅱ、Ⅳ　　C. Ⅰ、Ⅱ、Ⅲ　　D. Ⅰ、Ⅱ、Ⅲ、Ⅳ

22. 可以动用证券公司客户信用交易担保证券账户内的证券和客户信用交易担保资金账户内的资金的情形有(　　)。

Ⅰ. 为客户进行融资融券交易的结算

Ⅱ. 收取客户应当归还的资金、证券

Ⅲ. 收取客户应当支付的利息、费用、税款

Ⅳ. 按照规定或约定处分担保物

A. Ⅰ、Ⅲ　　B. Ⅱ、Ⅲ、Ⅳ　　C. Ⅰ、Ⅱ　　D. Ⅰ、Ⅱ、Ⅲ、Ⅳ

23. 根据《证券、期货投资咨询管理暂行办法》，证券投资咨询人员包括(　　)。

Ⅰ. 证券投资顾问　Ⅱ. 证券分析师　　Ⅲ. 证券经纪人　　Ⅳ. 投资经理

A. Ⅰ、Ⅱ　　B. Ⅱ、Ⅲ　　C. Ⅰ、Ⅳ　　D. Ⅰ、Ⅱ、Ⅲ

24. 在《证券经纪人管理暂行规定》中，证券经纪人应在所服务证券公司授权的范围内执业，不得有以下行为(　　)。

Ⅰ. 以所服务证券公司或证券营业部的名义，与客户签订合同

Ⅱ. 代客户在相关合同、协议、文件等资料上签字

Ⅲ. 向客户提供非由所服务证券公司统一提供的研究报告

Ⅳ. 通过互联网络、新闻媒体从事客户招揽和客户服务活动

A. Ⅰ、Ⅱ、Ⅲ　　B. Ⅰ、Ⅳ

C. Ⅰ、Ⅱ、Ⅲ、Ⅳ　　D. Ⅱ、Ⅲ、Ⅳ

25. 根据《证券投资顾问业务暂行规定》，证券投资顾问向客户提供投资建议的依据包括(　　)。

Ⅰ. 证券研究报告

Ⅱ. 基于理论模型以及分析方法形成的投资分析意见

Ⅲ. 证券投资顾问的服务能力和过往业绩

Ⅳ. 基于证券研究报告形成的投资分析意见

A. Ⅰ、Ⅲ、Ⅳ　　B. Ⅰ、Ⅱ　　C. Ⅰ、Ⅱ、Ⅳ　　D. Ⅱ、Ⅳ

26. 根据《私募投资基金募集行为管理办法》等，作为非公开募集基金合格投资者的单位或个人应满足的条件包括(　　)。

Ⅰ. 具备相应的风险识别能力和风险承担能力

Ⅱ. 基金份额认购金额不低于规定限额

Ⅲ. 合格的单位投资者，净资产应不低于1000万元

Ⅳ. 合格的个人投资者，金融资产应不低于300万元或者最近3年个人年均收入不低于50万元

A. Ⅰ、Ⅱ、Ⅲ、Ⅳ　　B. Ⅰ、Ⅲ、Ⅳ

C. Ⅰ、Ⅱ、Ⅲ　　D. Ⅱ、Ⅲ、Ⅳ

27. 关于诱骗投资者买卖证券、期货合约案，下列属于应予立案追诉情形的有(　　)。

Ⅰ. 获利数额累计在5万元以上的

Ⅱ. 避免损失数额累计在5万元以上的

Ⅲ. 造成投资者直接经济损失数额在5万元以上的

Ⅳ. 致使交易价格或交易量异常波动的

A. Ⅰ、Ⅱ、Ⅲ　　B. Ⅰ、Ⅱ、Ⅲ、Ⅳ

C. Ⅲ、Ⅳ　　D. Ⅰ、Ⅱ、Ⅳ

28. 未经法定机关注册，擅自公开或者变相公开发行证券的，关于该行为的法律后果，下列表述正确的有(　　)。

Ⅰ. 责令停止发行，退还所募集资金和加算银行同期存款利息，并处以非法所募资金金额百分之五以上百分之五十以下的罚款

Ⅱ. 对直接负责的主管人员和其他直接责任人员给予警告，并处以一定数额的罚款

Ⅲ. 应当承担民事赔偿责任和缴纳罚款、罚金，其财产不足以同时支付时，先承担罚款、罚金

Ⅳ. 对证券发行行为没收的违法所得和罚款，全部上缴国库

A. Ⅰ、Ⅱ、Ⅳ　　B. Ⅰ、Ⅱ、Ⅲ　　C. Ⅱ、Ⅲ、Ⅳ　　D. Ⅰ、Ⅲ、Ⅳ

29. 全国股份转让系统公司可以对《全国中小企业股份转让系统业务规则(试行)》规定的监管对象(　　)采取自律监管措施。

Ⅰ. 挂牌公司　　Ⅱ. 挂牌公司监事

Ⅲ. 持有挂牌公司1.5%股份的股东　　Ⅳ. 投资者

A. Ⅱ、Ⅲ　　B. Ⅰ、Ⅱ、Ⅳ

C. Ⅰ、Ⅱ、Ⅲ、Ⅳ　　D. Ⅰ、Ⅲ、Ⅳ

30. 设立股份有限公司应当具备的条件包括(　　)。

Ⅰ. 发起人符合法定人数

Ⅱ. 有符合章程规定的全体发起人认购的股本总额或者募集的实收股本总额

Ⅲ. 有必要的生产经营设备

Ⅳ. 发起人制订公司章程，采用募集方式设立的经创立大会通过

A. Ⅱ、Ⅲ、Ⅳ　　B. Ⅰ、Ⅱ、Ⅲ　　C. Ⅰ、Ⅲ、Ⅳ　　D. Ⅰ、Ⅱ、Ⅳ

31. 下列关于专项计划管理人职责的说法，正确的是(　　)。

Ⅰ. 对相关交易主体和基础资产进行全面调查

Ⅱ. 募集资金不入账或者进行其他任何形式的账外经营

Ⅲ. 在专项计划存续期间，督促原始权益人以及为专项计划提供服务的有关机构，履行法律规定及合同约定的义务

Ⅳ. 以专项计划资产设定担保或者形成其他或有负债

A. Ⅰ、Ⅱ　　B. Ⅰ、Ⅲ　　C. Ⅲ、Ⅳ　　D. Ⅱ、Ⅳ

32. 根据《全国中小企业股份转让系统业务规则(试行)》等规定，主办券商是在全国股份转让系统从事部分或全部(　　)的证券公司。

Ⅰ. 推荐业务　　Ⅱ. 经纪业务　　Ⅲ. 做市业务　　Ⅳ. 期货投资业务

A. Ⅰ、Ⅱ、Ⅲ、Ⅳ　　B. Ⅰ、Ⅱ、Ⅲ

C. Ⅰ、Ⅲ、Ⅳ　　D. Ⅱ、Ⅲ、Ⅳ

33. 下列关于约定购回式证券交易的说法，不正确的有(　　)。

Ⅰ. 证券公司根据与客户签署的协议，应当将待购回期间标的证券产生的相关孳息返还

给客户

Ⅱ. 证券公司与客户之间的纠纷，将影响中国结算根据交易所成交结果正在办理的证券登记和资金划付等业务

Ⅲ. 中国结算根据交易所确认的成交结果为约定购回式证券交易提供证券登记和资金划付事务

Ⅳ. 证券公司应当基于客户的真实委托向交易所交易系统进行申报，由交易系统予以确认

A. Ⅰ、Ⅲ　　B. Ⅱ、Ⅳ

C. Ⅰ、Ⅱ、Ⅲ、Ⅳ　　D. Ⅱ、Ⅲ、Ⅳ

34. 为柜台市场提供登记、结算服务的机构应当按照中国证券业协会规定，报送市场(　　)。

Ⅰ. 交易数据　　Ⅱ. 登记数据　　Ⅲ. 结算数据　　Ⅳ. 风险控制指标数据

A. Ⅰ、Ⅱ、Ⅲ、Ⅳ　　B. Ⅰ、Ⅱ、Ⅲ

C. Ⅰ、Ⅲ、Ⅳ　　D. Ⅱ、Ⅲ、Ⅳ

35. 下列关于流动性风险管理应遵循全面性原则表述正确的是(　　)。

Ⅰ. 流动性风险管理应全面覆盖证券公司各部门、分支机构、子公司

Ⅱ. 流动性风险管理应包含所有表内业务，不包括表外业务

Ⅲ. 流动性风险管理应包含所有境内业务，不包括境外业务

Ⅳ. 流动性风险管理应贯穿决策、执行、监督、反馈等各个环节

A. Ⅰ、Ⅱ、Ⅲ、Ⅳ　　B. Ⅰ、Ⅱ、Ⅲ

C. Ⅰ、Ⅳ　　D. Ⅱ、Ⅲ

36. 下列关于证券交易所席位管理的表述中，正确的是(　　)。

Ⅰ. 会员转让席位必须经证券交易所审批

Ⅱ. 会员不一定必须拥有席位才可在证券交易所进行交易

Ⅲ. 会员取得的席位可向其他会员转让

Ⅳ. 未经证券交易所同意，会员不得将席位出租、质押，或将席位所属权益以其他任何方式转给他人

A. Ⅱ、Ⅲ　　B. Ⅰ、Ⅱ、Ⅳ　　C. Ⅰ、Ⅲ、Ⅳ　　D. Ⅲ、Ⅳ

37. 证券公司应当保障与业务活动规模及复杂程度相适应的信息技术投入水平，持续满足信息技术资源的(　　)要求。

Ⅰ. 可用性　　Ⅱ. 准确性　　Ⅲ. 安全性　　Ⅳ. 合规性

A. Ⅰ、Ⅱ、Ⅲ　　B. Ⅰ、Ⅲ、Ⅳ　　C. Ⅰ、Ⅱ、Ⅳ　　D. Ⅱ、Ⅲ、Ⅳ

38. 根据《公司法》，公司的组织形式包括(　　)。

Ⅰ. 有限责任公司　　Ⅱ. 合伙公司

Ⅲ. 有限合伙公司　　Ⅳ. 股份有限公司

A. Ⅲ、Ⅳ　　B. Ⅰ、Ⅳ　　C. Ⅱ、Ⅲ　　D. Ⅰ、Ⅱ、Ⅳ

39. 根据《关于加强证券经纪业务管理的规定》，关于客户资产保护的相关规定，以下说法正确的是(　　)。

Ⅰ. 证券公司应当要求客户在开立资金账户时自行设置密码

Ⅱ. 证券公司员工可接受客户委托，在其开立资金账户时为其设置默认密码

Ⅲ. 证券公司应当提醒客户适时修改密码和增强密码强度

Ⅳ. 证券公司应在网上证券客户端提示客户加强身份证件、账号、密码的保护

A. Ⅰ、Ⅲ、Ⅳ　　B. Ⅲ、Ⅳ　　C. Ⅰ、Ⅲ　　D. Ⅰ、Ⅱ、Ⅳ

40. 根据规定，下列关于证券公司开展私募资产管理业务人员的要求，正确的是(　　)。

Ⅰ. 具备符合条件的高级管理人员和3名以上投资经理

Ⅱ. 具备符合条件的高级管理人员和不少于2名投资经理

Ⅲ. 具有投资研究部门，且专职从事投资研究人员不少于3人

Ⅳ. 具有投资研究部门，且专职从事投资研究人员有2名以上

A. Ⅱ、Ⅳ　　B. Ⅱ、Ⅲ　　C. Ⅰ、Ⅲ　　D. Ⅰ、Ⅳ

41. 下列关于法的特征的说法，正确的是(　　)。

Ⅰ. 法是调整人们的行为或社会关系的规范，具有规范性

Ⅱ. 法的国家意志性是法的基本特征

Ⅲ. 法是以权利和义务为内容的社会规范

Ⅳ. 法是依靠国家强制力来保障实施的规范，具有国家强制性

A. Ⅰ、Ⅱ、Ⅲ、Ⅳ　　B. Ⅰ、Ⅱ、Ⅲ

C. Ⅰ、Ⅲ、Ⅳ　　D. Ⅱ、Ⅲ、Ⅳ

42. 下列有关合伙企业清算的说法，正确的是(　　)。

Ⅰ. 清算人自被确定之日起10日内通知债权人，并于30日内在报纸上公告

Ⅱ. 清算人自被确定之日起10日内通知债权人，并于60日内在报纸上公告

Ⅲ. 债权人自接到通知书之日起30日内，未接到通知书的自公告之日起60日内，向清算人申报债权

Ⅳ. 债权人自接到通知书之日起30日内，未接到通知书的自公告之日起45日内，向清算人申报债权

A. Ⅰ、Ⅲ　　B. Ⅰ、Ⅳ　　C. Ⅱ、Ⅲ　　D. Ⅱ、Ⅳ

43. 全面风险管理体系应当包含(　　)。

Ⅰ. 有效的风险应对机制　　Ⅱ. 专业的人才队伍

Ⅲ. 可靠的信息技术系统　　Ⅳ. 健全的组织架构

A. Ⅲ、Ⅳ　　B. Ⅰ、Ⅱ、Ⅳ

C. Ⅰ、Ⅱ、Ⅲ、Ⅳ　　D. Ⅰ、Ⅱ

44. 根据《证券法》，信息披露义务人报送的报告或者披露的信息有(　　)的，责令改正，给予警告，并处以一百万元以上一千万元以下的罚款。

Ⅰ. 虚假记载　　Ⅱ. 误导性陈述　　Ⅲ. 重大遗漏　　Ⅳ. 重复记载

A. Ⅰ、Ⅱ、Ⅲ、Ⅳ　　B. Ⅲ、Ⅳ

C. Ⅰ、Ⅱ、Ⅲ　　D. Ⅰ、Ⅱ

45. 关于转融通业务的保证金的说法，正确的有(　　)。

Ⅰ. 证券公司向证券金融公司交存保证金，采取设立信托的方式

Ⅱ. 保证金中的证券记入转融通专用证券账户，保证金中的资金记入转融通担保资金账户

Ⅲ. 货币资金的比例不得低于应收取保证金的15%

Ⅳ. 证券金融公司逐日计算证券公司交存的保证金价值与其所欠债务的比例

A. Ⅰ、Ⅱ、Ⅲ　B. Ⅰ、Ⅱ、Ⅲ、Ⅳ

C. Ⅰ、Ⅲ、Ⅳ　D. Ⅱ、Ⅳ

46. 根据《证券公司另类投资子公司管理规范》，证券公司担任拟上市企业首次公开发行股票的主办券商，在签订(　　)或者实质开展相关业务时点后，另类子公司不得对该企业进行投资。

Ⅰ. 辅导协议　Ⅱ. 财务顾问协议

Ⅲ. 保荐及承销协议　Ⅳ. 推荐挂牌并持续督导协议

A. Ⅰ、Ⅲ、Ⅳ　B. Ⅰ、Ⅱ　C. Ⅱ、Ⅲ、Ⅳ　D. Ⅰ、Ⅱ、Ⅲ、Ⅳ

47. 下列选项中，属于证券经纪业务要素的有(　　)。

Ⅰ. 委托人　Ⅱ. 证券经纪商　Ⅲ. 证券交易所　Ⅳ. 证券交易对象

A. Ⅱ、Ⅲ、Ⅳ　B. Ⅰ、Ⅱ、Ⅳ　C. Ⅰ、Ⅲ　D. Ⅰ、Ⅱ、Ⅲ、Ⅳ

48. 根据《证券期货投资者适当性管理办法》，适当性管理主要包含(　　)。

Ⅰ. 全面了解客户　Ⅱ. 投资者交易行为管理

Ⅲ. 对产品或服务分级　Ⅳ. 适当性匹配

A. Ⅰ、Ⅱ、Ⅳ　B. Ⅰ、Ⅲ、Ⅳ　C. Ⅱ、Ⅲ　D. Ⅰ、Ⅱ、Ⅲ、Ⅳ

49. 公司违反《公司法》的规定提取法定公积金的，公司应承担的法律责任包括(　　)。

Ⅰ. 由县级以上人民政府财政部门责令如数补足应当提取的金额

Ⅱ. 由公司登记机关责令如数补足应当提取的金额

Ⅲ. 可以对公司处以二十万元以下的罚款

Ⅳ. 可以对直接负责的主管人员处以三万元以上三十万元以下的罚款

A. Ⅱ、Ⅳ　B. Ⅰ、Ⅳ　C. Ⅰ、Ⅲ　D. Ⅱ、Ⅲ

50. 我国《公司法》规定，公司的公积金用于(　　)。

Ⅰ. 转为增加公司资本　Ⅱ. 对外担保

Ⅲ. 扩大公司生产经营　Ⅳ. 弥补公司亏损

A. Ⅰ、Ⅱ、Ⅲ、Ⅳ　B. Ⅰ、Ⅱ、Ⅲ

C. Ⅰ、Ⅲ、Ⅳ　D. Ⅰ、Ⅳ

《证券市场基本法律法规》机考题库·真题试卷(一)
参考答案及详解

一、选择题(共50题，每题1分，共50分)以下备选项中只有1项符合题目要求，不选、错选均不得分。

1. 【答案】A

【解析】考虑到科创企业具有投入大、迭代快等特点，在总结现有股票交易涨跌幅制度实施中的利弊得失基础上，将科创板股票的涨跌幅限制放宽至20%。为尽快形成合理价格，新股上市后的前5个交易日不设涨跌幅限制。

2. 【答案】A

【解析】根据《证券公司监督管理条例》第十条，有下列情形之一的单位或者个人，不得成为持有证券公司5%以上股权的股东、实际控制人：①因故意犯罪被判处刑罚，刑罚执行完毕未逾3年；②净资产低于实收资本的50%，或者或有负债达到净资产的50%；③不能清偿到期债务；④国务院证券监督管理机构认定的其他情形。

3. 【答案】D

【解析】一个合伙人或者数个合伙人在执业活动中因故意或者重大过失造成合伙企业债务的，应当承担无限责任或者无限连带责任，其他合伙人以其在合伙企业中的财产份额为限承担责任。合伙人在执业活动中非因故意或者重大过失造成的合伙企业债务以及合伙企业的其他债务，由全体合伙人承担无限连带责任。

4. 【答案】A

【解析】证券投资顾问不得从事下列活动：①以任何方式向客户承诺或者保证投资收益；②对服务能力和过往业绩进行虚假、不实、误导性的营销宣传；③向他人泄露客户的投资决策计划信息；④以个人名义向客户收取证券投资顾问服务费用；⑤通过广播、电视、网络、报刊等公众媒体做出买入、卖出或者持有具体证券的投资建议。

5. 【答案】D

【解析】根据《证券法》，上市公司、公司债券上市交易的公司、股票在国务院批准的其他全国性证券交易场所交易的公司，应当按照国务院证券监督管理机构和证券交易场所规定的内容和格式编制定期报告，并按照以下规定报送和公告：①在每一会计年度结束之日起四个月内，报送并公告年度报告，其中的年度财务会计报告应当经符合本法规定的会计师事务所审计；②在每一会计年度的上半年结束之日起两个月内，报送并公告中期报告。

6. 【答案】A

【解析】公司应当自作出合并、分立决议之日起10日内通知债权人，并于30日内在报纸上公告。公司合并的，债权人自接到通知书之日起30日内，未接到通知书的自公告之日起45日内，可以要求公司清偿债务或者提供相应的担保。

7. 【答案】A

【解析】对于以募集设立方式设立的股份有限公司，发起人制订的公司章程，还应当召开有其他认股人参加的创立大会，并经出席会议的认股人所持表决权的过半数通过，方为有效。创立大会应有代表股份总数过半数的发起人、认股人出席，方可举行。

8. 【答案】B

【解析】背信运用受托财产，是指商业银行、证券交易所、期货交易所、证券公司、期货经纪公司、保险公司或者其他金融机构，违背受托义务，擅自运用客户资金或者其他委托、信托的财产，情节严重的行为。背信运用受托财产罪的犯罪主体是特殊主体，为商业银行、证券交易所、期货交易所、证券公司、期货经纪公司、保险公司或者其他金融机构。

9. 【答案】B

【解析】证券公司募集资产管理计划，应当与投资者、托管人签订资产管理合同。资产管理合同应当对巨额退出、延期支付、延期清算、管理人变更或者托管人变更等或有事项，作出明确约定。

10. 【答案】C

【解析】期货交易所的职责包括：①提供交易的场所、设施和服务；②设计合约，安排合约上市；③组织并监督交易、结算和交割；④为期货交易提供集中履约担保；⑤按照章程和交易规则对会员进行监督管理；⑥国务院期货监督管理机构规定的其他职责。

11. 【答案】A

【解析】证券公司、托管人、销售机构和投资顾问等服务机构违反法律、行政法规及中国证监会其他规定的，中国证监会及相关派出机构可以对其采取责令改正、监管谈话、出具警示函、责令定期报告、暂不受理与行政许可有关的文件等行政监管措施；对直接负责的主管人员和其他直接责任人员，采取监管谈话、出具警示函、责令参加培训、认定为不适当人选等行政监管措施。

12. 【答案】A

【解析】管理风险主要是指证券公司在经纪业务经营中由于管理制度不健全、内部控制不严，或工作人员有章不循、违规操作等而导致客户账户管理差错或违规、侵害客户权益、造成客户资产损失、引发客户纠纷，而使证券公司受到监管处罚或因承担赔偿责任遭受财产损失或声誉损失的风险。BD 两项属于管理风险，技术风险主要来自硬件设备和软件两个方面。其中，硬件设备方面主要是由于硬件设备、场地、设施、电脑、通讯设备等的机型、容量、数量、运营状况及在业务高峰时的处理能力等方面不能适应正常行情传送、证券交易和银证转账需要，不能有效及时地应付突发事件。C 项属于技术风险。

13. 【答案】C

【解析】公司分配当年税后利润时，应当提取利润的10%列入公司法定公积金。公司法定公积金累计额为公司注册资本的 50% 以上的，可以不再提取。公司的法定公积金不足以弥补以前年度亏损的，在依照前款规定提取法定公积金之前，应当先用当年利润弥补亏损。

14. 【答案】C

【解析】C 项，提供出国参观机会是一种变相的行贿方式，是非正常的竞争方式。

15. 【答案】B

【解析】证券公司将自有资金投资于依法公开发行的国债、投资级公司债、货币市场基金、央行票据等中国证监会认可的风险较低、流动性较强的证券，或者委托其他证券公司或者基金管理公司进行证券投资管理，且投资规模合计不超过其净资本80%的，无须取得证券自营业务资格。

16. 【答案】D

【解析】根据《证券公司监督管理条例》，未经批准，委托他人或者接受他人委托持有或者管理证券公司的股权，或者认购、受让或者实际控制证券公司的股权的，责令改正，给予警告，没收违法所得，并处以违法所得1倍以上5倍以下的罚款；没有违法所得或者违法所得不足10万元的，处以10万元以上60万元以下的罚款；情节严重的，撤销相关业务许可。

17. 【答案】D

【解析】期货公司的禁止性业务包括：①期货公司不得从事与期货业务无关的活动，法律、行政法规或者国务院期货监督管理机构另有规定的除外；②期货公司不得从事或者变相从事期货自营业务；③期货公司不得为其股东、实际控制人或者其他关联人提供融资，不得对外担保。

18. 【答案】B

【解析】行业自律规则，是指由行业自律组织根据国家相关法律、行政法规、部门规章、规范性文件及本组织的章程或相关文件制定的规则。证券市场的行业自律规则包括以下几类：①证券交易所制定的自律规则；②中国证券业协会制定的自律规则；③中国证券登记结算有限责任公司制定的自律规则。

19. 【答案】D

【解析】经营机构在销售产品或者提供服务的过程中，应勤勉尽责，审慎履职，全面了解投资者情况，充分揭示风险，基于投资者的不同风险承受能力以及产品或者服务的不同风险等级等因素，提出明确的适当性匹配意见，将适当的产品或者服务提供给适合的投资者，禁止向投资者就不确定事项提供确定性的判断，或者告知投资者有可能使其误认为具有确定性的意见。

20. 【答案】C

【解析】当可疑交易符合下列情形之一的，证券公司应当在向中国反洗钱监测分析中心提交可疑交易报告的同时，以电子形式或书面形式向所在地中国人民银行或者其分支机构报告，并配合反洗钱调查：①明显涉嫌洗钱、恐怖融资等犯罪活动的；②严重危害国家安全或者影响社会稳定的；③其他情节严重或者情况紧急的情形。A项，不需要满足特定金额。B项，证券公司应当制定本公司的交易监测标准，并对其有效性负责。D项，交易监测标准包括但不限于客户的身份、行为，交易的资金来源、金额、频率、流向、性质等存在异常的情形。

21. 【答案】D

【解析】证券公司作为融出方的，单一证券公司接受单只A股股票质押的数量不得超过该股票A股股本的30%。集合资产管理计划或定向资产管理客户作为融出方的，单一集合资产管理计划或定向资产管理客户接受单只A股股票质押的数量不得超过该股票A股股本的15%。

22. 【答案】B

【解析】根据《证券公司监督管理条例》规定，证券经纪人为证券从业人员，应当通过证券从业人员资格考试，并具备规定的证券从业人员执业条件。取得证券经纪人证书后，证券经纪人方可执业。

23. 【答案】D

【解析】D 项，公司向其他企业投资或者为他人提供担保，依照公司章程的规定，由董事会或者股东会、股东大会决议；公司章程对投资或者担保的总额及单项投资或者担保的数额有限额规定的，不得超过规定的限额。

24. 【答案】D

【解析】区域性股权市场运营机构、证券公司及其从业人员违反《区域性股权市场自律管理与服务规范(试行)》，中国证券业协会将视情节轻重采取相关自律惩戒措施；存在违反法律、法规行为的，将移交中国证监会及其派出机构或其他有权机关依法查处。

25. 【答案】C

【解析】ABD 三项，证券公司的合规风险是指因证券公司或其工作人员的经营管理或执业行为违反法律法规和准则而使证券公司被依法追究法律责任、采取监管措施、给予纪律处分、出现财产损失或商业信誉损失的风险。

26. 【答案】A

【解析】证券公司应当至少每半年经主要负责人、首席风险官签署确认后，向公司全体董事报告一次公司净资本等风险控制指标的具体情况和达标情况。证券公司应当至少每半年经董事会签署确认，向公司全体股东报告一次公司净资本等风险控制指标的具体情况和达标情况，并至少获得主要股东的签收确认证明文件。

27. 【答案】A

【解析】诚信信息的效力期限为：①基本信息长期有效；②奖励信息、处罚处分信息效力期限为 3 年，但因证券期货违法行为被行政处罚、市场禁入的信息，效力期限为 5 年。

28. 【答案】A

【解析】AC 两项，合伙企业依法被宣告破产或按照法定程序注销的，普通合伙人对合伙企业债务仍应承担无限连带责任。合伙企业不能清偿到期债务的，债权人可以依法向人民法院提出破产清算申请，也可以要求普通合伙人清偿。BD 两项，有限合伙人仅以其认缴的出资额为限对合伙企业债务承担责任。

29. 【答案】C

【解析】监事会、不设监事会的公司的监事行使下列职权：①检查公司财务。②对董事、高级管理人员执行公司职务的行为进行监督，对违反法律、行政法规、公司章程或者股东会决议的董事、高级管理人员提出罢免的建议。③当董事、高级管理人员的行为损害公司的利益时，要求董事、高级管理人员予以纠正。④提议召开临时股东会会议，在董事会不履行公司法规定的召集和主持股东会会议职责时召集和主持股东会会议。⑤向股东会会议提出提案。⑥依照公司法第一百五十一条的规定对董事、高级管理人员提起诉讼。⑦公司章程规定的其他职权。

30. 【答案】D

【解析】根据《证券法》，持有公司5%以上股份的股东及其董事、监事、高级管理人员，公司的实际控制人及其董事、监事、高级管理人员为证券交易内幕信息的知情人。

31. 【答案】A

【解析】证券公司合并、分立的，国务院证券监督管理机构应当对合并、分立的申请进行审查，并在自受理之日起3个月内作出批准或者不予批准的书面决定。合并、分立中涉及客户权益的重大资产转让应当经具有证券相关业务资格的资产评估机构评估。

32. 【答案】A

【解析】A项，根据《证券法》，证券公司接受证券买卖的委托，应当根据委托书载明的证券名称、买卖数量、出价方式、价格幅度等，按照交易规则代理买卖证券，如实进行交易记录；买卖成交后，应当按照规定制作买卖成交报告单交付客户。

33. 【答案】B

【解析】AD两项，根据《证券法》，与他人串通，以事先约定的时间、价格和方式相互进行证券交易或者在自己实际控制的账户之间进行证券交易，属于操纵市场行为。C项，证券自营业务的禁止性行为包括禁止内幕交易、禁止操纵市场和其他禁止的行为。其他禁止的行为包括：假借他人名义或者个人名义进行自营业务；将自营账户借给他人使用；将自营业务与经纪业务混合操作等。

34. 【答案】C

【解析】C项，按照合同约定参与、退出和转让资产管理计划份额属于资产管理计划投资者的权利。除ABD三项外，资产管理计划投资者的义务还包括：①认真阅读并遵守资产管理合同，保证投资资金的来源及用途合法；②接受合格投资者认定程序；③除公募资产管理产品外，以合伙企业、契约等非法人形式直接或者间接投资于资产管理计划的，应向管理人充分披露实际投资者和最终资金来源等。

35. 【答案】C

【解析】公开募集基金的基金管理人及其董事、监事、高级管理人员和其他从业人员不得有下列行为：①将其固有财产或者他人财产混同于基金财产从事证券投资；②不公平地对待其管理的不同基金财产；③利用基金财产或者职务之便为基金份额持有人以外的人牟取利益；④向基金份额持有人违规承诺收益或者承担损失；⑤侵占、挪用基金财产；⑥泄露因职务便利获取的未公开信息，利用该信息从事或者明示、暗示他人从事相关的交易活动；⑦玩忽职守，不按照规定履行职责；⑧法律、行政法规和国务院证券监督管理机构规定禁止的其他行为。

36. 【答案】D

【解析】股份的发行，实行公平、公正的原则，同种类的每一股份应当具有同等权利。同次发行的同种类股票，每股的发行条件和价格应相同。股票发行价格可以按票面金额，也可以超过票面金额，但不得低于票面金额。

37. 【答案】D

【解析】依据《证券法》的规定，证券公司从事财务顾问业务，需经中国证监会核准，其他证券服务机构从事财务顾问业务，应当报中国证监会备案。上市公司并购重组活动涉及公开发行股票的，应当按照有关规定聘请具有保荐资格的证券公司从事相关业务。

38. 【答案】B

【解析】证券公司可以采取协议、报价、做市、拍卖竞价、标购竞价等方式发行、销售与转让私募产品，不得采用集中竞价方式，法律法规有明确规定的除外。

39. 【答案】B

【解析】风险管理能力主要根据资本充足、公司治理与合规管理、全面风险管理、信息技术管理、客户权益保护、信息披露六类评价指标进行评价，体现证券公司对流动性风险、合规风险、市场风险、信用风险、技术风险及操作风险等管理能力。

40. 【答案】C

【解析】根据《证券公司监督管理条例》第十条，不得成为持有证券公司5%以上股权的股东、实际控制人的情形有：①因故意犯罪被判处刑罚，刑罚执行完毕未逾3年；②净资产低于实收资本的50%，或者或有负债达到净资产的50%；③不能清偿到期债务。

41. 【答案】D

【解析】《证券公司及基金管理公司子公司资产证券化业务尽职调查工作指引》第十八条规定：①管理人应当在尽职调查的基础上形成尽职调查报告；②尽职调查报告应当说明调查的基准日、调查内容、调查程序等事项；③尽职调查报告应当对资产证券化项目是否符合相关法律法规、部门规章以及规范性文件的相关规定发表明确意见；④尽职调查工作组全体成员应当在尽职调查报告上签字，并加盖管理人公司公章和注明报告日期。

42. 【答案】A

【解析】融资融券业务，是指在证券交易所或者国务院批准的其他证券交易场所进行的证券交易中，证券公司向客户出借资金供其买入证券或者出借证券供其卖出，并由客户交存相应担保物的经营活动。证券公司开展融资融券业务，必须经中国证监会批准。

43. 【答案】A

【解析】根据《证券法》，公司对公开发行股票所募集资金，必须按照招股说明书或者其他公开发行募集文件所列资金用途使用；改变资金用途，必须经股东大会作出决议。擅自改变用途，未作纠正的，或者未经股东大会认可的，不得公开发行新股。发行人擅自改变公开发行证券所募集资金的用途的，责令改正，处以五十万元以上五百万元以下的罚款；对直接负责的主管人员和其他直接责任人员给予警告，并处以十万元以上一百万元以下的罚款。

44. 【答案】A

【解析】根据《中华人民共和国公司登记管理条例》，公司的经营范围由公司章程规定，并依法登记。公司的经营范围用语应当参照国民经济行业分类标准。

45. 【答案】C

【解析】投资者持有或者通过协议、其他安排与他人共同持有一家上市公司已发行的有表决权股份达到5%后，其所持该上市公司已发行的有表决权股份比例每增加或者减少5%，应当依照前款规定进行报告和公告。在该事实发生之日起至公告后3日内，不得再行买卖该上市公司的股票，但国务院证券监督管理机构规定的情形除外。违反上述规定买入上市公司有表决权的股份的，在买入后的三十六个月内，对该超过规定比例部分的股份不得行使表决权。

46. 【答案】D

【解析】证券公司以自有资金参与股票期权交易试点的，应当具备证券自营业务资格。

不具备证券自营业务资格的证券公司，其自有资金只能以套期保值为目的，参与股票期权交易。除法律法规另有规定外，期货公司不得以自有资金参与股票期权交易试点。

47. 【答案】C

【解析】C 项，境外有关部门以涉及恐怖活动为由，要求境内金融机构、特定非金融机构冻结相关资产、提供客户身份信息及交易信息的，金融机构、特定非金融机构应当告知对方通过外交途径或者司法协助途径提出请求；不得擅自采取冻结措施，不得擅自提供客户身份信息及交易信息。

48. 【答案】A

【解析】私募基金备案材料完备且符合要求的，中国基金业协会应当在私募基金备案材料齐备后 20 个工作日内，通过网站公告私募基金名单及其基本情况的方式，为私募基金办结备案手续。经备案的私募基金可以申请开立证券相关账户。

49. 【答案】C

【解析】证券公司申请在全国股份转让系统从事推荐业务应具备下列条件：①具备证券承销与保荐业务资格；②设立推荐业务专门部门，配备合格专业人员；③建立尽职调查制度、工作底稿制度、内核工作制度、持续督导制度及其他推荐业务管理制度；④全国股份转让系统公司规定的其他条件。

50. 【答案】D

【解析】《证券业从业人员执业行为准则》规定，从业人员应当公平对待所有客户，不得从事与履行职责有利益冲突的业务。遇到自身利益或相关方利益与客户的利益发生冲突或可能发生冲突时，应及时向所在机构报告；当无法避免时，应确保客户的利益得到公平的对待。

二、组合型选择题(共 50 题，每题 1 分，共 50 分)以下备选项中只有 1 项最符合题目要求，不选、错选均不得分。

1. 【答案】D

【解析】根据《证券公司监督管理条例》，客户的交易结算资金、证券资产管理客户的委托资产属于客户，应当与证券公司、指定商业银行、资产托管机构的自有资产相互独立、分别管理。非因客户本身的债务或者法律规定的其他情形，任何单位或者个人不得对客户的交易结算资金、委托资产申请查封、冻结或者强制执行。

2. 【答案】A

【解析】根据《证券公司风险控制指标计算标准规定》，自营权益类证券及证券衍生品的合计额不得超过净资本的 100%；自营非权益类证券及其衍生品的合计额不得超过净资本的 500%；持有一种权益类证券的成本不得超过净资本的 30%；持有一种权益类证券的市值与其总市值的比例不得超过 5%，因包销、中国证监会认可的做市业务以及股票质押违约处理等导致的情形及中国证监会另有认定的除外。

3. 【答案】B

【解析】有限合伙企业由普通合伙人执行合伙事务，执行事务合伙人可以要求在合伙协议中确定执行事务的报酬及报酬提取方式。有限合伙人不执行合伙事务，也不得对外代表有限合伙企业。同时，有限合伙企业不得将全部利润分配给部分合伙人；但是，合伙协议另有约定的除外。

4. 【答案】B

【解析】根据《证券公司内部控制指引》第十六条，证券公司主要业务部门之间应当建立健全隔离墙制度，确保经纪、自营、受托投资管理、投资银行、研究咨询等业务相对独立；电脑部门、财务部门、监督检查部门与业务部门的人员不得相互兼任，资金清算人员不得由电脑部门人员和交易部门人员兼任。根据第七十九条，证券公司应通过部门设置、人员管理、信息管理等方面的隔离措施，建立健全研究咨询部门与投资银行、自营等部门之间的隔离墙制度；对跨隔离墙的人员、业务应有完整记录，并采取静默期等措施；对跨越隔离墙的业务、人员应实行重点监控。

5. 【答案】B

【解析】根据《上市公司并购重组财务顾问业务管理办法》等法律法规，中国证监会及其派出机构可以根据审慎监管原则，要求财务顾问提供按规定履行尽职调查义务的证明材料、工作档案和工作底稿，并对财务顾问的公司治理、内部控制、经营运作、风险状况、从业活动等方面进行非现场检查或者现场检查。

6. 【答案】D

【解析】交割仓库由期货交易所指定。期货交易所不得限制实物交割总量，并应当与交割仓库签订协议，明确双方的权利和义务。交割仓库不得有下列行为：①出具虚假仓单；②违反期货交易所业务规则，限制交割商品的入库、出库；③泄露与期货交易有关的商业秘密；④违反国家有关规定参与期货交易；⑤国务院期货监督管理机构规定的其他行为。

7. 【答案】C

【解析】经营机构及其从业人员在向普通投资者提供服务时应当进行更为充分的风险警示，包括为普通投资者提供风险揭示材料，向普通投资者销售高风险产品或提供相关服务时履行特别的注意义务，在营业网点向普通投资者进行告知、警示的，应当全过程录音录像等。

8. 【答案】B

【解析】“合规、诚信、专业、稳健”是证券行业文化理念的体现，是资本市场长期稳定健康发展的价值取向，其中，合规是底线、诚信是义务、专业是特色、稳健是保证。

9. 【答案】A

【解析】证券公司应当依法采取预防、监控措施，建立健全客户身份识别制度和风险等级划分制度、客户身份资料和交易记录保存制度、大额交易和可疑交易报告制度、保密制度、宣传培训制度等反洗钱内部控制制度，证券公司及其分支机构负责人应当对反洗钱内部控制制度的有效实施负责，总部应当对分支机构执行反洗钱内部控制制度进行监督管理。

10. 【答案】C

【解析】董事、监事、高级管理人员应当遵守法律、行政法规和公司章程，对公司负有忠实义务和勤勉义务。董事、监事、高级管理人员不得利用职权收受贿赂或者其他非法收入，不得侵占公司的财产。Ⅱ项，董事、高级管理人员不得将公司资金以其个人名义或者以其他个人名义开立账户存储。

11. 【答案】D

【解析】根据《证券公司监督管理条例》第六十七条，国务院证券监督管理机构可以要求下列单位或者个人，在指定的期限内提供与证券公司经营管理和财务状况有关的资料、信息：①证券公司的董事、监事、工作人员；②证券公司的股东、实际控制人；③证券公司控股或者实际控制的企业；④证券公司的开户银行、指定商业银行、资产托管机构、证券交易所、证券登记结算机构；⑤为证券公司提供服务的证券服务机构。

12. 【答案】C

【解析】证券公司应当指定一名熟悉证券、基金业务，具有信息技术相关专业背景、任职经历、履职能力的高级管理人员为首席信息官，由其负责信息技术管理工作，并具备下列任职条件：①从事信息技术相关工作10年以上，或者在证券监管机构、证券基金业自律组织任职8年以上；②最近3年未被金融监管机构实施行政处罚或采取重大行政监管措施；③中国证监会规定的其他条件。

13. 【答案】B

【解析】Ⅰ项，根据《证券法》第一百六十条，从事证券投资咨询服务业务，应当经国务院证券监督管理机构核准；未经核准，不得为证券的交易及相关活动提供服务。从事其他证券服务业务，应当报国务院证券监督管理机构和国务院有关主管部门备案。Ⅱ项，根据《证券法》第一百二十八条，证券公司必须将其证券经纪业务、证券承销业务、证券自营业务、证券做市业务和证券资产管理业务分开办理，不得混合操作。Ⅲ项，根据《证券法》第一百二十九条，证券公司的自营业务必须以自己的名义进行，不得假借他人名义或者以个人名义进行。

14. 【答案】D

【解析】证券公司治理的基本要求有：①建立健全组织架构、明确职责划分。②不得侵犯客户合法权益。③建立完备的内部控制体系。证券公司应当按照法律、行政法规和中国证监会的规定建立完备的合规管理、风险管理和内部控制体系。

15. 【答案】A

【解析】从事证券经纪业务的人员违反《关于加强证券经纪业务管理的规定》的，中国证监会及其派出机构将视情况依法采取责令改正、监管谈话、出具警示函、暂不受理与行政许可有关的文件、责令处分有关人员、暂停核准新业务、限制业务活动等监管措施。违反法律法规的，依法进行行政处罚。构成犯罪的，移送司法机关处理。

16. 【答案】A

【解析】证券公司承销证券，应当对公开发行募集文件的真实性、准确性、完整性进行核查。发现有虚假记载、误导性陈述或者重大遗漏的，不得进行销售活动；已经销售的，必须立即停止销售活动，并采取纠正措施。

17. 【答案】D

【解析】法律关系客体是法律关系主体的权利和义务所指向的对象，是法律关系产生和存在的前提，表现为一定利益的法律形式。实践中，法律关系客体包括下列几类：①物；②人身、人格；③精神成果；④行为。

18. 【答案】D

【解析】证券金融公司的资金，除用于履行相关法规的规定职责和维持公司正常运转外，只能用于购买银行存款；购买国债、证券投资基金份额等经中国证监会认可的高流动性金融产品；购置自用不动产及中国证监会认可的其他用途。

19. 【答案】D

【解析】Ⅰ、Ⅱ两项，基金管理人、基金托管人、基金服务机构依照法律规定，应当承担的民事赔偿责任和缴纳的罚款、罚金，由基金管理人、基金托管人、基金服务机构以其固有财产承担。Ⅲ、Ⅳ两项，根据《证券法》第二百二十二条，依照本法收缴的罚款和没收的违法所得，全部上缴国库。基金管理人、基金托管人因基金财产的管理、运用或者其他情形而取得的财产和收益，才应归入基金财产。

20. 【答案】D

【解析】根据《证券公司为期货公司提供中间介绍业务试行办法》规定，证券公司从事介绍业务，应当与期货公司签订书面委托协议。委托协议应当载明下列事项：①介绍业务的范围；②执行期货保证金安全存管制度的措施；③介绍业务对接规则；④客户投诉的接待处理方式；⑤报酬支付及相关费用的分担方式；⑥违约责任；⑦中国证监会规定的其他事项。

21. 【答案】D

【解析】明确合规负责人直接向董事会负责，由董事会考核。规定公司在合规负责人任期届满前免除其职务的正当理由只能是合规负责人本人申请，或被中国证监会责令更换，或确有证据证明其无法正常履职、未能勤勉尽责等情形。

22. 【答案】D

【解析】根据《证券公司融资融券业务管理办法》规定，除下列情形外，任何人不得动用证券公司客户信用交易担保证券账户内的证券和客户信用交易担保资金账户内的资金：①为客户进行融资融券交易的结算；②收取客户应当归还的资金、证券；③收取客户应当支付的利息、费用、税款；④按照本办法的规定以及与客户的约定处分担保物；⑤收取客户应当支付的违约金；⑥客户提取还本付息、支付税费及违约金后的剩余证券和资金；⑦法律、行政法规和本办法规定的其他情形。

23. 【答案】A

【解析】证券投资咨询人员，即从事证券投资咨询业务的投资咨询人员，主要包括证券投资顾问及证券分析师两类。从事证券投资顾问业务的营销、客服等直接为客户提供服务，同时向客户提供投资建议的人员应取得证券投资顾问执业资格。从事发布证券研究报告业务的人员应取得证券分析师执业资格。

24. 【答案】C

【解析】根据《证券经纪人管理暂行规定》第十三条，证券经纪人不得为客户提供非法的服务场所或者交易设施，或者通过互联网络、新闻媒体从事客户招揽和客户服务等活动；根据《证券经纪人执业规范（试行）》第二十条，证券经纪人还不得有以下行为：①以所服务证券公司或证券营业部的名义，与客户或他人签订任何合同、协议；②代客户在相关合同、协议、文件等资料上签字；③在执业过程中索取或收受客户款项和财物；④向客户提供非由所服务证券公司统一提供的研究报告及与证券投资有关的信息、证券类金融产品宣传推介材料及有关信息；⑤违背职业道德的其他行为。

25. 【答案】C

【解析】根据《证券投资顾问业务暂行规定》第十六条，证券投资顾问向客户提供投资建议，应当具有合理的依据；投资建议的依据包括证券研究报告或者基于证券研究报告、理论模型以及分析方法形成的投资分析意见等。第十七条要求，证券公司、证券投资咨询机构应当为证券投资顾问服务提供必要的研究支持。

26. 【答案】A

【解析】根据《证券投资基金法》《私募投资基金监督管理暂行办法》《私募投资基金募集行为管理办法》等法律、部门规章及行业自律规则的规定，作为非公开募集基金合格投资者的单位或个人应满足下列条件：①达到规定资产规模或者收入水平。合格的单位投资者，净资产应不低于1000万元；合格的个人投资者，金融资产应不低于300万元或者最近3年个人年均收入不低于50万元。②具备相应的风险识别能力和风险承担能力。③基金份额认购金额不低于规定限额。

27. 【答案】B

【解析】根据《最高人民检察院、公安部关于公安机关管辖的刑事案件立案追诉标准的规定(二)》，诱骗投资者买卖证券、期货合约案，涉嫌下列情形之一的，应予立案追诉：①获利或者避免损失数额累计在5万元以上的；②造成投资者直接经济损失数额在5万元以上的；③致使交易价格和交易量异常波动的；④其他造成严重后果的情形。

28. 【答案】A

【解析】Ⅳ项，《证券法》第二百二十二条规定，依照本法收缴的罚款和没收的违法所得，全部上缴国库。

29. 【答案】C

【解析】申请挂牌公司、挂牌公司及其董事、监事、高级管理人员、股东、实际控制人，主办券商、会计师事务所、律师事务所、其他证券服务机构及其相关人员，投资者应当遵守法律、行政法规、部门规章、业务规则及全国股转公司其他业务规定。

30. 【答案】D

【解析】除Ⅰ、Ⅱ、Ⅳ三项外，设立股份有限公司，应当具备的条件还包括：①股份发行、筹办事项符合法律规定；②有公司名称，建立符合股份有限公司要求的组织机构；③有公司住所。

31. 【答案】B

【解析】专项计划管理人应当履行的职责包括：①对相关交易主体和基础资产进行全面的尽职调查，可聘请具有从事证券期货相关业务资格的会计师事务所、资产评估机构等相关中介机构出具专业意见；②在专项计划存续期间，督促原始权益人以及为专项计划提供服务的有关机构，履行法律规定及合同约定的义务；③办理资产支持证券发行事宜等职责。

32. 【答案】B

【解析】根据《全国中小企业股份转让系统业务规则(试行)》等规定，主办券商是指在全国股份转让系统从事下列部分或全部业务的证券公司：①推荐业务，推荐申请挂牌公司股票挂牌，持续督导挂牌公司，为挂牌公司股票发行、并购重组等提供相关服务；②经纪业务，代理开立证券账户、代理买卖股票等业务；③做市业务；④全国股份转让系统公司规定的其他业务。

33. 【答案】D

【解析】Ⅱ项，证券公司与客户之间的纠纷，不影响中国结算依据交易所成交结果已经办理或正在办理的证券登记和资金划付等业务；Ⅲ、Ⅳ两项，证券公司应当按照相关规定和与客户的协议约定基于客户的真实委托向交易所交易系统进行申报，由交易系统予以确认。中国结算依据交易所确认的成交结果为约定购回式证券交易提供证券登记和资金划付服务。

34. 【答案】B

【解析】为柜台市场提供登记、结算服务的机构应当按照中国证券业协会规定报送柜台市场交易、登记、结算数据。柜台市场交易、登记、结算应当遵守或者优先采用中国证监会、中国证券业协会、证券交易所、中国结算及其他有权机构制定的业务技术规范。

35. 【答案】C

【解析】证券公司流动性风险管理应遵循全面性、审慎性和预见性原则。其中，全面性原则，是指证券公司流动性风险管理应全面覆盖证券公司各部门、分支机构、子公司，包含所有表内外和境内外业务，贯穿决策、执行、监督、反馈等各个环节。

36. 【答案】C

【解析】根据上海、深圳证券交易所的相关规定，席位代表了会员（证券公司）在证券交易所的权益，会员（证券公司）须拥有席位方可在证券交易所进行交易。会员（证券公司）应当至少取得并持有一个席位，但会员（证券公司）不得共有席位。会员（证券公司）取得的席位可向其他会员转让，但不得退回证券交易所。未经证券交易所同意，会员（证券公司）不得将席位出租、质押，或将席位所属权益以其他任何方式转给他人。

37. 【答案】B

【解析】证券公司应当完善信息技术运用过程中的权责分配机制，建立健全信息技术管理制度和操作流程，保障与业务活动规模及复杂程度相适应的信息技术投入水平，持续满足信息技术资源的可用性、安全性与合规性要求。

38. 【答案】B

【解析】我国《公司法》适用的公司有两种：一是有限责任公司；二是股份有限公司。有限责任公司是指由特定人数的股东组成，股东以其认缴的出资额为限对公司承担责任，公司以其全部资产对外承担民事责任的公司。股份有限公司是指由一定人数以上的股东组成，公司全部资本分为等额股份，股东以其认购的股份为限对公司承担责任，公司以其全部资产对外承担民事责任的企业法人。

39. 【答案】A

【解析】根据《关于加强证券经纪业务管理的规定》，证券公司应当要求客户在开立资金账户时自行设置密码，提醒客户适时修改密码和增强密码强度，并在证券营业部经营场所、公司网站、网上证券客户端及自助证券交易客户端提示客户加强身份证件、账号、密码的保护。

40. 【答案】C

【解析】证券公司开展私募资产管理业务，应具备符合条件的高级管理人员和 3 名以上投资经理，应具有投资研究部门，且专职从事投资研究的人员不少于 3 人。同时为了防范内幕交易、利用未公开信息交易、利益冲突和利益输送，应当实行集中运营管理，建立健全内部控制和合规管理制度，采取有效措施，将私募资产管理业务与公司其他业务分开管理，控制敏感信息的不当流动和使用。

41. 【答案】C

【解析】Ⅱ项，法的规范性是法的基本特征。正是基于法的规范性，使法对人们的行为或社会关系具有指引、评价、预测、教育及强制的作用。这既是法区别于其他社会规范的重要标志，也是法作为人类文明进步成果的重要体现。

42. 【答案】D

【解析】为了实施清算保护，清算人自被确定之日起 10 日内将合伙企业解散事项通知债权人，并于 60 日内在报纸上公告。债权人应当自接到通知书之日起 30 日内，未接到通知书的自公告之日起 45 日内，向清算人申报债权。债权人申报债权，应当说明债权的有关事项，并提供证明材料。清算人应当对债权进行登记。

43. 【答案】C

【解析】证券公司应当建立健全与公司自身发展战略相适应的全面风险管理体系。全面风险管理体系应当包括：①可操作的管理制度；②健全的组织架构；③可靠的信息技术系统；④量化的风险指标体系；⑤专业的人才队伍；⑥有效的风险应对机制。

44. 【答案】C

【解析】根据《证券法》，信息披露义务人报送的报告或者披露的信息有虚假记载、误导性陈述或者重大遗漏的，责令改正，给予警告，并处以 100 万元以上 1000 万元以下的罚款；对直接负责的主管人员和其他直接责任人员给予警告，并处以 50 万元以上 500 万元以下的罚款。

45. 【答案】C

【解析】Ⅱ项，保证金中的证券应当记入转融通担保证券账户，保证金中的资金应当记入转融通担保资金账户。转融通担保证券账户内的证券和转融通担保资金账户内的资金，均为担保证券金融公司因向证券公司转融通所生债权的信托财产。

46. 【答案】D

【解析】证券公司担任拟上市企业首次公开发行股票的辅导机构、财务顾问、保荐机构、主承销商或担任拟挂牌企业股票挂牌并公开转让的主办券商的，应当按照签订有关协议或者实质开展相关业务两个时点孰早的原则，在该时点后另类子公司不得对该企业进行投资。其中，有关协议主要包括辅导协议、财务顾问协议、保荐及承销协议、推荐挂牌并持续督导协议等。

47. 【答案】D

【解析】证券经纪业务，是指在证券交易中，接受投资者委托，处理交易指令、办理清算交收的经营性活动。证券经纪业务构成要素包括委托人、证券经纪商、证券交易所和证券交易对象。

48. 【答案】B

【解析】投资者适当性制度是证券期货经营机构服务投资者、控制经营风险和保护投资者合法权益的重要操作流程，其核心目的在于“将适当的产品或服务销售或提供给适当的投资者”。适当性管理制度的核心框架包括：①了解投资者、投资者分类；②了解产品或服务、产品或服务分级；③了解适当性匹配；④经营机构内部控制等内容。

49. 【答案】C

【解析】公司不依照《公司法》规定提取法定公积金的，由县级以上人民政府财政部门责令如数补足应当提取的金额，可以对公司处以 20 万元以下的罚款。

50. 【答案】C

【解析】股份有限公司以超过股票票面金额的发行价格发行股份所得的溢价款，以及国务院财政部门规定列入资本公积金的其他收入，应当列为公司资本公积金。公司的公积金用于弥补公司亏损、扩大公司生产经营或者转为增加公司资本，但是资本公积金不得用于弥补公司亏损。

《证券市场基本法律法规》机考题库·真题试卷(二)

一、选择题(共50题，每题1分，共50分)以下备选项中只有1项符合题目要求，不选、错选均不得分。

1. 证券公司、资产托管机构、销售机构和投资顾问等服务机构的直接负责的主管人员和其他直接责任人员违反《证券期货经营机构私募资产管理业务管理办法》的，中国证监会及其派出机构根据不同情况，可以对其采取监管谈话、(　　)、认定为不适当人选等行政监管措施。

A. 责令处分有关人员　　B. 暂不受理与行政许可有关的文件
C. 出具警示函　　D. 行业内通报批评

2. 关于股份有限公司发行股份的说法，错误的是(　　)。

A. 同次发行的同种类股票，每股的发行条件和价格应根据认购人的性质不同而不同
B. 任何单位或者个人所认购的同次发行的同类股份，每股应当支付相同份额
C. 同种类的每一股份应当具有同等权利
D. 股份的发行，实行公平、公正的原则

3. 下列关于公司财务会计制度的表述中，说法错误的是(　　)。

A. 公司可以拒绝向聘用的会计师事务所提供会计资料
B. 董事会就解聘会计师事务所进行表决时，应当允许会计师事务所陈述意见
C. 对公司资产，不得以任何个人名义开立账户存储
D. 公司分配当年税后利润时，应当提取利润的10%列入公司法定公积金

4. 根据《合伙企业法》，合伙协议应由(　　)，且必须以书面形式订立。

A. 主要合伙人协商一致　　B. 2个以上的合伙人协商一致
C. 一致行动人协商一致　　D. 全体合伙人协商一致

5. 决定聘任、解聘、考核合规负责人，决定其薪酬待遇是(　　)履行的合规管理职责。

A. 董事会　　B. 股东(大)会
C. 经营管理主要负责人　　D. 分支机构负责人

6. 根据《中国证券业协会诚信管理办法》，诚信信息中的奖励信息、处罚处分信息效力期限为______年，但因证券期货违法行为被行政处罚、市场禁入的信息，效力期限为______年。(　　)

A. 15；30　　B. 10；15　　C. 3；5　　D. 5；10

7. 证券公司的(　　)或其他风险控制指标不符合规定标准的，中国证监会派出机构应当责令公司限期改正。

A. 固定资产　　B. 负债　　C. 总资产　　D. 净资本

8. 专项计划管理人应当将发生的可能对资产支持证券价值或价格产生实质影响的重大事件，及时向投资者披露，并(　　)。

A. 向中国基金业协会、证券交易场所报告并抄送对管理人有辖区监管权的中国证监会派出机构

B. 向中国基金业协会报告

C. 向中国基金业协会报告并抄送对管理人有辖区监管权的中国证监会派出机构

D. 向中国基金业协会、证券交易场所报告

9. 证券公司未按期完成整改、风险控制指标情况继续恶化，严重危及该证券公司的稳健运行的，中国证监会可以(　　)。

A. 撤销其有关业务许可　　B. 指定其他机构托管

C. 指定其他机构接管　　D. 责令停业整顿

10. 充抵融资融券保证金的有价证券，在计算保证金金额时，应当以证券市值按一定折算率进行折算，其中国债折算率最高不超过(　　)。

A. 75%　　B. 65%　　C. 95%　　D. 85%

11. 下列各项不属于证券经纪业务的特点的是(　　)。

A. 证券经纪商指令的权威性　　B. 客户资料的保密性

C. 证券经纪商的中介性　　D. 业务对象的广泛性

12. 在证券投资基金当事人中，负责动用基金资产进行证券投资的机构是(　　)。

A. 基金托管人　　B. 基金发起人　　C. 基金持有人　　D. 基金管理人

13. 根据《证券分析师执业行为准则》，甲证券公司证券分析师李某不符合执业行为准则的行为是(　　)。

A. 李某的配偶担任其所研究的上市公司的董事，李某在证券研究报告中对上述事实进行披露

B. 李某拒绝了丙上市公司聘其为独立董事的请求

C. 李某担任乙证券投资咨询公司的证券研究员

D. 李某在执业过程中，发生了自身的利益与客户利益发生冲突的情形，李某主动向公司报告该事项

14. 担任非公开募集基金的(　　)，应当按照规定向基金行业协会履行登记手续，报送基本情况。

A. 基金管理人　　B. 基金销售机构

C. 基金托管人　　D. 基金份额登记机构

15. 根据《证券公司分类监管规定》，根据证券公司风险管理能力评价指标与标准、持续合规状况、业务发展状况等方面情况，进行相应加分或扣分以确定证券公司的评价计分，分类评价(　　)进行一次。

A. 每月　　B. 每半年　　C. 每季度　　D. 每年

16. 根据《证券基金经营机构信息技术管理办法》，下列关于证券公司信息技术管理事后评估审计的说法，错误的是(　　)。

A. 证券公司信息技术管理工作专项审计的内容仅包括信息技术治理、信息技术安全管理、应急管理

B. 证券公司应当委托外部专业机构开展信息技术管理工作的全面审计，频率不低于每三年一次

C. 证券公司应当跟踪审计发现问题的整改情况，相关问题未能及时整改的，应当说明理由，并将审计报告提交信息技术治理委员会审议

D. 证券公司应当定期开展信息技术管理工作专项审计，频率不低于每年一次，确保三年内完成信息技术管理全部事项的审计工作

17. 上市公司就并购重组事项出具盈利预测报告的，凡不属于上市公司管理层事前无法获知且事后无法控制的原因，利润实现数未达到盈利预测(　　)的，证监会责令财务顾问及其财务顾问主办人在股东大会及中国证监会指定报刊上公开说明未实现盈利预测的原因并向股东和社会公众投资者道歉。

A. 50%　　B. 100%　　C. 90%　　D. 80%

18. 根据《合伙企业法》，关于有限合伙人的出资方式，其评估颁发只能由全体合伙人协商确定，并在合伙协议中载明的是(　　)。

A. 实物　　B. 货币　　C. 劳务　　D. 知识产权

19. 下列关于法律关系的说法，错误的是(　　)。

A. 法律主体主要包含自然人、组织和国家

B. 法律关系客体包含人格

C. 法律关系由主体、客体与内容构成

D. 对于自然人来说，有权利能力一定有行为能力

20. 下列关于证券公司客户资产管理业务的说法中，错误的是(　　)。

A. 为客户提供证券及其他金融产品的投资管理服务

B. 证券公司须与客户签订资产管理合同

C. 证券公司对客户委托的资产进行经营运作

D. 证券公司须确保客户资产的稳定增值

21. 根据《证券公司另类投资子公司管理规范》，下列关于另类投资子公司设立条件的说法正确的是(　　)。

A. 具有健全的公司治理结构，完善有效的内部控制机制、风险管理制度和合规管理制度，防范与另类子公司之间出现风险传递和利益冲突

B. 具备中国证券监督管理委员会核准的证券资产管理业务资格

C. 最近六个月内各项风险控制指标符合中国证监会的相关要求，且设立另类子公司后，各项风险控制指标仍持续符合规定

D. 以自有资金全资设立另类子公司，可以采用股份代持等其他方式变相与其他投资者共同出资设立另类子公司

22. 证券公司流动性风险管理的目标，是确保其流动性需求能够及时以(　　)得到满足。

A. 最优成本　　B. 合理成本　　C. 最高成本　　D. 最低成本

23. 公司章程对(　　)无约束力。

A. 公司法律顾问　　B. 股东　　C. 公司　　D. 监事

24. 证券公司(　　)负责审核批准公司的流动性风险偏好、政策。

A. 董事会　　B. 首席风险官　　C. 经理层　　D. 股东(大)会

25. 上市公司设董事会秘书，其职责不包括(　　)。

A. 负责公司股东大会和董事会会议的筹备、文件保管

B. 决定聘任会计师事务所

C. 负责办理信息披露事务

D. 负责公司股东资料的管理

26. 股份有限公司监事会包括适当比例的公司职工代表，其中职工代表的比例不得低于(　　)，具体比例由公司章程规定。

A. 三分之一　B. 二分之一　C. 五分之一　D. 四分之一

27. 下列不属于基金份额持有人权利的是(　　)。

A. 按规定要求召开基金份额持有人大会

B. 分享基金财产收益

C. 查阅基金财产管理业务活动的公开披露资料

D. 确定基金收益分配方案

28. 申请设立期货公司，应当符合《中华人民共和国公司法》的规定，并且其主要股东以及实际控制人(　　)，信誉良好，最近3年无重大违法违规记录。

A. 具有持续盈利能力　B. 年盈利能力超过人民币2000万

C. 年盈利能力超过人民币1000万　D. 年盈利能力超过人民币1500万

29. 未经(　　)批准，任何单位和个人不得委托或者接受他人委托持有或者管理证券公司的股权。

A. 工商行政管理机关　B. 财政部

C. 国务院证券监督管理机构　D. 中国人民银行

30. 下列各项中，证券公司的股东可以用(　　)出资。

A. 货币　B. 信用　C. 特许经营权　D. 劳务

31. 证券公司开展融资融券业务，由(　　)负责制定融资融券业务操作流程，确定对单一客户和单一证券的授信额度、融资融券的期限和利率(费率)、保证金比例和最低维持担保比例可充抵保证金的证券种类及折算率、客户可融资买入和融券卖出的证券种类。

A. 业务执行机构　B. 业务决策机构

C. 分支机构　D. 董事会

32. 证券公司应当建立健全(　　)，指定人员定期通过面谈、电话、信函或者其他方式对证券经纪人招揽和服务的客户进行回访，了解证券经纪业务营销人员的执业情况，并作出完整记录。

A. 客户回访制度　B. 操作监控制度

C. 客户投诉制度　D. 异常交易监控制度

33. 下列不会被视为刚性兑付的行为是(　　)。

A. 担保公司为资产管理产品投资的非标准化债权类资产提供担保

B. 采取滚动发行方式

C. 管理人自行筹集资金对兑付困难的资产管理产品进行偿付

D. 金融机构为资产管理产品投资的非标准化债权类资产提供担保

34. 根据《发布证券研究报告执业规范》，(　　)应当对其署名的证券研究报告的内容和观点负责。

A. 证券投资顾问　B. 研究助理

C. 证券分析师　D. 证券分析师所在证券公司

35. 《证券法》规定的发行人应当聘请具有保荐资格的机构担任保荐人的情形不包括(　　)。

A. 申请公开发行股票，依法采取承销方式的

B. 申请公开发行可转换为股票的公司债券，依法采取承销方式的

C. 申请公开发行法律、行政法规规定实行保荐制度的其他证券的

D. 申请公开发行公司债券，依法采取承销方式的

36. 违反法律、行政法规或者中国证监会有关规定，情节严重的，可以对有关责任人员采取(　　)的证券市场禁入措施。

A. 1 至 3 年　　B. 7 至 10 年　　C. 5 至 7 年　　D. 3 至 5 年

37. 根据《公司债券发行与交易管理办法》，资信评级机构为公开发行公司债券进行信用评级，在债券有效存续期间，应当(　　)至少向市场公布一次定期跟踪评级报告。

A. 每半年　　B. 每两年　　C. 每年　　D. 每三年

38. 证券公司任免(　　)，应当报国务院证券监督管理机构备案。

A. 董事、监事、高级管理人员、部门经理

B. 独立董事、监事

C. 董事、监事、高级管理人员

D. 高级管理人员、境外分支机构负责人

39. 下列关于证券公司开展证券发行与承销业务的内部控制的说法，错误的是(　　)。

A. 证券公司应当对存在包销风险的投资银行项目实行集体决策

B. 证券公司应当设立相应的职能部门或团队，专门负责证券发行与承销工作

C. 包销决议只能制作书面文件，并由参与决策的人员确认

D. 证券公司风险管理部应当委派代表参与包销决策过程

40. 根据《证券公司治理准则》，下列关于证券公司与客户关系的基本原则的说法，错误的是(　　)。

A. 证券公司向客户提供的产品或者服务，对有关产品和服务的内容应履行保密的义务

B. 证券公司不得侵犯客户的财产权、选择权、公平交易权、知情权及其他合法权益

C. 证券公司不得挪用客户交易结算资金、委托管理的资产及托管在公司的证券

D. 证券公司应当设专职部门或者岗位负责与客户进行沟通，处理客户的投诉等事宜

41. (　　)是证券期货经营机构服务投资者、控制经营风险和保护投资者合法权益的重要操作流程，核心目的是“将适当的产品或服务销售或提供给适当的投资者”。

A. 法人集中清算制度　　B. 信息隔离墙制度

C. 利益冲突管理机制　　D. 投资者适当性制度

42. 下列关于擅自发行股票、债券罪构成要件的说法，正确的是(　　)。

A. 对直接负责的主管人员和其他直接责任人员，一般判处罚金

B. 犯罪主体只能是单位

C. 犯罪主体只能是自然人

D. 犯罪主体可以是自然人，也可以是单位

43. 下列关于证券公司柜台交易的说法，正确的是(　　)。

A. 证券公司与投资者在集中交易场所内进行的交易或为投资者在集中交易场所之外进行交易提供服务的行为

B. 证券公司与特定交易对手方在集中交易场所之外进行的交易或为投资者在集中交易

场所之内进行交易提供服务的行为

C. 证券公司与特定交易对手方在集中交易场所之外进行的交易或为投资者在集中交易场所之外进行交易提供服务的行为

D. 证券公司与投资者在集中交易场所之外进行的交易或为投资者在集中交易场所内进行交易提供服务的行为

44. 证券发行、交易活动的当事人具有平等的法律地位，应当遵守(　　)的原则。

A. 自愿、有偿、诚实信用　　B. 自愿、无偿、诚实信用

C. 公平、自愿、诚实信用　　D. 公平、有偿、诚实信用

45. 股票发行采取(　　)方式的，应当在发行公告中披露发行失败后的处理措施。

A. 自行销售　　B. 代销　　C. 包销　　D. 市值配售

46.《中华人民共和国证券投资基金法》禁止公开募集基金的基金管理人将其固有财产混同于基金财产从事证券投资，体现了基金财产具有(　　)。

A. 契约性　　B. 营利性　　C. 独立性　　D. 确定性

47. 根据《中华人民共和国公司法》，有限责任公司的股东向股东以外的人转让股权，股东应就其股权转让事项书面通知其他股东征求同意，其他股东自接到书面通知之日起满(　　)日未答复的，视为同意转让。

A. 10　　B. 15　　C. 20　　D. 30

48. 根据《证券公司全面风险管理规范》，承担全面风险管理的监督责任，负责监督检查证券公司董事会和经理层在风险管理方面履职尽责情况并督促整改的是(　　)。

A. 证券公司首席风险官　　B. 证券公司监事会

C. 中国证监会派出机构　　D. 中国证监会

49. 期货公司及其他期货经营机构、非期货公司结算会员、期货保证金存管银行提供虚假申请文件或者采取其他欺诈手段隐瞒重要事实骗取期货业务许可的，(　　)。

A. 罚款5万元以上30万元以下

B. 罚款10万元以上50万元以下

C. 罚款10万元以上30万元以下

D. 撤销其期货业务许可，没收违法所得

50. 以下符合申请证券从业执业证书条件的是(　　)。

A. 丙某，品行端正，具有良好的职业道德，但尚未被机构聘用

B. 乙某，曾被中国证监会认定为证券市场禁入者，但是已过禁入期

C. 甲某，最近五年未受过刑事处罚，但被中国证监会认定为证券市场禁入者

D. 丁某，证券从业资格考试成绩合格，两年前受过刑事处罚

二、组合型选择题(共50题，每题1分，共50分)以下备选项中只有1项最符合题目要求，不选、错选均不得分。

1. 下列关于证券公司包销决策内部控制规定的说法，正确的有(　　)。

Ⅰ. 明确包销事宜的表决机制

Ⅱ. 合规法律部门应委派代表参与包销决策过程，独立发表意见

Ⅲ. 通过事先评估、制定风险处置预案等措施有效控制包销风险

Ⅳ. 制定包销事宜的决策流程

A. Ⅰ、Ⅱ、Ⅲ、Ⅳ　　B. Ⅱ、Ⅲ
C. Ⅰ、Ⅱ、Ⅳ　　D. Ⅰ、Ⅲ、Ⅳ

2. 下列情形中，有关单位或个人应当事先告知证券公司，由证券公司报国务院证券监督管理机构批准的有(　　)。

Ⅰ. 认购或者受让证券公司的股权后，其持股比例达到证券公司注册资本的3%

Ⅱ. 认购或者受让证券公司的股权后，其持股比例达到证券公司注册资本的5%

Ⅲ. 以持有证券公司股东的股权或者其他方式，实际控制证券公司3%以上的股权

Ⅳ. 以持有证券公司股东的股权或者其他方式，实际控制证券公司5%以上的股权

A. Ⅱ、Ⅲ　　B. Ⅰ、Ⅲ　　C. Ⅱ、Ⅳ　　D. Ⅰ、Ⅱ

3. 根据《上海证券交易所交易异常情况处理实施细则(试行)》，无法连续交易是指(　　)等情形。

Ⅰ. 交易所交易、通信系统出现10分钟以上中断

Ⅱ. 交易所行情发布系统出现10分钟以上中断

Ⅲ. 10%以上会员营业部无法正常发送交易申报

Ⅳ. 10%以上的证券中断交易

A. Ⅰ、Ⅱ　　B. Ⅰ、Ⅱ、Ⅲ、Ⅳ
C. Ⅱ、Ⅲ　　D. Ⅰ、Ⅲ、Ⅳ

4. 根据《证券期货经营机构参与股票期权交易试点指引》，证券公司从事股票期权经纪业务试点，应当符合的条件，下列说法正确的有(　　)。

Ⅰ. 具有证券经纪业务资格

Ⅱ. 股票期权经纪业务制度健全、拟负责股票期权经纪业务的高级管理人员具备股票期权专业知识和相应的专业能力

Ⅲ. 具有满足从事股票期权经纪业务相关要求的营业场所、经营设备、技术系统等软硬件设施

Ⅳ. 公司及其董事、监事、高级管理人员最近2年内未因重大违法违规行为受到行政处罚或刑事处罚

A. Ⅰ、Ⅱ、Ⅲ、Ⅳ　　B. Ⅰ、Ⅱ、Ⅳ
C. Ⅰ、Ⅱ、Ⅲ　　D. Ⅲ、Ⅳ

5. 根据《证券公司客户资产管理业务规范》规定，客户资产管理业务投资主办人不通过年检的情形包括(　　)。

Ⅰ. 上年度没有管理过客户委托资产　　Ⅱ. 年初被监管机构采取重大行政监管措施
Ⅲ. 上年度被协会采取纪律处分　　Ⅳ. 不符合一般证券从业人员有关规定

A. Ⅰ、Ⅳ　　B. Ⅱ、Ⅲ、Ⅳ　　C. Ⅱ、Ⅲ　　D. Ⅰ、Ⅱ、Ⅲ

6. 证券公司代销基金产品，发生(　　)情形的，可被单处或者并处警告、三万元以下罚款。

Ⅰ. 以低于成本的销售费用销售基金

Ⅱ. 因正当商业目的降低基金销售费用水平

Ⅲ. 采取抽奖或送实物的方式销售基金

Ⅳ. 基金募集申请在完成注册前，向公众分发、公布基金宣传推介材料

A. Ⅰ、Ⅱ、Ⅲ　B. Ⅱ、Ⅳ　C. Ⅰ、Ⅱ　D. Ⅰ、Ⅲ、Ⅳ

7. 证券期货经营机构及其工作人员在开展投资银行类业务过程中，不得以(　　)方式输送或者谋取不正当利益。

Ⅰ. 以非公允价格或者不正当方式为自身或者利益关系人获取拟上市公司股权

Ⅱ. 以非公允价格为利益关系人配售债券或者约定回购债券

Ⅲ. 泄露证券发行询价和定价信息，操纵证券发行价格

Ⅳ. 向特定客户以明显低于公司资金成本或者同期市场资金价格的利率提供融资

A. Ⅰ、Ⅱ、Ⅲ、Ⅳ　B. Ⅰ、Ⅱ、Ⅲ

C. Ⅰ、Ⅱ、Ⅳ　D. Ⅱ、Ⅲ、Ⅳ

8. 证券公司应当通过(　　)等手段保证风险管理制度的贯彻落实。

Ⅰ. 评估　Ⅱ. 稽核　Ⅲ. 检查　Ⅳ. 绩效考核

A. Ⅰ、Ⅱ、Ⅲ、Ⅳ　B. Ⅰ、Ⅱ、Ⅲ

C. Ⅰ、Ⅲ、Ⅳ　D. Ⅱ、Ⅲ、Ⅳ

9. 关于证券公司董事会审议关联交易议案的程序，说法正确的是(　　)。

Ⅰ. 董事会审议关联交易议案时，与关联方有关联关系的董事应当回避

Ⅱ. 董事会会议由过半数的无关联关系董事出席即可举行

Ⅲ. 董事会会议所作决议须经无关联关系董事过半数通过

Ⅳ. 出席董事会的无关联关系董事人数不足 4 人的，应当将该事项提交股东(大)会审议

A. Ⅰ、Ⅱ、Ⅳ　B. Ⅰ、Ⅱ、Ⅲ　C. Ⅱ、Ⅲ、Ⅳ　D. Ⅰ、Ⅲ、Ⅳ

10. 证券公司分支机构，包括(　　)。

Ⅰ. 从事业务经营的分公司　Ⅱ. 证券营业部

Ⅲ. 证券公司子公司　Ⅳ. 期货子公司

A. Ⅰ、Ⅱ　B. Ⅱ、Ⅲ、Ⅳ

C. Ⅰ、Ⅱ、Ⅲ、Ⅳ　D. Ⅲ、Ⅳ

11. 根据《证券法》，对内幕交易行为人可能采取的行政处罚措施包括(　　)。

Ⅰ. 责令处理非法持有的证券　Ⅱ. 没收违法所得并处罚款

Ⅲ. 暂停或撤销相关业务许可　Ⅳ. 单处罚款

A. Ⅰ、Ⅱ　B. Ⅰ、Ⅱ、Ⅳ　C. Ⅰ、Ⅱ、Ⅲ　D. Ⅱ、Ⅲ

12. 根据《证券经营机构及其工作人员廉洁从业实施细则》规定，证券经营机构应当(　　)。

Ⅰ. 加强保密信息的管理

Ⅱ. 防范工作人员利用内幕信息输送不正当利益

Ⅲ. 防范工作人员利用商业秘密谋取不正当利益

Ⅳ. 防范工作人员利用未公开信息谋取不正当利益

A. Ⅰ、Ⅱ、Ⅲ、Ⅳ　B. Ⅰ、Ⅱ、Ⅳ

C. Ⅱ、Ⅲ、Ⅳ　D. Ⅰ、Ⅲ、Ⅳ

13. 证券公司在柜台市场开展业务，下列做法符合投资者适当性管理相关规定的有(　　)。

Ⅰ. 证券公司按照法律法规、行业自律规则等建立投资者适当性管理制度

Ⅱ. 证券公司在进行柜台交易前，了解投资者的身份、财产与收入状况、信用状况、投资经验、风险承受能力等情况

Ⅲ. 证券公司采取措施确保在柜台市场交易的私募产品持有人数量符合相关规定，并要求私募产品发行人承诺私募产品的持有人数量符合相关规定

Ⅳ. 证券公司进行金融衍生产品柜台交易，向非金融机构投资者充分披露其与基础金融资产发行人等相关当事人之间存在的关联关系

A. Ⅰ、Ⅱ、Ⅲ　　B. Ⅰ、Ⅱ、Ⅲ、Ⅳ

C. Ⅰ、Ⅱ、Ⅳ　　D. Ⅲ、Ⅳ

14. 下列各项中，属于行业文化建设的基本要求的有(　　)。

Ⅰ. 坚持依法合规，筑牢发展基础　　Ⅱ. 坚持专业精神，提升服务能力

Ⅲ. 坚持诚实守信，恪守职业操守　　Ⅳ. 坚持稳健经营，促进健康发展

A. Ⅰ、Ⅱ、Ⅳ　　B. Ⅰ、Ⅲ　　C. Ⅱ、Ⅲ、Ⅳ　　D. Ⅰ、Ⅱ、Ⅲ、Ⅳ

15. 下列关于有限合伙企业的说法正确的是(　　)。

Ⅰ. 有限合作企业至少应当有一个普通合伙人

Ⅱ. 有限合伙企业名称中应当标明“有限合伙”字样

Ⅲ. 有限合伙人可以以劳务出资

Ⅳ. 国有企业可以成为有限合伙人

A. Ⅰ、Ⅱ、Ⅳ　　B. Ⅱ、Ⅲ

C. Ⅰ、Ⅱ、Ⅲ、Ⅳ　　D. Ⅲ、Ⅳ

16. 根据《中华人民共和国公司法》，以下属于关联关系的有(　　)。

Ⅰ. 公司控股股东与其直接或者间接控制的企业之间的关系

Ⅱ. 公司实际控制人与其直接或者间接控制的企业之间的关系

Ⅲ. 公司董事、监事、高级管理人员与其直接或者间接控制的企业之间的关系

Ⅳ. 同受国家控股企业之间的关系

A. Ⅰ、Ⅱ、Ⅳ　　B. Ⅱ、Ⅲ、Ⅳ　　C. Ⅰ、Ⅱ、Ⅲ　　D. Ⅰ、Ⅲ、Ⅳ

17. 根据《证券基金经营机构信息技术管理办法》，证券公司应当落实的应急管理职责有(　　)。

Ⅰ. 信息技术管理部门为信息技术应急管理的牵头组织部门，组织开展信息技术应急预案的制定、演练、评估与改进工作，并负责信息系统的应急响应与恢复

Ⅱ. 各业务部门负责评估本业务条线信息技术突发事件相关风险，开展业务影响分析，确定并实施重要业务恢复目标和恢复策略

Ⅲ. 风险管理部门负责评估信息系统与相关业务恢复目标和恢复策略制定的合理性，确保与公司整体风险管理策略保持一致

Ⅳ. 合规管理部门负责评估信息系统与相关业务恢复目标和恢复策略制定的合理性，确保与公司整体风险管理策略保持一致

A. Ⅰ、Ⅲ、Ⅳ　　B. Ⅰ、Ⅱ、Ⅲ　　C. Ⅰ、Ⅱ、Ⅳ　　D. Ⅰ、Ⅱ、Ⅲ、Ⅳ

18. 下列关于基金管理人、基金托管人因共同行为给基金财产造成损害的说法，错误的是(　　)。

Ⅰ. 基金管理人、基金托管人承担连带责任

Ⅱ. 应当按过错程度承担按份责任

Ⅲ. 基金管理人承担主要责任，基金托管人承担补充责任

Ⅳ. 基金托管人承担主要责任，基金管理人承担补充责任

A. Ⅰ、Ⅲ　　B. Ⅱ、Ⅳ　　C. Ⅱ、Ⅲ　　D. Ⅱ、Ⅲ、Ⅳ

19. 下列关于证券公司投资银行类业务内部控制的说法，正确的是(　　)。

Ⅰ. 证券公司投资银行类业务应当建立项目管理制度

Ⅱ. 证券公司应当针对管理和执行投资银行类项目的主要人员建立收入递延支付机制

Ⅲ. 证券公司从投资银行类业务特点的角度出发，制定科学、合理的薪酬考核体系

Ⅳ. 非单一从事投资银行类业务的证券公司分支机构可以开展除项目承揽等辅助性活动以外的投资银行类业务

A. Ⅰ、Ⅱ　　B. Ⅰ、Ⅱ、Ⅲ　　C. Ⅰ、Ⅲ、Ⅳ　　D. Ⅰ、Ⅱ、Ⅲ、Ⅳ

20. (　　)等作出公开承诺的，应当披露。不履行承诺给投资者造成损失的，应当依法承担赔偿责任。

Ⅰ. 发行人的控股股东　　Ⅱ. 发行人的实际控制人

Ⅲ. 发行人的董事　　Ⅳ. 发行人的高级管理人员

A. Ⅰ、Ⅱ、Ⅲ　　B. Ⅰ、Ⅳ

C. Ⅰ、Ⅱ、Ⅲ、Ⅳ　　D. Ⅱ、Ⅲ、Ⅳ

21. 下列关于有限合伙企业解散事由的说法，正确的有(　　)。

Ⅰ. 依法吊销营业执照，应当解散　　Ⅱ. 依法被责令关闭，应当解散

Ⅲ. 依法被撤销，应当解散　　Ⅳ. 合伙期限届满，应当解散

A. Ⅰ、Ⅱ、Ⅳ　　B. Ⅰ、Ⅲ、Ⅳ　　C. Ⅱ、Ⅲ、Ⅳ　　D. Ⅰ、Ⅱ、Ⅲ

22. 经营机构划分产品或者服务风险等级时，导致其风险等级应当审慎评估的因素有(　　)。

Ⅰ. 存在本金损失可能性　　Ⅱ. 产品或服务的流动变现能力弱

Ⅲ. 私募产品　　Ⅳ. 自律组织认定的高风险产品或服务

A. Ⅱ、Ⅲ、Ⅳ　　B. Ⅰ、Ⅱ、Ⅲ　　C. Ⅰ、Ⅱ、Ⅳ　　D. Ⅰ、Ⅲ、Ⅳ

23. 证券公司自营业务部门的职责不包括(　　)。

Ⅰ. 自营账户开户　　Ⅱ. 自营账户使用登记

Ⅲ. 自营账户销户　　Ⅳ. 自营业务所需资金的调度

A. Ⅰ、Ⅲ、Ⅳ　　B. Ⅰ、Ⅱ、Ⅲ、Ⅳ

C. Ⅰ、Ⅱ　　D. Ⅱ、Ⅲ、Ⅳ

24. 根据证券交易所的组织架构及交易规则，下列说法正确的有(　　)。

Ⅰ. 证券交易所设董事会，并设总经理 1 人

Ⅱ. 进入实行会员制的证券交易所参与集中交易的，必须是证券交易所的会员

Ⅲ. 未经证券交易所许可，任何单位和个人不得发布证券交易即时行情

Ⅳ. 因不可抗力的突发性事件或者为维护证券交易的正常秩序，证券交易所可以决定临时停市

A. Ⅰ、Ⅱ　　B. Ⅱ、Ⅲ　　C. Ⅱ、Ⅲ、Ⅳ　　D. Ⅰ、Ⅲ、Ⅳ

25. 根据《证券业从业人员资格管理办法》，下列关于从业人员监督管理的说法，正确的有(　　)。

Ⅰ. 取得执业证书的人员，连续 3 年不在机构从业的，由证券业协会注销其执业证书；

重新执业的，应当参加证券业协会组织的执业培训，并重新申请执业证书

Ⅱ. 机构可以聘用未取得执业证书的人员对外开展证券业务

Ⅲ. 证券业协会、机构应当定期组织取得执业证书的人员进行后续职业培训，提高从业人员的职业道德和专业素质

Ⅳ. 从业人员在执业过程中违反有关证券法律、行政法规以及中国证监会有关规定，受到聘用机构处分的，该机构应当在处分后10日内向证券业协会报告

A. Ⅰ、Ⅱ、Ⅲ　B. Ⅰ、Ⅱ、Ⅳ　C. Ⅰ、Ⅲ、Ⅳ　D. Ⅱ、Ⅲ、Ⅳ

26. 下列行为中，属于损害客户利益的行为有(　　)。

Ⅰ. 未经客户的委托为其买卖证券

Ⅱ. 不在规定时间内向客户提供交易的确认文件

Ⅲ. 为牟取佣金收入，诱使客户进行不必要的证券买卖

Ⅳ. 私下接受客户委托买卖证券

A. Ⅰ、Ⅱ、Ⅲ、Ⅳ　B. Ⅰ、Ⅲ

C. Ⅰ、Ⅱ、Ⅳ　D. Ⅱ、Ⅲ、Ⅳ

27. 我国《证券投资基金法》规定，公开募集基金的基金管理人职责终止的情形包括(　　)。

Ⅰ. 依法解散、被依法撤销或被依法宣告破产

Ⅱ. 被基金份额持有人大会解任

Ⅲ. 基金合同约定的其他情形

Ⅳ. 被依法取消基金管理资格

A. Ⅲ、Ⅳ　B. Ⅰ、Ⅱ、Ⅳ　C. Ⅰ、Ⅲ、Ⅳ　D. Ⅰ、Ⅱ、Ⅲ、Ⅳ

28. 基金托管人应当履行的职责包括(　　)。

Ⅰ. 安全保管基金财产

Ⅱ. 按照基金合同的约定，根据基金管理人的投资指令，及时办理清算、交割事宜

Ⅲ. 定期召集基金份额持有人大会

Ⅳ. 复核、审查基金管理人计算的基金资产净值和基金份额申购、赎回价格

A. Ⅰ、Ⅱ、Ⅲ　B. Ⅰ、Ⅱ、Ⅳ　C. Ⅰ、Ⅲ、Ⅳ　D. Ⅱ、Ⅲ、Ⅳ

29. 下列关于上市公司收购要约约定的收购期限的说法，正确的有(　　)。

Ⅰ. 收购期限不得少于30日　Ⅱ. 收购期限不得少于45日

Ⅲ. 收购期限不得超过60日　Ⅳ. 收购期限不得超过90日

A. Ⅰ、Ⅲ　B. Ⅰ、Ⅳ　C. Ⅱ、Ⅲ　D. Ⅱ、Ⅳ

30. 下列属于有限责任公司监事会职权的有(　　)。

Ⅰ. 检查公司财务　Ⅱ. 提议召开临时股东会会议

Ⅲ. 向股东会会议提出提案　Ⅳ. 罢免董事、高级管理人员

A. Ⅰ、Ⅱ、Ⅳ　B. Ⅰ、Ⅲ、Ⅳ　C. Ⅱ、Ⅲ、Ⅳ　D. Ⅰ、Ⅱ、Ⅲ

31. 证券经营机构及其工作人员在落实执行投资者适当性管理的过程中，应当遵循但不限于以下(　　)原则。

Ⅰ. 投资者利益优先　Ⅱ. 勤勉尽责

Ⅲ. 客观性　Ⅳ. 有效性

A. Ⅰ、Ⅱ、Ⅳ　B. Ⅱ、Ⅲ、Ⅳ　C. Ⅰ、Ⅲ、Ⅳ　D. Ⅰ、Ⅱ、Ⅲ、Ⅳ

32. 下列关于期货公司业务的说法，错误的有(　　)。

Ⅰ. 期货公司从事经纪业务，接受客户委托，以客户的名义为客户进行期货交易，交易结果由客户承担

Ⅱ. 期货公司不得从事期货自营业务

Ⅲ. 期货公司可以为其股东提供融资

Ⅳ. 期货公司可以为股东以外的人提供担保

A. Ⅰ、Ⅳ　　B. Ⅰ、Ⅲ、Ⅳ　　C. Ⅰ、Ⅱ、Ⅳ　　D. Ⅱ、Ⅲ

33. 根据《合伙企业法》，合伙人转让合伙企业中的财产份额时，正确的有(　　)。

Ⅰ. 应当通知其他合伙人

Ⅱ. 除合伙协议另有约定外，须经其他合伙人一致同意

Ⅲ. 合伙人以外的人受让合伙企业财产份额的，可经修改合伙协议即成为合伙企业的合伙人

Ⅳ. 向合伙人以外的人转让其财产份额的，除合伙协议另有约定外，在同等条件下，其他合伙人有优先购买权

A. Ⅰ、Ⅱ、Ⅲ、Ⅳ　　B. Ⅱ、Ⅲ

C. Ⅰ、Ⅲ、Ⅳ　　D. Ⅰ、Ⅱ、Ⅳ

34. 下列关于证券公司子公司的流动性风险管理的说法，正确的有(　　)。

Ⅰ. 应将子公司的流动性风险纳入管理范围

Ⅱ. 应明确子公司流动性风险信息报告的路径、内容、形式

Ⅲ. 应确保子公司的流动性风险管理保持一定的独立性

Ⅳ. 对子公司流动性风险管理状况进行分析和监督

A. Ⅰ、Ⅱ、Ⅳ　　B. Ⅰ、Ⅱ、Ⅲ、Ⅳ

C. Ⅲ、Ⅳ　　D. Ⅰ、Ⅱ、Ⅲ

35. 证券评级业务是指对(　　)开展的资信评级服务。

Ⅰ. 中国证监会依法核准发行的债券、资产支持证券以及其他固定收益或者债务型结构性融资证券

Ⅱ. 在证券交易所上市交易的债券、资产支持证券以及其他固定收益或者债务型结构性融资证券，包含国债

Ⅲ. 中国证监会依法核准发行或在证券交易所上市交易的债券、资产支持证券或者其他固定债务型结构性融资证券(国债除外)的发行人、上市公司、非上市公众公司、证券公司、证券投资基金管理公司

Ⅳ. 中国证监会规定的其他评级对象

A. Ⅰ、Ⅱ、Ⅲ　　B. Ⅰ、Ⅱ、Ⅳ　　C. Ⅱ、Ⅲ、Ⅳ　　D. Ⅰ、Ⅲ、Ⅳ

36. 下列表述中，符合我国《公司法》规定的普通股股东应尽的义务是(　　)。

Ⅰ. 保护公司财产安全　　Ⅱ. 依法行使股东权利

Ⅲ. 不得滥用权利损害公司利益　　Ⅳ. 遵守公司章程

A. Ⅱ、Ⅳ　　B. Ⅰ、Ⅲ、Ⅳ　　C. Ⅱ、Ⅲ、Ⅳ　　D. Ⅰ、Ⅱ、Ⅲ、Ⅳ

37. 下列关于资产管理计划投资者权利的说法正确的是(　　)。

Ⅰ. 安全保管资产管理计划财产

Ⅱ．对于集合资产管理计划按照合同约定参与、退出和转让资产管理计划份额

Ⅲ．取得分配清算后的剩余资产管理计划财产

Ⅳ．按照法律法规及合同约定的时间和方式获得资产管理计划的信息披露资料

A. Ⅰ、Ⅱ、Ⅲ　　B. Ⅰ、Ⅱ、Ⅳ　　C. Ⅰ、Ⅲ、Ⅳ　　D. Ⅱ、Ⅲ、Ⅳ

38. 证券公司在报送可疑交易报告后，应根据相关规定采取相应的后续风险控制措施，正确的有(　　)。

Ⅰ．对可疑交易所涉及客户及交易开展持续监控

Ⅱ．降低客户风险等级

Ⅲ．限制客户交易

Ⅳ．终止业务关系

A. Ⅰ、Ⅱ、Ⅲ、Ⅳ　　B. Ⅰ、Ⅱ

C. Ⅰ、Ⅲ、Ⅳ　　D. Ⅱ、Ⅲ

39. 财务顾问及其财务顾问主办人或者其他责任人员所发表的专业意见存在虚假记载、误导性陈述或者重大遗漏的，中国证监会可以对其采取的监管措施包括(　　)。

Ⅰ．责令改正　　Ⅱ．没收业务收入

Ⅲ．罚款　　Ⅳ．并处暂停或者禁止从事证券服务业务

A. Ⅰ、Ⅱ、Ⅲ、Ⅳ　　B. Ⅰ、Ⅱ、Ⅲ

C. Ⅰ、Ⅲ、Ⅳ　　D. Ⅱ、Ⅲ、Ⅳ

40. 根据《证券公司治理准则》，下列关于证券公司与客户关系的基本原则的说法，错误的是(　　)。

A. 证券公司向客户提供的产品或者服务，对有关产品和服务的内容应履行保密的义务

B. 证券公司不得侵犯客户的财产权、选择权、公平交易权、知情权及其他合法权益

C. 证券公司不得挪用客户交易结算资金、委托管理的资产及托管在公司的证券

D. 证券公司应当设专职部门或者岗位负责与客户进行沟通，处理客户的投诉等事宜

41. 下列关于合格投资者投资于单只资产管理产品的说法，正确的有(　　)。

Ⅰ．投资于单只固定收益类产品的金额不低于 50 万元

Ⅱ．投资于单只混合类产品的金额不低于 40 万元

Ⅲ．投资于单只权益类产品的金额不低于 100 万元

Ⅳ．投资于单只商品及金融衍生品类产品的金额不低于 100 万元

A. Ⅰ、Ⅳ　　B. Ⅱ、Ⅲ、Ⅳ

C. Ⅰ、Ⅱ、Ⅲ、Ⅳ　　D. Ⅰ、Ⅱ、Ⅲ

42. 根据《证券法》，承销团应当由______和______的证券公司组成。(　　)

Ⅰ．主承销　　Ⅱ．第一承销　　Ⅲ．参与承销　　Ⅳ．代理承销

A. Ⅰ、Ⅱ　　B. Ⅲ、Ⅳ　　C. Ⅱ、Ⅲ　　D. Ⅰ、Ⅲ

43. 资产支持证券可以在以下哪些场所挂牌转让？(　　)

Ⅰ．证券交易所　　Ⅱ．全国中小企业股份转让系统

Ⅲ．证券公司柜台市场　　Ⅳ．机构间私募产品报价与服务系统

A. Ⅰ、Ⅱ、Ⅲ、Ⅳ　　B. Ⅱ、Ⅲ、Ⅳ

C. Ⅰ、Ⅳ　　D. Ⅰ、Ⅱ、Ⅲ

44. 根据《证券市场禁入规定》，可以对有关责任人员从轻或免予采取证券市场禁入措施的情形包括(　　)。

Ⅰ. 主动消除或者减轻违法行为危害后果的

Ⅱ. 配合查处违法行为有立功表现的

Ⅲ. 受他人指使、胁迫有违法行为，且能主动交代违法行为的

Ⅳ. 已依法被追究刑事责任的

A. Ⅰ、Ⅱ　　B. Ⅰ、Ⅱ、Ⅲ

C. Ⅲ、Ⅳ　　D. Ⅰ、Ⅱ、Ⅲ、Ⅳ

45. 证券公司风险控制指标不符合规定标准，派出机构应当责令公司限期改正，在整改期内，监管机关可采取的措施不包括(　　)。

A. 限制分配红利　　B. 限制转让财产

C. 限制业务活动　　D. 停止批准新业务

46. 下列对法的概念描述，正确的是(　　)。

Ⅰ. 法是由国家制定或认可并由国家强制力保证实施的

Ⅱ. 法是反映特定物质生活条件所决定的统治阶级意志

Ⅲ. 法是以确认、保护和发展对统治阶级有利的社会关系和社会秩序为目的的规范系统

Ⅳ. 法以保障和约束为内容

A. Ⅰ、Ⅱ、Ⅲ　　B. Ⅰ、Ⅱ、Ⅲ、Ⅳ

C. Ⅰ、Ⅲ、Ⅳ　　D. Ⅰ、Ⅱ、Ⅳ

47. 关于证券投资顾问服务和发布证券研究报告的区别，下列说法正确的有(　　)。

Ⅰ. 证券投资顾问强调针对客户类型提供适当的服务

Ⅱ. 证券研究报告强调公平对待证券研究报告接收人

Ⅲ. 证券投资顾问通常不会显著影响证券定价

Ⅳ. 证券研究报告对证券价格可能产生较大影响

A. Ⅰ、Ⅱ、Ⅲ　　B. Ⅲ、Ⅳ

C. Ⅰ、Ⅱ、Ⅲ、Ⅳ　　D. Ⅰ、Ⅱ

48. 公司违反《公司法》的行为中，由公司登记机关责令改正的有(　　)。

Ⅰ. 虚报注册资本、提交虚假材料取得公司登记

Ⅱ. 公司的发起人、股东虚假出资

Ⅲ. 在法定的会计账簿以外另立会计账簿

Ⅳ. 公司在依法向有关主管部门提供的财务会计报告等材料上作虚假记载或者隐瞒重要事实

A. Ⅰ、Ⅱ　　B. Ⅰ、Ⅱ、Ⅲ　　C. Ⅰ、Ⅱ、Ⅳ　　D. Ⅲ、Ⅳ

49. 期货交易所的职责包括(　　)。

Ⅰ. 提供交易场所、设施和服务

Ⅱ. 为期货交易提供集中履约担保

Ⅲ. 组织并监督交易、结算和交割

Ⅳ. 按照章程和交易规则对会员进行监督管理

A. Ⅰ、Ⅱ、Ⅲ　　B. Ⅰ、Ⅲ、Ⅳ　　C. Ⅱ、Ⅳ　　D. Ⅰ、Ⅱ、Ⅲ、Ⅳ

50. 证券公司信息技术管理的监督检查有哪些方式？(　　)

Ⅰ. 渗透测试　　Ⅱ. 漏洞扫描

Ⅲ. 监管谈话　　Ⅳ. 信息技术风险评估

A. Ⅰ、Ⅱ、Ⅳ　　B. Ⅰ、Ⅱ、Ⅲ、Ⅳ

C. Ⅰ、Ⅱ　　D. Ⅲ、Ⅳ

《证券市场基本法律法规》机考题库·真题试卷(二)参考答案及详解

一、**选择题**(共50题，每题1分，共50分)以下备选项中只有1项符合题目要求，不选、错选均不得分。

1. 【答案】C

【解析】《证券期货经营机构私募资产管理业务管理办法》第七十八条规定，证券期货经营机构、托管人、销售机构和投资顾问等服务机构违反法律、行政法规、本办法及中国证监会其他 规定的，中国证监会及相关派出机构可以对其采取责令改正、监管谈话、出具警示函、责令定期报告、暂不受理与行政许可有关的文件等行政监管措施；对直接负责的主管人员和其他直接责任 人员，采取监管谈话、出具警示函、责令参加培训、认定为不适当人选等行政监管措施。

2. 【答案】A

【解析】股份的发行，实行公平、公正的原则，同种类的每一股份应当具有同等权利。同次发行的同种类股票，每股的发行条件和价格应当相同；任何单位或者个人所认购的股份，每股应当支付相同价额。股份有限公司的资本划分为股份，每一股的金额相等。公司的股份采取股票的形式。股票是公司签发的证明股东所持股份的凭证。

3. 【答案】A

【解析】公司应当向聘用的会计师事务所提供真实、完整的会计凭证、会计账簿、财务会计报告及其他会计资料，不得拒绝、隐匿、谎报。

4. 【答案】D

【解析】为了明确合伙人之间的权利义务，使合伙人和合伙企业在长期的生产经营活动中始终遵守约定的规则，维护合伙企业正常的经营秩序，合伙企业设立时，合伙协议应由全体合伙人协商一致，且必须以书面形式订立。

5. 【答案】A

【解析】证券公司董事会决定本公司的合规管理目标，对合规管理的有效性承担责任，履行下列合规管理职责：①审议批准合规管理的基本制度；②审议批准年度合规报告；③决定解聘对发生重大合规风险负有主要责任或者领导责任的高级管理人员；④决定聘任、解聘、考核合规负责人，决定其薪酬待遇；⑤建立与合规负责人的直接沟通机制；⑥评估合规管理有效性，督促解决合规管理中存在的问题；⑦公司章程规定的其他合规管理职责。

6. 【答案】C

【解析】奖励信息、处罚处分信息效力期限为3年，但因证券期货违法行为被行政处罚、市场禁入的信息，效力期限为5年。效力期限自奖励、处罚处分决定生效之日起算。奖励、处罚处分本身有执行期间的，效力期限自执行期间届满之日起算。

7. 【答案】D

【解析】证券公司的净资本或者其他风险控制指标不符合规定标准的，派出机构应当责令公司限期改正，在5个工作日内制定并报送整改计划，整改期限最长不超过20个工作日；证券公司未按时报送整改计划的，派出机构应当立即限制其业务活动。

8.【答案】A

【解析】《证券公司及基金管理公司子公司资产证券化业务信息披露指引》规定，发生可能对资产支持证券投资价值或价格有实质性影响的重大事件，管理人应当及时将有关该重大事件的情况向资产支持证券合格投资者披露，说明事件的起因、目前的状态和可能产生的法律后果，并向证券交易场所、中国基金业协会报告，同时抄送对管理人有辖区监管权的中国证监会派出机构。

9.【答案】A

【解析】证券公司整改后，经派出机构验收符合有关风险控制指标的，中国证监会及其派出机构应当自验收完毕之日起3个工作日内解除对其采取的有关措施。证券公司未按期完成整改、风险控制指标情况继续恶化，严重危及该证券公司的稳健运行的，中国证监会可以撤销其有关业务许可。

10.【答案】C

【解析】可充抵保证金的有价证券，在计算保证金金额时，应当以证券市值或净值按下列折算率进行折算：①上证180指数成分股股票折算率最高不超过70%，其他A股股票折算率最高不超过65%；②交易型开放式指数基金折算率最高不超过90%；③证券公司现金管理产品、货币市场基金、国债折算率最高不超过95%；④被实施风险警示、暂停上市、进入退市整理期的证券、静态市盈率在300倍以上或者为负数的A股股票，以及权证的折算率为0；⑤其他上市证券投资基金和债券折算率最高不超过80%。

11.【答案】A

【解析】证券经纪业务的特点包括：①业务对象的广泛性；②证券经纪商的中介性；③客户指令的权威性；④客户资料的保密性。

12.【答案】D

【解析】根据《证券投资基金法》第十九条，公开募集基金的基金管理人应当对所管理的不同基金财产分别管理、分别记账，进行证券投资。

13.【答案】C

【解析】根据《证券分析师执业行为准则》，证券分析师在执业过程中应当防范利益冲突，具体包括：①证券分析师在执业过程中遇到自身利益与公司利益、客户利益存在冲突时，应当主动向公司报告；②证券分析师的配偶、子女、父母担任其所研究覆盖的上市公司的董事、监事、高级管理人员的，证券分析师应当按照公司的规定进行执业回避或者在证券研究报告中对上述事实进行披露；③证券分析师只能与一家经营机构签订劳动合同，不得以任何形式同时在两家或两家以上的机构执业；④证券分析师不得在公司内部或外部兼任有损其独立性与客观性的其他职务，包括担任上市公司的独立董事。

14.【答案】A

【解析】非公开募集基金的基金管理人由依法设立的公司或合伙企业担任。担任非公开募集基金的管理人，应按照《私募投资基金监督管理暂行办法》的有关规定向中国证券投资基金业协会履行登记手续，报送基本情况。

15.【答案】D

【解析】证券公司分类监管评价首先设定正常经营的证券公司基准分为 100 分。在基准分的基础上，根据证券公司风险管理能力评价指标与标准、持续合规状况、业务发展状况等方面情况，进行相应加分或扣分以确定证券公司的评价计分。分类评价每年进行一次，评价期为上一年度 5 月 1 日至本年度 4 月 30 日。

16. 【答案】A

【解析】证券公司应当定期开展信息技术管理工作专项审计，频率不低于每年一次，确保 3 年内完成信息技术管理全部事项的审计工作，包括但不限于信息技术治理、信息技术合规与风险管理、信息技术安全管理、应急管理。

17. 【答案】D

【解析】上市公司就并购重组事项出具盈利预测报告的，在相关并购重组活动完成后，凡不属于上市公司管理层事前无法获知且事后无法控制的原因，上市公司或者购买资产实现的利润未达到盈利预测报告或者资产评估报告预测金额80%的，中国证监会责令财务顾问及其财务顾问主办人在股东大会及中国证监会指定报刊上公开说明未实现盈利预测的原因并向股东和社会公众投资者道歉。

18. 【答案】C

【解析】合伙人以实物、知识产权、土地使用权或者其他财产权利出资，需要评估作价的，可以由全体合伙人协商确定，也可以由全体合伙人委托法定评估机构评估。合伙人以劳务出资的，其评估办法由全体合伙人协商确定，并在合伙协议中载明。

19. 【答案】D

【解析】法律关系由主体、客体与内容三个要素构成。法律关系的主体，简称为“法律主体”，是法律关系的参加者，主要包括自然人、组织和国家三类。法律关系客体包括物、人身、人格、精神成果、行为。D 项，对自然人来说，有权利能力并不一定有行为能力。

20. 【答案】D

【解析】证券公司从事客户资产管理业务，应当依照《证券公司客户资产业务管理办法》的规定与客户签订资产管理合同，根据资产管理合同约定的方式、条件、要求及限制，对客户资产进行经营运作。为客户提供证券及其他金融产品的投资管理服务。证券公司从事客户资产管理业务不得向客户做出保证其资产本金不受损失或者取得最低收益的承诺。

21. 【答案】A

【解析】B 项，设立另类投资子公司需具备中国证监会核准的证券自营业务资格；C 项，最近 6 个月内各项风险控制指标符合中国证监会及中国证券业协会的相关要求，且设立另类子公司后，各项风险控制指标仍持续符合规定；D 项，以自有资金全资设立另类子公司，不得采用股份代持等其他方式变相与其他投资者共同出资设立另类子公司。

22. 【答案】B

【解析】证券公司流动性风险管理的目标，是建立健全流动性风险管理体系，对流动性风险实施有效识别、计量、监测和控制，确保其流动性需求能够及时以合理成本得到满足。

23. 【答案】A

【解析】公司章程，是指公司依法制定的，规定公司名称、住所、经营范围、经营管理制度等重大事项的基本文件。公司章程是公司组织或活动的基本准则。设立公司必须依法制定公司章程。公司章程对公司、股东、董事、监事、高级管理人员具有约束力。

24. 【答案】A

【解析】证券公司董事会应承担流动性风险管理的最终责任，负责审核批准公司的流动性风险偏好、政策、信息披露等风险管理重大事项，持续关注流动性风险状况并对流动性管理情况进行监督检查。

25. 【答案】B

【解析】上市公司设立独立董事，具体办法由国务院规定。上市公司设董事会秘书，负责公司股东大会和董事会会议的筹备、文件保管以及公司股东资料的管理，办理信息披露事务等事宜。

26. 【答案】A

【解析】股份有限公司设监事会，其成员不得少于 3 人。监事会应当包括股东代表和适当比例的公司职工代表，其中职工代表的比例不得低于1/3，具体比例由公司章程规定。

27. 【答案】D

【解析】D 项，按照基金合同的约定确定基金收益分配方案是基金管理人的职责之一。

28. 【答案】A

【解析】根据《期货交易管理条例》，应当符合《公司法》的规定，并具备下列条件：①注册资本不低于人民币 1 亿元；②具备任职条件的高级管理人员不少于 3 人，具有期货从业资格的人员不少于 15 人；③有符合法律、行政法规规定的公司章程；④主要股东以及实际控制人具有持续盈利能力，信誉良好，最近 3 年无重大违法违规记录；⑤有合格的经营场所和业务设施；⑥有健全的风险管理和内部控制制度；⑦国务院期货监督管理机构规定的其他条件。

29. 【答案】C

【解析】根据《证券公司监督管理条例》，未经国务院证券监督管理机构批准，任何单位或者个人不得委托他人或者接受他人委托持有或者管理证券公司的股权。证券公司的股东不得违反国家规定，约定不按照出资比例行使表决权。

30. 【答案】A

【解析】根据《证券公司监督管理条例》第九条，证券公司的股东应当用货币或者证券公司经营必需的非货币财产出资。证券公司股东的非货币财产出资总额不得超过证券公司注册资本的 30%。但是，在证券公司经营过程中，证券公司的债权人将其债权转为证券公司股权的，不受前述规定的限制。

31. 【答案】B

【解析】A 项，业务执行部门负责融资融券业务的具体管理和运作。B 项，业务决策机构由有关高级管理人员及部门负责人组成，负责制定融资融券业务操作流程。C 项，分支机构负责客户征信、签约、开户、保证金收取和交易执行等业务操作。D 项，董事会负责制定融资融券业务的基本管理制度。

32. 【答案】A

【解析】根据《证券经纪人管理暂行规定》，证券公司应当建立健全客户回访制度，指定人员定期通过面谈、电话、信函或者其他方式对证券经纪人招揽和服务的客户进行回访，了解证券经纪人的执业情况，并作出完整记录。负责客户回访的人员不得从事客户招揽和客户服务活动。负责客户回访的人员不得从事客户招揽和客户服务活动。

33. 【答案】A

【解析】经金融管理部门认定，存在以下行为的视为刚性兑付：①金融机构为资产管理产品投资的非标准化债权类资产或者股权类资产提供任何直接或间接、显性或隐性的担保、回购等代为承担风险的承诺；②资产管理产品的发行人或者管理人违反真实公允确定净值原则，对产品进行保本保收益；③采取滚动发行等方式，使资产管理产品的本金、收益、风险在不同投资者之间发生转移，实现产品保本保收益；④资产管理产品不能如期兑付或者兑付困难时，发行或者管理该产品的金融机构自行筹集资金偿付或者委托其他机构代为偿付；⑤金融管理部门认定的其他情形。

34. 【答案】C

【解析】根据《发布证券研究报告执业规范》，证券分析师应当对其署名的证券研究报告的内容和观点负责，保证信息来源合法合规，研究方法专业审慎，分析结论具有合理依据。

35. 【答案】D

【解析】发行人申请从事下列发行事项，依法采取承销方式的，应当聘请具有保荐业务资格的证券公司(即保荐机构)履行保荐职责：①首次公开发行股票；②上市公司发行新股、可转换公司债券；③公开发行存托凭证；④中国证监会认定的其他情形。此外，发行人申请公开发行法律、行政法规规定实行保荐制度的其他证券的，依照前款规定办理。

36. 【答案】D

【解析】违反法律、行政法规或者中国证监会有关规定，情节严重的，可以对有关责任人员采取 3 年至 5 年的证券市场禁入措施。行为恶劣、严重扰乱证券市场秩序、严重损害投资者利益或者在重大违法活动中起主要作用等情节较为严重的，可以对有关责任人员采取 5 年至 10 年的证券市场禁入措施。

37. 【答案】C

【解析】根据《公司债券发行与交易管理办法》，资信评级机构为公开发行公司债券进行信用评级，应当符合以下规定：①按照规定或约定将评级信息告知发行人，并及时向市场公布首次评级报告、定期和不定期跟踪评级报告；②在债券有效存续期间，应当每年至少向市场公布一次定期跟踪评级报告；③应充分关注可能影响评级对象信用等级的所有重大因素，及时向市场公布信用等级调整及其他与评级相关的信息变动情况，并向证券交易所或其他证券交易场所报告。

38. 【答案】C

【解析】《中华人民共和国证券法》规定，证券公司的董事、监事、高级管理人员，应当正直诚实、品行良好，熟悉证券法律、行政法规，具有履行职责所需的经营管理能力。证券公司任免董事、监事、高级管理人员，应当报国务院证券监督管理机构备案。

39. 【答案】C

【解析】C 项，证券公司应当对存在包销风险的投资银行类项目实行集体决策，以现场、通讯、书面表决等方式对包销事宜作出决议。证券公司应当制定包销决策的具体规则，明确参与决策的人员、决策流程和表决机制等内容。包销决议应当制作书面或电子文件，并由参与决策人员确认。

40.【答案】A

【解析】A 项，保守客户秘密原则是指证券公司对客户资料负有保密义务，非对有关产品和服务的内容履行保密的义务。

41.【答案】D

【解析】投资者适当性制度是证券期货经营机构服务投资者、控制经营风险和保护投资者合法权益的重要操作流程，其核心目的在于“将适当的产品或服务销售或提供给适当的投资者”。建立完善的投资者适当性管理制度，有利于规范证券期货投资者适当性管理，维护投资者合法权益。

42.【答案】D

【解析】A 项，单位擅自发行股票、债券的，对单位判处罚金，并对其直接负责的主管人员和其他直接责任人员，处 5 年以下有期徒刑或者拘役。BCD 三项，擅自发行股票、公司、企业债券罪的犯罪主体是一般主体，既可以是自然人，也可以是单位。

43.【答案】C

【解析】证券公司柜台交易，是指证券公司与特定交易对手方在集中交易场所之外进行的交易或为投资者在集中交易场所之外进行交易提供服务的行为。证券公司柜台市场，是指证券公司为与特定交易对手方在集中交易场所之外进行交易或为投资者在集中交易场所之外进行交易提供服务的场所或平台。

44.【答案】A

【解析】根据《证券法》，证券的发行、交易活动，必须遵循公开、公平、公正的原则。证券发行、交易活动的当事人具有平等的法律地位，应当遵守自愿、有偿、诚实信用的原则。

45.【答案】B

【解析】发行人和主承销商应当签订承销协议，在承销协议中界定双方的权利义务关系，约定明确的承销基数。采用包销方式的，应当明确包销责任；采用代销方式的，应当约定发行失败后的处理措施。

46.【答案】C

【解析】基金财产包括通过基金募集行为从基金投资人处获得的所有资金总和以及基金管理人、基金托管人因基金财产的管理、运用或者其他情形而取得的财产和收益。作为从事证券投资基金活动的基础和前提，基金财产独立于基金管理人、基金托管人的固有财产，在法律上具有独立性。

47.【答案】D

【解析】有限责任公司的股东之间可以相互转让其全部或者部分股权。股东向股东以外的人转让股权，应当经其他股东过半数同意。股东应就其股权转让事项书面通知其他股东征求同意，其他股东自接到书面通知之日起满三十日未答复的，视为同意转让。

48.【答案】B

【解析】证券公司监事会承担全面风险管理的监督责任，负责监督检查董事会和经理层在风险管理方面的履职尽责情况并督促整改。

49.【答案】D

【解析】根据《期货交易管理条例》，期货公司及其他期货经营机构、非期货公司结算会员、期货保证金存管银行提供虚假申请文件或者采取其他欺诈手段隐瞒重要事实骗取期货业务许可的，撤销其期货业务许可，没收违法所得。

50. 【答案】B

【解析】根据《证券业从业人员资格管理办法》，取得从业资格的人员，符合下列条件的，可以通过机构申请执业证书：①已被机构聘用；②最近 3 年未受过刑事处罚；③不存在违反《证券法》相关规定的情形；④未被中国证监会认定为证券市场禁入者，或者已过禁入期的；⑤品行端正，具有良好的职业道德；⑥法律、行政法规和中国证监会规定的其他条件。

二、组合型选择题(共 50 题，每题 1 分，共 50 分)以下备选项中只有 1 项最符合题目要求，不选、错选均不得分。

1. 【答案】D

【解析】Ⅰ、Ⅲ、Ⅳ三项，证券公司应当通过事先评估、制定风险处置预案等措施有效控制包销风险；制定包销决策的具体规则，明确参与决策的人员、决策流程和表决机制等内容。Ⅱ项，证券公司风险管理部应当委派代表参与包销决策过程，独立发表意见。

2. 【答案】C

【解析】任何单位或者个人有下列情形之一的，应当事先告知证券公司，由证券公司报国务院证券监督管理机构批准：①认购或者受让证券公司的股权后，其持股比例达到证券公司注册资本的 5%。②以持有证券公司股东的股权或者其他方式，实际控制证券公司 5% 以上的股权。

3. 【答案】B

【解析】根据《上海证券交易所交易异常情况处理实施细则(试行)》，无法连续交易属于交易不能进行的情形之一。无法连续交易是指：①本交易所交易、通信系统出现 10 分钟以上中断；②本交易所行情发布系统出现 10 分钟以上中断；③10% 以上会员营业部无法正常发送交易申报、接收实时行情或成交回报；④10% 以上的证券中断交易等情形。

4. 【答案】C

【解析】根据《证券期货经营机构参与股票期权交易试点指引》，证券公司从事股票期权经纪业务试点，应当符合公司及其董事、监事、高级管理人员最近1 年内未因重大违法违规行为受到行政处罚或刑事处罚的条件。

5. 【答案】B

【解析】根据《证券公司客户资产管理业务规范》规定，协会对投资主办人自执业注册完成之日起每 2 年检查一次。有下列情形之一的，不予通过年检：①不符合一般证券从业人员有关规定；②2 年内没有管理客户委托资产；③被监管机构采取重大行政监管措施未满 2 年；④被协会采取纪律处分未满 2 年；⑤其他情形。

6. 【答案】D

【解析】根据《证券投资基金销售管理办法》第六十八条，基金募集申请在完成向中国证监会注册前，基金销售机构不得办理基金销售业务，不得向公众分发、公布基金宣传推介材料或者发售基金份额；第八十二条规定，不得采取抽奖、回扣或者送实物、保险、基金份额等方式销售基金，不得以低于成本的销售费用销售基金；第九十条规定，违反上述六十八条和八十二条的，责令改正，单处或者并处警告、3 万元以下罚款。

7. 【答案】B

【解析】Ⅳ项属于融资融券、股票质押式回购交易等融资类业务中禁止性行为。

8. 【答案】A

【解析】证券公司应当制定并持续完善风险管理制度，明确风险管理的目标、原则、组织架构、授权体系、相关职责、基本程序等，并针对不同风险类型制定可操作的风险识别、评估、监测、应对、报告的方法和流程。证券公司应当通过评估、稽核、检查和绩效考核等手段保证风险管理制度的贯彻落实。

9. 【答案】B

【解析】证券公司董事会、董事长应当在法定权限范围内行使职权，不得越权干预经理层的经营管理活动。Ⅳ项，出席董事会的无关联关系董事人数不足 3 人的，应当将该事项提交股东(大)会审议。

10. 【答案】A

【解析】Ⅲ项，子公司是独立的法人，具有法人资格，不属于分支机构。Ⅳ项，期货子公司是期货公司设立的子公司，与证券公司无关。

11. 【答案】A

【解析】根据《证券法》第一百九十一条，证券交易内幕信息的知情人或者非法获取内幕信息的人违反本法第五十三条的规定从事内幕交易的，责令依法处理非法持有的证券，没收违法所得，并处以违法所得一倍以上十倍以下的罚款；没有违法所得或者违法所得不足五十万元的，处以五十万元以上五百万元以下的罚款。单位从事内幕交易的，还应当对直接负责的主管人员和其他直接责任人员给予警告，并处以二十万元以上二百万元以下的罚款。国务院证券监督管理机构工作人员从事内幕交易的，从重处罚。

12. 【答案】A

【解析】证券经营机构应当加强保密信息的管理，采取保密措施，防范工作人员利用内幕信息、未公开信息、客户信息、商业秘密等信息输送或者谋取不正当利益。证券经营机构应当完善利益冲突识别和管理机制，明确利益冲突的审查机制、处理原则和方法，防范因利益冲突处理不当出现输送或者谋取不正当利益的行为。

13. 【答案】B

【解析】Ⅰ项，建立完善的投资者适当性管理制度，有利于规范证券期货投资者适当性管理。柜台交易投资者适当性管理包括了解客户、风险揭示以及私募产品持有人数量管理。Ⅱ项符合柜台交易投资者适当性管理中的了解客户的要求。Ⅲ项符合柜台交易投资者适当性管理中的私募产品持有人数量管理的要求。Ⅳ项符合柜台交易投资者适当性管理中的风险揭示的要求。

14. 【答案】D

【解析】行业文化建设的基本要求包括：①坚持依法合规，筑牢发展基础。②坚持诚实守信，恪守职业操守。③坚持专业精神，提升服务能力。④坚持稳健经营，促进健康发展。⑤坚持廉洁自律，弘扬清风正气。⑥牢记社会责任，展现良好形象。

15. 【答案】A

【解析】Ⅲ项，有限合伙人可以用货币、实物、知识产权、土地使用权或者其他财产权利作价出资。有限合伙人不得以劳务出资。

16. 【答案】C

【解析】关联关系是指公司控股股东、实际控制人、董事、监事、高级管理人员与其直接或者间接控制的企业之间的关系，以及可能导致公司利益转移的其他关系。但是，国家控股的企业之间不因为同受国家控股而具有关联关系。

17. 【答案】B

【解析】Ⅳ项，在证券公司应当落实的应急管理职责中，风险管理部门负责评估信息系统与相关业务恢复目标和恢复策略制定的合理性，确保与公司整体风险管理策略保持一致，而不是合规管理部门。

18. 【答案】D

【解析】基金管理人、基金托管人在履行各自职责的过程中，违反《证券投资基金法》规定或者基金合同约定，给基金财产或者基金份额持有人造成损害的，应当分别对各自的行为依法承担赔偿责任；因共同行为给基金财产或者基金份额持有人造成损害的，应当承担连带赔偿责任。

19. 【答案】B

【解析】Ⅳ项，非单一从事投资银行类业务的证券公司分支机构不得开展除项目承揽等辅助性活动以外的投资银行类业务，专门从事资产管理业务的证券公司分支机构开展资产证券化业务除外。

20. 【答案】C

【解析】发行人及其控股股东、实际控制人、董事、监事、高级管理人员等作出公开承诺的，应当披露。不履行承诺给投资者造成损失的，应当依法承担赔偿责任。

21. 【答案】D

【解析】除Ⅰ、Ⅱ、Ⅲ三项外，合伙企业应当解散的情形还包括：①合伙期限届满，合伙人决定不再经营；②合伙协议约定的解散事由出现；③全体合伙人决定解散；④合伙人已不具备法定人数满 30 天；⑤合伙协议约定的合伙目的已经实现或者无法实现；⑥法律、行政法规规定的其他原因。

22. 【答案】C

【解析】经营机构划分产品或者服务存在下列因素的，应当审慎评估其风险等级：①存在本金损失的可能性，因杠杆交易等因素容易导致本金大部分或者全部损失的产品或者服务；②产品或者服务的流动变现能力，因无公开交易市场、参与投资者少等因素导致难以在短期内以合理价格顺利变现的产品或者服务；③产品或者服务的可理解性，因结构复杂、不易估值等因素导致普通人难以理解其条款和特征的产品或者服务；④产品或者服务的募集方式，涉及面广、影响力大的公募产品或者相关服务；⑤产品或者服务的跨境因素，存在市场差异、适用境外法律等情形的跨境发行或者交易的产品或者服务；⑥自律组织认定的高风险产品或者服务；⑦其他有可能构成投资风险的因素。

23. 【答案】B

【解析】Ⅰ、Ⅱ、Ⅲ三项，证券自营业务必须以证券公司自身名义、通过专用自营席位进行，并由非自营业务部门负责自营账户的管理，包括开户、销户、使用登记等。Ⅳ项，证券自营业务需加强自营业务资金的调度管理和自营业务的会计核算，由非自营业务部门负责自营业务所需资金的调度。

24. 【答案】C

【解析】Ⅰ项，实行会员制的证券交易所设理事会、监事会。证券交易所设总经理一人，由国务院证券监督管理机构任免。

25. 【答案】C

【解析】Ⅱ项，根据《证券业从业人员资格管理办法》，机构不得聘用未取得执业证书的人员对外开展证券业务。

26. 【答案】A

【解析】根据《证券法》，禁止证券公司及其从业人员从事下列损害客户利益的行为：①利用因职务便利获取的内幕信息以外的其他未公开的信息，违反规定，从事与该信息相关的证券交易活动，或者明示、暗示他人从事相关交易活动；②在证券交易活动中作出虚假陈述或者信息误导；③不在规定时间内向客户提供交易的确认文件；④未经客户的委托，擅自为客户买卖证券，或者假借客户的名义买卖证券；⑤为牟取佣金收入，诱使客户进行不必要的证券买卖；⑥其他违背客户真实意思表示，损害客户利益的行为；⑦私下接受客户委托买卖证券。

27. 【答案】D

【解析】《证券投资基金法》规定，有下列情形之一的，公开募集基金的基金管理人职责终止：①被依法取消基金管理资格；②被基金份额持有人大会解任；③依法解散、被依法撤销或者被依法宣告破产；④基金合同约定的其他情形。

28. 【答案】B

【解析】Ⅲ项，基金份额持有人大会由基金管理人召集。基金管理人未按规定召集或者不能召集的，由基金托管人召集。

29. 【答案】A

【解析】上市公司收购要约约定的收购期限不得少于30日，并不得超过60日。在收购要约确定的承诺期限内，收购人不得撤销其收购要约。收购人需要变更收购要约的，应当及时公告，载明具体变更事项。

30. 【答案】D

【解析】除Ⅰ、Ⅱ、Ⅲ三项外，有限责任公司监事会的职权还包括：①对董事、高级管理人员执行公司职务的行为进行监督，对违反法律、行政法规、公司章程或者股东会决议的董事、高级管理人员提出罢免的建议；②当董事、高级管理人员的行为损害公司利益时，要求董事、高级管理人员予以纠正；③依据《公司法》第一百五十一条，对董事、高级管理人员提起诉讼；④公司章程规定的其他职权。

31. 【答案】D

【解析】《证券期货投资者适当性管理办法》要求经营机构在向投资者销售证券期货产品或者提供证券期货服务的过程中，应当遵守法律法规及其他有关规定。经营机构及其工作人员在落实投资者适当性管理的过程中，应当遵循以下原则：①投资者利益优先原则；②勤勉尽责原则；③客观性原则；④有效性原则；⑤差异性原则。

32. 【答案】B

【解析】Ⅰ项，期货公司从事经纪业务，接受客户委托，以自己的名义为客户进行期货交易，交易结果由客户承担。Ⅱ项，根据《期货交易管理条例》第六十六条，期货公司不得从事或者变相从事期货自营业务。Ⅲ、Ⅳ两项，期货公司不得为其股东、实际控制人或者其他关联人提供融资，不得对外担保。

33. 【答案】A

【解析】根据《合伙企业法》，合伙人转让其在合伙企业中的全部或者部分财产份额时，应当通知其他合伙人；除合伙协议另有约定外，须经其他合伙人一致同意。合伙人向合伙人以外的人转让其在合伙企业中的财产份额的，除合伙协议另有约定外，在同等条件下，其他合伙人有优先购买权。合伙人以外的人依法受让合伙人在合伙企业中的财产份额的，经修改合伙协议即成为合伙企业的合伙人，依照《合伙企业法》和修改后的合伙协议享有权利，履行义务。

34. 【答案】B

【解析】Ⅰ、Ⅱ、Ⅳ三项，证券公司应将子公司的流动性风险纳入管理范围，明确子公司流动性风险信息报告的路径、内容、形式、频率和报送范围，并对其流动性风险管理状况进行分析和监督。Ⅲ项，证券公司要求并确保子公司在整体风险偏好和风险管理制度框架下，建立自身的风险管理组织架构、制度流程、信息技术系统和风控指标体系，表明子公司的风险管理具有一定的独立性。

35. 【答案】D

【解析】根据《证券市场资信评级业务管理暂行办法》，证券评级业务是指对下列评级对象开展资信评级服务：①中国证监会依法核准发行的债券、资产支持证券以及其他固定收益或者债务型结构性融资证券；②在证券交易所上市交易的债券、资产支持证券以及其他固定收益或者债务型结构性融资证券，但国债除外；③上述两条的证券的发行人、上市公司、非上市公众公司、证券公司、证券投资基金管理公司；④中国证监会规定的其他评级对象。

36. 【答案】C

【解析】公司是企业法人，有独立的法人财产，享有法人财产权。公司以其全部财产对公司的债务承担责任。《公司法》规定，公司股东应当：①遵守法律、行政法规和公司章程；②依法行使股东权利；③不得滥用股东权利损害公司或其他股东的利益；④不得滥用公司法人独立地位和股东有限责任损害公司债权人的利益。

37. 【答案】D

【解析】资产管理计划的投资者主要享有的权利包括：①分享资产管理计划财产收益；②取得分配清算后的剩余资产管理计划财产；③对于单一资产管理计划按照合同的约定追加、提取委托财产，对于集合资产管理计划按照合同约定参与、退出和转让资产管理计划份额；④根据合同的规定，参加或申请召集资产管理计划份额持有人大会，行使相关职权；⑤按照法律法规及合同约定的时间和方式获得资产管理计划的信息披露资料；⑥监督管理人、托管人履行投资管理及托管义务的情况；⑦法律法规、中国证监会及中国证券投资基金业协会规定的和资产管理合同约定的其他权利。

38. 【答案】C

【解析】证券公司在报送可疑交易报告后，应当根据中国人民银行的相关规定采取相应的后续风险控制措施，包括：①对可疑交易所涉客户及交易开展持续监控；②提升客户风险等级；③限制客户交易；④拒绝提供服务；⑤终止业务关系；⑥向相关金融监管部门报告；⑦向相关侦查机关报案等。

39. 【答案】A

【解析】根据《证券法》第二百一十三条，证券服务机构违反《证券法》第一百六十三条的规定，未勤勉尽责，所制作、出具的文件有虚假记载、误导性陈述或者重大遗漏的，责令改正，没收业务收入，并处以业务收入一倍以上十倍以下的罚款，没有业务收入或者业务收入不足五十万元的，处以五十万元以上五百万元以下的罚款；情节严重的，并处暂停或者禁止从事证券服务业务。对直接负责的主管人员和其他直接责任人员给予警告，并处以二十万元以上二百万元以下的罚款。

40. 【答案】A

【解析】Ⅳ项，根据《合伙企业法》，不具有事务执行权的合伙人擅自执行合伙事务，给合伙企业或者其他合伙人造成损失的，依法承担赔偿责任。

41. 【答案】B

【解析】合格投资者是指具备相应风险识别能力和风险承担能力，投资于单只资产管理产品不低于一定金额且符合一定条件的自然人和法人或者其他组织。Ⅰ项，合格投资者投资于单只固定收益类产品的金额不得低于30万元。

42. 【答案】D

【解析】根据《证券法》第三十条，向不特定对象发行证券聘请承销团承销的，承销团应当由主承销和参与承销的证券公司组成。

43. 【答案】A

【解析】资产支持证券可以按照规定在证券交易所、全国中小企业股份转让系统、机构间私募产品报价与服务系统、证券公司柜台市场以及中国证监会认可的其他证券交易场所进行挂牌、转让。资产支持证券仅限于在合格投资者范围内转让。

44. 【答案】B

【解析】根据《证券市场禁入规定》，有下列情形之一的，中国证监会可以对有关责任人员从轻、减轻或者免予采取证券市场禁入措施：①主动消除或者减轻违法行为危害后果的；②配合查处违法行为有立功表现的；③受他人指使、胁迫有违法行为，且能主动交代违法行为的；④其他可以从轻、减轻或者免予采取证券市场禁入措施的。

45. 【答案】C

【解析】证券公司净资本或其他风险控制指标不符合规定标准的，派出机构应当责令公司限期改正。整改期内，中国证监会及其派出机构应当区别情形对证券公司采取以下措施：①停止批准新业务；②停止批准增设、收购营业性分支机构；③限制分配红利；④限制转让财产或在财产上设定其他权利。

46. 【答案】A

【解析】结合国内外法学研究的成果，目前对“法”较为普遍的理解是：法是由国家制定或认可并由国家强制力保证实施的，反映特定物质生活条件所决定的统治阶级意志，以权利和义务为内容，以确认、保护和发展对统治阶级有利的社会关系和社会秩序为目的的规范系统。

47. 【答案】C

【解析】证券投资顾问业务和发布证券研究报告的区别包括：①立场不同；②服务方式和内容不同，证券研究报告向不特定的客户发布，提供证券估值等研究成果，关注证券定价，不关注买卖时机选择等具体的操作性投资建议，证券投资顾问在了解客户的基础上，依据合同约定，向特定客户提供适当的、有针对性的操作性投资建议，关注品种选择、组合管理建议以及买卖时机等；③服务对象有所不同，证券研究报告一般以QFII、基金等能够理解研究报告和有效处理有关信息的专业投资者为服务对象，强调公平对待证券研究报告接收人，证券投资顾问一般以普通投资者为服务对象，强调针对客户类型、风险偏好等提供适当的服务；④市场影响有所不同，证券研究报告向多个机构客户同时发布，对证券价格可能产生较大影响，证券投资顾问服务与特定客户的证券投资及其利益密切相关，但通常不会显著影响证券定价。

48. 【答案】A

【解析】Ⅲ项，在法定的会计账簿以外另立会计账簿的，由县级以上人民政府财政部门责令改正；Ⅳ项，公司在依法向有关主管部门提供的财务会计报告等材料上作虚假记载或者隐瞒重要事实的，由有关主管部门对直接负责的主管人员和其他直接责任人员处以3万元以上30万元以下的罚款。

49. 【答案】D

【解析】期货交易所不得直接或者间接参与期货交易。期货交易所的职责有：①提供交易场所、设施和服务；②设计合约，安排合约上市；③组织并监督交易、结算和交割；④为期货交易提供集中履约担保；⑤按照章程和交易规则对会员进行监督管理；⑥国务院期货监督管理机构规定的其他职责。

50. 【答案】A

【解析】中国证监会及其派出机构在对证券公司信息技术管理及服务活动的监管过程中，可以采用渗透测试、漏洞扫描及信息技术风险评估等方式开展现场检查及非现场检查。证券公司应当予以配合，如实提供有关文件、资料，不得拒绝、阻碍或隐瞒。

《证券市场基本法律法规》机考题库 · 真题试卷(三)

一、选择题(共50题，每题1分，共50分)以下备选项中只有1项符合题目要求，不选、错选均不得分。

1. 下列关于非公开募集基金财产证券投资的说法中，错误的是(　　)。
   A. 不得买卖基金份额
   B. 可以买卖中国证监会规定的证券衍生品种
   C. 可以买卖公开发行的股份有限公司股票
   D. 可以买卖债券
2. 甲公司的分公司在其经营范围内以自己的名义对外签订了一份货物买卖合同。下列关于该合同效力和责任承担的说法，正确的是(　　)。
   A. 该合同有效，其民事责任由甲公司承担
   B. 该合同有效，其民事责任由分公司承担，甲公司负补充责任
   C. 该合同无效，甲公司和分公司均不承担民事责任
   D. 该合同有效，其民事责任由分公司独立承担
3. 期货交易所、非期货公司结算会员违反规定使用、分配收益的，责令改正，给予警告，没收违法所得，对直接负责的主管人员和其他直接责任人员给予纪律处分，处(　　)的罚款。
   A. 5000元以上5万元以下　　B. 1万元以上10万元以下
   C. 5万元以上50万元以下　　D. 2万元以上20万元以下
4. 下列关于证券公司股东的相关法律规定的说法中，错误的是(　　)。
   A. 证券公司股东的人员在证券公司兼职的，应该遵守相关的法律法规
   B. 证券公司的股东与证券公司之间不得发生关联交易
   C. 证券公司的股东与证券公司在业务、机构、资产、财务、办公场所等方面应严格分开
   D. 证券公司的控股股东不得与其控制的证券公司发生业务竞争
5. 证券公司风险控制指标不包括(　　)。
   A. 净资产　　B. 风险覆盖率　　C. 资本杠杆率　　D. 净资本
6. 根据《证券期货市场诚信监督管理办法》，该办法规定的违法失信信息，在诚信档案中的效力期限为______年，但因证券期货违法行为被行政处罚、市场禁入等信息，其效力期限为______年。(　　)
   A. 3；5　　B. 10；15　　C. 5；10　　D. 15；3
7. 有限责任公司股东认足公司章程规定的出资后，由(　　)向公司登记机关报送公司登记申请书、公司章程等文件，申请设立登记。
   A. 出资比例最高的股东　　B. 任何一名股东
   C. 三分之二以上股东指定的代表　　D. 全体股东共同委托的代理人
8. 保荐机构应当在签订保荐协议时指定(　　)名保荐代表人具体负责保荐工作。

A. 4　　B. 1　　C. 3　　D. 2

9. 下列关于背信运用受托财产罪处罚对象的说法中，正确的是(　　)。
A. 既处罚单位，又处罚直接负责的主管人员和其他直接责任人员
B. 不处罚单位，只处罚直接负责的主管人员和其他直接责任人员
C. 只处罚单位，不处罚直接负责的主管人员和其他直接责任人员
D. 既不处罚单位，也不处罚直接负责的主管人员和其他直接责任人员

10. 一般情况下，证券金融公司向证券公司转融通的期限，不得超过(　　)个月。
A. 12　　B. 3　　C. 9　　D. 6

11. 同证券自营业务相比，下列各项中，(　　)是证券经纪业务的特点。
A. 收益的不稳定性　　B. 证券经纪商的中介性
C. 交易的风险性　　D. 决策的自主性

12. 下列选项中，可以作为普通合伙人的是(　　)。
A. 国有独资公司、国有企业　　B. 自然人
C. 公益性的事业单位、社会团体　　D. 上市公司

13. 期货公司业务实行许可制度，由(　　)按照其商品期货、金融期货业务种类颁发许可证。
A. 中国期货业协会　　B. 国务院期货监督管理机构
C. 期货交易所　　D. 中国人民银行

14. 股份有限公司为公司实际控制人提供担保的，必须经股东大会决议，由出席会议的(　　)通过。
A. 除受该实际控制人支配的股东外的其他股东所持表决权的2/3
B. 除受该实际控制人支配的股东外的其他股东所持表决权的过半数
C. 全体股东所持表决权的2/3
D. 全体股东所持表决权的过半数

15. 证券公司申请融资融券业务资格，要求公司最近(　　)内未因违法违规被中国证监会立案调查或者正处于整改期间的情形。
A. 1年　　B. 4年　　C. 5年　　D. 2年

16. “合规、诚信、专业、稳健”是证券业文化理念的体现，其中，合规是(　　)。
A. 底线　　B. 义务　　C. 特色　　D. 保证

17. 下列关于证券经纪人的说法中，错误的是(　　)。
A. 证券经纪人应当专门代理证券公司从事客户招揽和客户服务等活动
B. 证券经纪人可以接受两家证券公司的委托
C. 证券经纪人应当符合规定的条件
D. 证券经纪人为证券从业人员

18. 根据《中华人民共和国证券法》规定，(　　)不属于证券交易内幕信息的知情人。
A. 证券登记结算机构的有关人员　　B. 发行人的监事
C. 持有公司3%股份的股东　　D. 证券监督管理机构的工作人员

19. 证券公司可以设立(　　)，从事《证券公司证券自营投资品种清单》所列品种以外的金融产品等投资。

A. 自营业务部门　B. 分公司　C. 子公司　D. 营业部

20. 根据《证券公司流动性风险管理指引》，证券公司流动性风险管理应遵循的原则不包括(　　)。

A. 预见性原则　B. 审慎性原则　C. 公平性原则　D. 全面性原则

21. 下列关于合伙企业不能清偿到期债务时债权人的做法，正确的是(　　)。

A. 债权人可以选择向人民法院提出破产申请或者要求普通合伙人清偿

B. 债权人可以要求全体合伙人清偿

C. 债权人可以要求有限合伙人清偿

D. 债权人自行承担

22. 根据《中华人民共和国刑法》规定，(　　)是指依法负有信息披露义务的公司、企业向股东和社会公众提供虚假的或者隐瞒重要事实的财务会计报告，或者对依法应当披露的其他重要信息不按照规定披露，严重损害股东或者其他人利益的行为。

A. 欺诈发行股票、债券罪　B. 擅自发行股票和公司、企业债券罪

C. 诱骗他人买卖证券罪　D. 违规披露、不披露重要信息罪

23. 上市公司应当在每一会计年度第三个月、第九个月结束后的(　　)内编制完成季度报告并披露。

A. 两个月　B. 四个月　C. 三个月　D. 一个月

24. 收盘集合竞价结束后，上交所交易系统按照时间优先顺序对收盘定价申报进行撮合，并以当日收盘价成交的交易方式是(　　)。

A. 盘后固定价格交易　B. 议价交易

C. 竞价交易　D. 大宗交易

25. 证券公司持有或者通过协议、其他安排与他人共同持有上市公司股份达到或者超过(　　)，或者选派代表担任上市公司董事的，不得担任该上市公司的独立财务顾问。

A. 5%　B. 8%　C. 10%　D. 3%

26. 在我国，设立期货交易所，由(　　)审批。

A. 人民银行　B. 证券业协会

C. 国务院期货监督管理机构　D. 财政部

27. 证券公司、证券投资咨询机构应当从组织设置、人员职责上，将证券研究报告制作发布业务与(　　)分开管理，以维护证券研究报告制作发布的独立性。

A. 质量控制业务　B. 销售服务业务

C. 信息收集业务　D. 合规审查业务

28. 下列属于内幕交易行为的是(　　)。

A. 投资者猜测某公司有重大利好而买入证券

B. 内幕信息知情人利用掌握的内幕信息，建议他人交易

C. 内幕信息知情人在内幕信息公开后从事交易

D. 与他人串通，以事先约定的时间、价格和方式相互进行证券交易，影响证券价格或交易量

29. 下列有关国家强制力保障法律实施的说法中，错误的是(　　)。

A. 国家通过强制力来保障法的实施，应符合一定的程序，依法进行

B. 任何违法行为，都将受到国家强制力的制裁

C. 国家强制力是保障法的实施的最后手段

D. 法与其他社会规范相区别的重要标志是法律具有强制性

30. 专项计划管理人应当将发生的可能对资产支持证券投资价值或价格产生实质影响的重大事件及时向投资者披露，并(　　)。

A. 向中国基金业协会、证券交易场所报告并抄送对管理人有辖区监管权的中国证监会派出机构

B. 向中国基金业协会、证券交易场所报告

C. 向中国证券业协会报告

D. 向中国证券业协会报告并抄送对管理人有辖区监管权的中国证监会派出机构

31. 封闭式基金的(　　)在基金合同期限内固定不变。

A. 基金资产的总值　　B. 基金份额净值

C. 基金净资产　　D. 基金份额总额

32. 下列关于股份公司发行股份的说法，不正确的是(　　)。

A. 同种类的每一股份应当具有同等权利

B. 公司发行新股可以根据公司经营情况和财务状况确定其作价方案

C. 任何单位或者个人所认购的股份，每股应当支付相同价额

D. 同次发行的同种类股票，每股的发行条件和价格不相同

33. 下列选项中，无需经国务院证券监督管理机构批准的是(　　)。

A. 证券公司设立境内分支机构　　B. 证券公司现金分配利润

C. 证券公司撤销境内分支机构　　D. 证券公司减少注册资本

34. 根据《证券投资顾问业务暂行规定》，向客户提供证券投资顾问服务的人员，应当符合相关从业条件，并应当在(　　)注册登记为证券投资顾问。

A. 中国证券业协会　　B. 中国结算公司

C. 中国证监会　　D. 证券交易所

35. 下列关于证券经营机构执行投资者适当性管理过程中应当遵循的基本原则，错误的是(　　)。

A. 差异性原则　　B. 主观性原则

C. 投资者利益优先原则　　D. 勤勉尽责原则

36. 证券公司应当勤勉尽责，按照(　　)方法，合理配置资源，对本机构洗钱风险进行持续识别、审慎评估、有效控制及全程管理，有效防范洗钱风险。

A. 合规为本　　B. 风险为本　　C. 利益为本　　D. 安全为本

37. 下列关于有限责任公司、股份有限公司治理结构的说法中，错误的是(　　)。

A. 股份有限公司应设立股东大会、董事会和监事会

B. 股份有限公司董事可以兼任经理

C. 规模较小的有限责任公司也必须设董事会

D. 人数较少的有限责任公司，可以设1至2名监事，不设监事会

38. 根据《证券公司监督管理条例》，下列关于证券公司信息披露的要求，正确的是(　　)。

A. 证券公司向社会公开披露的信息中无须包含高级管理人员薪酬信息

B. 证券公司向社会公开披露的信息应包括经营管理状况

C. 证券公司向社会公开披露的信息中无须包含参股及控股情况

D. 证券公司向社会公开披露的信息中无须包含或有负债情况

39. 个人投资者参与创业板交易应当符合《深圳证券交易所创业板投资者适当性管理实施办法》相关规定，申请权限开通前20个交易日证券账户及资金账户内的资产日均不低于人民币(　　)万元。

A. 10　　B. 50　　C. 100　　D. 500

40. 约定购回式证券交易是指符合条件的客户以约定价格向其指定交易的证券公司卖出标的证券，并约定在未来某一日期客户按照另一约定价格从证券公司购回标的证券，除指定情形外，待购回期间标的证券所产生的相关权益于权益登记日(　　)的交易行为。

A. 划转给客户　　B. 按双方约定的方式分配

C. 由证券公司保留　　D. 由证券公司代客户行使

41. 证券经营机构(　　)决定廉洁从业管理目标，对廉洁从业管理的有效性承担责任。

A. 监事会　　B. 股东会　　C. 高级管理人员　　D. 董事会

42. 证券公司从事证券自营业务，未按照规定将证券自营账户或者证券资产管理客户的证券账户报证券交易所备案的，对其直接负责的主管人员和其他直接责任人员单处或者并处警告、(　　)的罚款；情节严重的，撤销任职资格或证券从业资格。

A. 10万元以上60万元以下　　B. 30万元以上60万元以下

C. 3万元以上10万元以下　　D. 3万元以上20万元以下

43. 如果一只证券投资基金出现投资损失，该风险应由该基金的(　　)。

A. 基金发起人承担　　B. 基金管理人负责承担

C. 基金持有人共同承担　　D. 基金当事人共同承担

44. 国有独资公司属于特殊的(　　)。

A. 股份有限公司　　B. 一人有限责任公司

C. 有限责任公司　　D. 个人独资企业

45. 关于证券自营业务的下列说法中错误的是(　　)。

A. 禁止从自营账户中提取现金

B. 自营业务应由非自营业务部门负责自营账户的管理

C. 自营买卖必须在以证券公司自己名义开设的证券账户中进行

D. 经总部批准，证券公司的营业部可以从事自营业务

46. 关于上市公司收购的方式，下列说法错误的是(　　)。

A. 投资者持有一个上市公司的股份达到该公司已发行股份的30%时，继续增持股份的，可以采取要约收购或协议收购

B. 投资者可以采取协议收购的方式收购上市公司

C. 投资者可以采取其他合法方式收购上市公司

D. 投资者可以采取要约收购的方式收购上市公司

47. 下列说法中，错误的是(　　)。

A. 资产管理产品的发行人或者管理人违反真实公允确定净值原则，对产品进行保本保收益，视为刚性兑付

B. 资产管理产品的发行人或者管理人采取滚动发行等方式，实现产品保本保收益的，视为刚性兑付

C. 资产管理产品不能如期兑付或者兑付困难时，发行或者管理该产品的金融机构自行筹集资金偿付或者委托其他机构代为偿付，不应视为刚性兑付

D. 经认定存在刚性兑付行为的，应该区分存款类金融机构和非存款类持牌金融机构进行惩处

48. 向投资者销售或者提供“荐股软件”，并直接或者间接获取经济利益的，应当经中国证监会许可，取得(　　)资格。

A. 承销与保荐业务　　B. 证券经纪业务

C. 证券投资咨询业务　　D. 一般证券业务

49. 根据规定，证券发行规模达到一定数量的，可以采用联合保荐方式，但参与联合保荐的保荐机构不得超过(　　)家。

A. 10　　B. 5　　C. 2　　D. 3

50. 根据《证券公司和证券投资基金管理公司合规管理办法》，证券公司开展各项业务，应当(　　)。

A. 规范管理、执行到位，坚持各方利益均衡发展原则

B. 合规经营、勤勉尽责，坚持客户利益至上原则

C. 稳健经营、控制规模，坚持股东利益至上原则

D. 控制风险、保障经营，坚持公司利益至上原则

二、组合型选择题(共50题，每题1分，共50分)以下备选项中只有1项最符合题目要求，不选、错选均不得分。

1. 依据《中国证券业协会诚信管理办法》，诚信信息中的处罚处分信息包括(　　)。

Ⅰ. 受处罚处分机构或个人名称　　Ⅱ. 受处罚处分机构责任人

Ⅲ. 处罚处分时间　　Ⅳ. 处罚处分原因

A. Ⅰ、Ⅱ、Ⅲ、Ⅳ　　B. Ⅱ、Ⅲ、Ⅳ

C. Ⅰ、Ⅱ　　D. Ⅰ、Ⅲ、Ⅳ

2. 证券机构或者其管理人员对从业人员发出指令涉嫌违法违规的，从业人员可选择的应对方式包括(　　)。

Ⅰ. 及时按照所在机构内部程序向高级管理人员报告

Ⅱ. 及时按照所在机构内部程序向董事会报告

Ⅲ. 报告机构后，机构未妥善处理的，从业人员及时向中国证监会报告

Ⅳ. 报告机构后，机构未妥善处理的，从业人员及时向中国证券业协会报告

A. Ⅱ、Ⅲ、Ⅳ　　B. Ⅱ、Ⅲ

C. Ⅰ、Ⅱ、Ⅲ、Ⅳ　　D. Ⅰ、Ⅳ

3. 根据《中华人民共和国证券法》规定，设立证券公司，应当具备(　　)条件，并经国务院证券监督管理机构批准。

Ⅰ. 有符合法律、行政法规规定的公司章程

Ⅱ. 有符合《中华人民共和国证券法》规定的公司注册资本

Ⅲ. 有完善的风险管理与内部控制制度

Ⅳ. 有合格的经营场所、业务设施和信息技术系统

A. Ⅰ、Ⅱ、Ⅲ、Ⅳ　　B. Ⅰ、Ⅱ、Ⅲ

C. Ⅱ、Ⅲ、Ⅳ　　D. Ⅰ、Ⅱ、Ⅳ

4. 下列属于沪港通与深港通业务基本交易规则的有(　　)。

Ⅰ. 订单设计与修改　　Ⅱ. 回转交易

Ⅲ. T+1 交收制度　　Ⅳ. 额度控制

A. Ⅰ、Ⅱ、Ⅲ　　B. Ⅱ、Ⅲ、Ⅳ　　C. Ⅰ、Ⅱ、Ⅳ　　D. Ⅰ、Ⅲ、Ⅳ

5. 证券公司受理客户融资融券业务申请后，应当办理客户征信。客户征信调查内容一般应包括(　　)。

Ⅰ. 客户基本资料　　Ⅱ. 投资经验　　Ⅲ. 诚信记录　　Ⅳ. 还款能力

A. Ⅱ、Ⅲ、Ⅳ　　B. Ⅰ、Ⅱ、Ⅲ、Ⅳ

C. Ⅰ、Ⅱ、Ⅳ　　D. Ⅰ、Ⅲ

6. 张某、孙某、李某三人出资设立了一家有限责任公司，张某以货币出资，孙某以一项生产技术专利出资，李某以一处房产出资。以下做法符合《公司法》规定的有(　　)。

Ⅰ. 张某将其货币出资足额存入公司开设的银行账户

Ⅱ. 孙某出资的专利作价由其自行估计，张某和李某没有提出异议

Ⅲ. 为了简化手续，李某没有办理房产所有权的转移手续

Ⅳ. 公司成立后，张某发现孙某的生产技术专利实际价额显著低于公司章程所定价额，要求孙某补足差额

A. Ⅲ、Ⅳ　　B. Ⅰ、Ⅱ　　C. Ⅰ、Ⅲ、Ⅳ　　D. Ⅰ、Ⅳ

7. 分管融资融券业务的高级管理人员不得兼管(　　)。

Ⅰ. 财务部门　　Ⅱ. 风险监控部门　　Ⅲ. 信息技术部门　　Ⅳ. 业务稽核部门

A. Ⅰ、Ⅲ、Ⅳ　　B. Ⅰ、Ⅱ、Ⅲ　　C. Ⅰ、Ⅱ　　D. Ⅱ、Ⅳ

8. 下列各项中，需经信息技术治理委员会审议的事项包括(　　)。

Ⅰ. 信息技术规划

Ⅱ. 信息技术应急预案

Ⅲ. 重要信息系统建设或重大改造立项、重大变更方案

Ⅳ. 信息技术治理委员会委员提请审议的事项

A. Ⅰ、Ⅱ、Ⅲ　　B. Ⅰ、Ⅱ、Ⅳ　　C. Ⅰ、Ⅲ、Ⅳ　　D. Ⅰ、Ⅱ、Ⅲ、Ⅳ

9. 保荐人出具有(　　)的保荐书，责令改正，给予警告，没收业务收入，并处以业务收入1倍以上10倍以下的罚款。

Ⅰ. 虚假记载　　Ⅱ. 误导性陈述　　Ⅲ. 重大遗漏　　Ⅳ. 工作底稿不完善

A. Ⅰ、Ⅱ、Ⅲ、Ⅳ　　B. Ⅰ、Ⅲ、Ⅳ

C. Ⅱ、Ⅳ　　D. Ⅰ、Ⅱ、Ⅲ

10. 欺诈发行证券罪应予立案追诉的标准包括(　　)。

Ⅰ. 发行数额在500万元以上

Ⅱ. 伪造、变造国家机关公文、有效证明文件或者相关凭证、单据

Ⅲ. 利用募集的资金进行违法活动

Ⅳ. 转移或者隐瞒所募集资金

A. Ⅱ、Ⅲ、Ⅳ　B. Ⅰ、Ⅱ、Ⅳ　C. Ⅰ、Ⅲ　D. Ⅰ、Ⅱ、Ⅲ、Ⅳ

11. 未经国务院期货监督管理机构审核并报国务院批准，期货交易所不得从事(　　)。

Ⅰ. 信托投资　Ⅱ. 股票投资

Ⅲ. 设计合约，安排合约上市　Ⅳ. 非自用不动产投资

A. Ⅱ、Ⅲ、Ⅳ　B. Ⅲ、Ⅳ　C. Ⅰ、Ⅱ、Ⅲ　D. Ⅰ、Ⅱ、Ⅳ

12. 下列关于利用未公开信息交易罪的说法中，正确的有(　　)。

Ⅰ. 保险公司从业人员可以构成该罪主体

Ⅱ. 该罪和内幕交易罪的信息范围相同

Ⅲ. 该罪主观方面包括故意和过失

Ⅳ. 该罪只能是在明知为未公开信息的情况下构成

A. Ⅰ、Ⅱ　B. Ⅰ、Ⅳ　C. Ⅰ、Ⅲ　D. Ⅱ、Ⅲ

13. 证券金融公司不以营利为目的，履行下列职责(　　)。

Ⅰ. 为证券公司融资融券业务提供资金和证券的转融通服务

Ⅱ. 对证券公司融资融券业务运行情况进行监控

Ⅲ. 遵循审慎原则，审核、选取并确定可充抵保证金证券的名单，并向市场公布

Ⅳ. 为客户融资融券交易进行结算服务

A. Ⅰ、Ⅱ　B. Ⅰ、Ⅱ、Ⅲ　C. Ⅲ、Ⅳ　D. Ⅰ、Ⅱ、Ⅲ、Ⅳ

14. 下列属于操纵证券期货市场行为的有(　　)。

Ⅰ. 利用信息优势联合或者连续买卖，操纵证券交易价格或数量

Ⅱ. 在自己实际控制的账户之间进行证券交易，影响证券交易价格或者证券交易量

Ⅲ. 与他人串通，以事先约定的时间、价格和方式相互进行证券交易，影响证券交易价格或者证券交易量的

Ⅳ. 单独或者通过合谋，集中资金优势、持股优势，操纵证券交易价格或数量

A. Ⅰ、Ⅱ、Ⅲ　B. Ⅰ、Ⅱ　C. Ⅲ、Ⅳ　D. Ⅰ、Ⅱ、Ⅲ、Ⅳ

15. 证券公司为期货公司提供中间介绍业务时，与期货公司签订的书面委托协议应当载明(　　)。

Ⅰ. 介绍业务的范围　Ⅱ. 代客户支付保证金等辅助业务的范围

Ⅲ. 介绍业务对接规则　Ⅳ. 执行期货保证金安全存管制度的措施

A. Ⅰ、Ⅱ、Ⅳ　B. Ⅰ、Ⅲ、Ⅳ　C. Ⅰ、Ⅱ、Ⅲ　D. Ⅱ、Ⅲ、Ⅳ

16. 证券公司、证券投资咨询机构提供证券投资顾问服务，应当与客户签订证券投资顾问服务协议，协议内容包括(　　)。

Ⅰ. 证券投资顾问的职责和禁止行为　Ⅱ. 证券投资顾问服务的内容和方式

Ⅲ. 收费标准和支付方式　Ⅳ. 终止或者解除协议的条件和方式

A. Ⅰ、Ⅱ、Ⅳ　B. Ⅰ、Ⅱ、Ⅲ　C. Ⅰ、Ⅲ、Ⅳ　D. Ⅰ、Ⅱ、Ⅲ、Ⅳ

17. 证券的(　　)期限最长不得超过 90 日。

Ⅰ. 代销　Ⅱ. 直销　Ⅲ. 统销　Ⅳ. 包销

A. Ⅱ、Ⅳ　B. Ⅰ、Ⅱ、Ⅲ、Ⅳ

C. Ⅰ、Ⅱ、Ⅲ　D. Ⅰ、Ⅳ

18. 证券公司在经营过程中，经其申请，国务院证券监督管理机构可以根据其(　　)对其

业务范围进行调整。

Ⅰ. 财务状况　　Ⅱ. 内部控制水平、合规程度

Ⅲ. 高级管理人员业务管理能力　　Ⅳ. 专业人员数量

A. Ⅲ、Ⅳ　　B. Ⅰ、Ⅱ、Ⅲ、Ⅳ

C. Ⅰ、Ⅱ　　D. Ⅰ、Ⅱ、Ⅲ

19. 下列属于证券公司章程中重要条款的有(　　)。

Ⅰ. 证券公司的解散事由　　Ⅱ. 证券公司的清算办法

Ⅲ. 证券公司组织机构及其产生办法　　Ⅳ. 聘任律师事务所程序

A. Ⅲ、Ⅳ　　B. Ⅰ、Ⅱ、Ⅲ、Ⅳ

C. Ⅰ、Ⅱ　　D. Ⅰ、Ⅱ、Ⅲ

20. 在营业部经纪业务主要环节的操作规程方面，证券账户管理包括(　　)等内容。

Ⅰ. 证券账户的开立　　Ⅱ. 证券账户注册资料的查询

Ⅲ. 证券账户挂失补办　　Ⅳ. 非交易过户

A. Ⅱ、Ⅲ、Ⅳ　　B. Ⅲ、Ⅳ　　C. Ⅰ、Ⅱ、Ⅲ　　D. Ⅰ、Ⅱ、Ⅲ、Ⅳ

21. 我国证券法规定的证券种类主要有(　　)。

Ⅰ. 股票　　Ⅱ. 公司债券　　Ⅲ. 政府债券　　Ⅳ. 投资基金份额

A. Ⅰ、Ⅱ、Ⅲ　　B. Ⅰ、Ⅱ、Ⅲ、Ⅳ

C. Ⅱ、Ⅲ、Ⅳ　　D. Ⅰ、Ⅲ、Ⅳ

22. 证券公司可以根据合同约定，为另类子公司提供的支持和服务包括(　　)。

Ⅰ. 合规管理　　Ⅱ. 人力资源管理　　Ⅲ. 产品销售　　Ⅳ. 运营服务

A. Ⅱ、Ⅲ　　B. Ⅰ、Ⅱ、Ⅲ、Ⅳ

C. Ⅰ、Ⅲ　　D. Ⅰ、Ⅱ、Ⅳ

23. 关于操纵证券期货市场的刑事责任，下列说法正确的有(　　)。

Ⅰ. 本罪的主体是一般主体，单位也能成为本罪的犯罪主体

Ⅱ. 本罪的主观方面为故意，且以获取不正当利益或者转嫁风险为目的

Ⅲ. 本罪侵害了国家证券、期货管理制度和投资者的合法权益

Ⅳ. 本罪的主体为一般主体，单位不能成为本罪的犯罪主体

A. Ⅱ、Ⅳ　　B. Ⅲ、Ⅳ　　C. Ⅰ、Ⅱ、Ⅲ　　D. Ⅰ、Ⅱ

24. 证券市场法律法规体系的主要层级包括(　　)。

Ⅰ. 法律　　Ⅱ. 部门规章　　Ⅲ. 行政法规　　Ⅳ. 自律管理规则

A. Ⅱ、Ⅲ、Ⅳ　　B. Ⅰ、Ⅱ、Ⅲ

C. Ⅰ、Ⅱ、Ⅲ、Ⅳ　　D. Ⅰ、Ⅳ

25. 证券公司的信用风险管理应遵循(　　)组织进行相关业务。

Ⅰ. 全面性原则　　Ⅱ. 授权清晰原则

Ⅲ. 全流程风控原则　　Ⅳ. 内部制衡原则

A. Ⅰ、Ⅱ　　B. Ⅰ、Ⅲ、Ⅳ

C. Ⅰ、Ⅱ、Ⅲ、Ⅳ　　D. Ⅱ、Ⅲ、Ⅳ

26. 根据《合伙企业法》，下列关于普通合伙企业说法错误的是(　　)。

Ⅰ. 经全体合伙人同意，某一合伙人可以用劳务出资

Ⅱ. 合伙人以其在合伙企业中的财产份额出质的，须经其他合伙人一致同意

Ⅲ. 合伙协议未约定合伙损益分配比例的，直接由各合伙人平均分配和分摊

Ⅳ. 某一合伙人的债权人，可以以其债权抵消其对合伙企业的债务

A. Ⅰ、Ⅱ　　B. Ⅰ、Ⅲ　　C. Ⅰ、Ⅲ、Ⅳ　　D. Ⅲ、Ⅳ

27. 中国证监会可依据违法违规情节的严重程度，对其采取证券市场禁入措施的人员包括(　　)。

Ⅰ. 证券公司的董事、监事、高级管理人员

Ⅱ. 证券公司的控股股东、实际控制人

Ⅲ. 证券服务机构的董事、监事、高级管理人员

Ⅳ. 证券投资基金管理人、证券投资基金托管人的董事、监事、高级管理人员

A. Ⅱ、Ⅲ　　B. Ⅰ、Ⅱ、Ⅳ

C. Ⅰ、Ⅱ、Ⅲ、Ⅳ　　D. Ⅰ、Ⅲ、Ⅳ

28. 证券公司为培育全体工作人员的合规意识，要求工作人员履行合规管理职责，下列符合法律法规做法的有(　　)。

Ⅰ. 要求员工积极参加公司安排的合规培训和合规宣导活动

Ⅱ. 要求员工签署并信守相关合规承诺

Ⅲ. 要求员工发现违法违规行为或者合规风险隐患时，主动按照公司规定及时报告

Ⅳ. 要求员工评估合规管理有效性，督促解决合规管理中存在的问题

A. Ⅰ、Ⅱ、Ⅲ、Ⅳ　　B. Ⅱ、Ⅲ、Ⅳ

C. Ⅰ、Ⅱ、Ⅲ　　D. Ⅰ、Ⅳ

29. 证券公司代销金融产品，代销的金融产品具有(　　)特征的，证券公司应当以简明、易懂的文字，向客户作出有针对性的书面说明，同时详细披露金融产品的风险特征与客户风险承受能力的匹配情况，并要求客户签字确认。

Ⅰ. 流动性较低的　　Ⅱ. 透明度较低的

Ⅲ. 不易理解的　　Ⅳ. 损失可能超过购买支出的

A. Ⅰ、Ⅱ、Ⅲ、Ⅳ　　B. Ⅰ、Ⅱ、Ⅲ　　C. Ⅲ、Ⅳ　　D. Ⅰ、Ⅱ、Ⅳ

30. 根据《证券公司信息隔离墙制度指引》，证券公司开展保密侧业务，应当在与客户发生实质性接触后的适当时点，将相关项目所涉公司或证券列入观察名单，适当时点，以下列(　　)环节中的较早者为准。

Ⅰ. 与客户签署保密协议　　Ⅱ. 对项目立项

Ⅲ. 进场开展工作　　Ⅳ. 实际获知项目内幕信息

A. Ⅱ、Ⅲ、Ⅳ　　B. Ⅰ、Ⅲ　　C. Ⅰ、Ⅳ　　D. Ⅰ、Ⅱ、Ⅲ、Ⅳ

31. 下列关于沪伦通与深港通的区别的说法中，错误的是(　　)。

Ⅰ. 深港通设置总额度

Ⅱ. 沪伦通的投资额度没有限制

Ⅲ. 相比深港通，沪伦通的投资标的品种更为丰富

Ⅳ. 沪伦通包括 CDR 和 GDR 两个交易品种

A. Ⅰ、Ⅲ、Ⅳ　　B. Ⅱ、Ⅳ　　C. Ⅰ、Ⅲ　　D. Ⅰ、Ⅱ、Ⅳ

32. 下列关于证券账户设立的说法中正确的有(　　)。

Ⅰ. 证券账户的设立是证券登记结算机构的职能

Ⅱ. 证券公司为证券资产管理客户开立的证券账户，应当自开户之日起3个交易日内报证券交易所备案

Ⅲ. 证券公司在为客户开立证券账户可以提供给他人

Ⅳ. 同一客户开立的资金账户和证券账户的姓名或者名称应当一致

A. Ⅰ、Ⅱ、Ⅳ　　B. Ⅰ、Ⅲ　　C. Ⅰ、Ⅲ、Ⅳ　　D. Ⅱ、Ⅲ、Ⅳ

33. 在全国股份转让系统申请挂牌的公司，必须履行信息披露义务，所披露的信息应当(　　)。

Ⅰ. 真实　　Ⅱ. 完整　　Ⅲ. 相关　　Ⅳ. 准确

A. Ⅰ、Ⅱ、Ⅳ　　B. Ⅰ、Ⅲ、Ⅳ　　C. Ⅰ、Ⅱ、Ⅲ、Ⅳ　　D. Ⅰ、Ⅱ、Ⅲ

34. 证券、期货投资咨询的活动包括(　　)。

Ⅰ. 接受投资人或者客户委托，提供证券、期货投资咨询服务

Ⅱ. 举办有关证券、期货投资咨询的讲座、报告会、分析会等

Ⅲ. 通过电话、传真、电脑网络等电信设备系统，提供证券、期货投资咨询服务

Ⅳ. 中国证监会认定的其他形式

A. Ⅱ、Ⅲ　　B. Ⅰ、Ⅱ、Ⅲ　　C. Ⅱ、Ⅲ、Ⅳ　　D. Ⅰ、Ⅱ、Ⅲ、Ⅳ

35. 按照不同法律关系之间的因果关系，可以将法律关系分为第一性法律关系与第二性法律关系。下列说法，正确的是(　　)。

Ⅰ. 程序法律关系是第一性法律关系

Ⅱ. 实体法律关系是第二性法律关系

Ⅲ. 主合同所对应的债权、债务法律关系是第一性法律关系

Ⅳ. 担保合同所对应的担保法律关系是第二性法律关系

A. Ⅰ、Ⅱ　　B. Ⅲ、Ⅳ　　C. Ⅰ、Ⅲ、Ⅳ　　D. Ⅰ、Ⅱ、Ⅲ、Ⅳ

36. 保荐代表人出现(　　)情形且在情节特别严重的情况下，中国证监会可采取认定不适当人选的监管措施。

Ⅰ. 尽职调查工作日志缺失

Ⅱ. 未完成辅导工作

Ⅲ. 唆使发行人干扰发行审核委员会的审核工作

Ⅳ. 未参加持续督导工作

A. Ⅰ、Ⅱ　　B. Ⅰ、Ⅲ　　C. Ⅱ、Ⅲ、Ⅳ　　D. Ⅰ、Ⅱ、Ⅲ、Ⅳ

37. 投资者持有或者通过协议、其他安排与他人共同持有一个上市公司已发行有表决权的股份达到5%后，需要履行的义务有(　　)。

Ⅰ. 其所持该上市公司已发行的股份比例每增加或者减少5%，应当依照规定进行报告和公告

Ⅱ. 其所持该上市公司已发行的股份比例每增加或者减少5%，无需进行报告和公告

Ⅲ. 在报告期限内和作出报告、公告3日内，不得再行买卖

Ⅳ. 在报告期限内和作出报告、公告3日内，可以再行买卖

A. Ⅰ、Ⅲ　　B. Ⅰ、Ⅳ　　C. Ⅱ、Ⅲ　　D. Ⅱ、Ⅳ

38. 根据《期货交易管理条例》，(　　)应当遵守国务院期货监督管理机构有关保证金安全

存管监控的规定。

Ⅰ. 客户和期货交易所　　Ⅱ. 期货公司及其他期货经营机构

Ⅲ. 非期货公司结算会员　　Ⅳ. 期货保证金存管银行

A. Ⅰ、Ⅱ、Ⅲ、Ⅳ　B. Ⅱ、Ⅲ、Ⅳ　C. Ⅰ、Ⅱ、Ⅳ　D. Ⅰ、Ⅲ

39. 公司在清算时，隐匿财产，对资产负债表或者财产清单作虚假记载或者在未清偿债务前分配公司财产的，应当承担的法律责任有(　　)。

Ⅰ. 由公司登记机关责令改正

Ⅱ. 对公司处以隐匿财产或者未清偿债务前分配公司财产金额5%以上10%以下的罚款

Ⅲ. 对公司处以隐匿财产或者未清偿债务前分配公司财产金额1%以上10%以下的罚款

Ⅳ. 对直接负责的主管人员和其他直接责任人员处以1万元以上10万元以下的罚款

A. Ⅱ、Ⅲ　B. Ⅰ、Ⅱ、Ⅳ　C. Ⅱ、Ⅲ、Ⅳ　D. Ⅰ、Ⅱ、Ⅲ、Ⅳ

40. 关于背信运用受托财产，下列说法正确的有(　　)。

Ⅰ. 证券交易所可能成为背信运用受托财产罪的犯罪主体

Ⅱ. 商业银行不可能成为背信运用受托财产罪的犯罪主体

Ⅲ. 背信运用受托财产罪主观方面只能是故意，过失不构成本罪

Ⅳ. 背信运用受托财产罪侵犯的客体是金融管理秩序和客户的合法权益

A. Ⅰ、Ⅱ、Ⅲ　B. Ⅱ、Ⅲ、Ⅳ　C. Ⅰ、Ⅱ、Ⅳ　D. Ⅰ、Ⅲ、Ⅳ

41. 根据《证券期货投资者适当性管理办法》，经营机构向投资者销售产品或者提供服务时，应当了解投资者(　　)。

Ⅰ. 收入来源、数额、资产、债务等财务状况

Ⅱ. 投资相关的学习、工作经历

Ⅲ. 风险偏好及可承受的损失

Ⅳ. 诚信记录

A. Ⅱ、Ⅳ　B. Ⅰ、Ⅲ、Ⅳ　C. Ⅰ、Ⅱ、Ⅲ、Ⅳ　D. Ⅰ、Ⅱ、Ⅲ

42. 规范金融机构资产管理业务主要遵循(　　)原则。

Ⅰ. 坚持严控风险的底线思维

Ⅱ. 坚持服务实体经济的根本目标

Ⅲ. 坚持宏观审慎管理与微观审慎监管相结合、机构监管与功能监管相结合的监管理念

Ⅳ. 坚持有的放矢的问题导向

A. Ⅰ、Ⅱ、Ⅲ　B. Ⅱ、Ⅲ、Ⅳ　C. Ⅰ、Ⅱ、Ⅲ、Ⅳ　D. Ⅰ、Ⅱ、Ⅳ

43. 有限责任公司章程需要载明的事项有(　　)。

Ⅰ. 公司法定代表人

Ⅱ. 公司的机构及其产生办法、职权、议事规则

Ⅲ. 股东的出资方式、出资额和出资时间

Ⅳ. 股东的出资证明书编号

A. Ⅱ、Ⅲ、Ⅳ　B. Ⅰ、Ⅲ　C. Ⅰ、Ⅱ　D. Ⅰ、Ⅱ、Ⅲ

44. 根据《证券公司全面风险管理规范》，下列关于全面风险管理的说法中，错误的有(　　)。

Ⅰ. 全面风险管理包含“全员”的含义，要求证券公司董事会、经理层以及全体员工，

从上到下，共同参与风险管理

Ⅱ. 全面风险管理仅包含对流动性风险、市场风险、信用风险、操作风险和声誉风险的管理

Ⅲ. 全面风险管理仅要求对风险进行审慎评估和及时应对

Ⅳ. 全面风险管理包含对风险进行“全程管理”的含义

A. Ⅰ、Ⅱ、Ⅲ　　B. Ⅱ、Ⅲ　　C. Ⅱ、Ⅳ　　D. Ⅰ、Ⅲ

45. 下列选项中，符合证券经纪业务客户管理与客户服务制度的有(　　)。

Ⅰ. 证券公司应当统一组织回访客户，对原有客户的回访比例应当不低于上年末客户总数的10%

Ⅱ. 证券公司应当统一组织回访客户，对新开户客户应当在半年内完成回访

Ⅲ. 证券公司应当要求客户在开立资金账户时自行设置密码，提醒客户适时修改密码和增强密码强度

Ⅳ. 证券公司及证券营业部应当建立客户投诉书面或者电子档案，保存时间不少于2年

A. Ⅱ、Ⅲ　　B. Ⅰ、Ⅲ　　C. Ⅰ、Ⅱ　　D. Ⅲ、Ⅳ

46. 公开募集基金的基金管理人的股东、实际控制人不得有(　　)等行为。

Ⅰ. 虚假出资或者抽逃出资

Ⅱ. 未依法经股东会或者董事会决议擅自干预基金管理人的基金经营活动

Ⅲ. 要求基金管理人利用基金财产为自己或者他人牟取利益，损害基金份额持有人利益

Ⅳ. 按照规定履行职责

A. Ⅰ、Ⅱ、Ⅲ、Ⅳ　　B. Ⅱ、Ⅲ、Ⅳ　　C. Ⅰ、Ⅳ　　D. Ⅰ、Ⅱ、Ⅲ

47. 在部门规章及规范性文件中，涉及证券经纪业务具体规范要求的有(　　)。

Ⅰ.《客户交易结算资金管理办法》

Ⅱ.《证券公司开立客户账户规范》

Ⅲ.《证券公司融资融券业务管理办法》

Ⅳ.《内地与香港股票市场交易互联互通机制若干规定》

A. Ⅰ、Ⅱ、Ⅳ　　B. Ⅰ、Ⅱ、Ⅲ　　C. Ⅲ、Ⅳ　　D. Ⅰ、Ⅱ、Ⅲ、Ⅳ

48. 下列关于证券公司柜台市场发行、销售与转让产品可采取方式的说法，正确的有(　　)。

Ⅰ. 协议　　Ⅱ. 报价　　Ⅲ. 做市　　Ⅳ. 集中竞价

A. Ⅰ、Ⅱ、Ⅲ、Ⅳ　　B. Ⅰ、Ⅱ、Ⅲ　　C. Ⅱ、Ⅲ、Ⅳ　　D. Ⅰ、Ⅱ、Ⅳ

49. 主办券商推荐股份公司股票挂牌，应与申请挂牌公司签订推荐挂牌并持续督导协议，约定双方权利和义务，并对申请挂牌公司(　　)进行培训，使其了解相关法律、法规、规则、协议所规定的权利和义务。

Ⅰ. 董事　　Ⅱ. 监事

Ⅲ. 高级管理人员　　Ⅳ. 其他信息披露义务人

A. Ⅰ、Ⅱ、Ⅳ　　B. Ⅰ、Ⅲ、Ⅳ　　C. Ⅰ、Ⅱ、Ⅲ、Ⅳ　　D. Ⅰ、Ⅱ、Ⅲ

50. 证券公司提供的年度信息技术管理专项报告，应当满足(　　)要求。

Ⅰ. 真实　　Ⅱ. 科学　　Ⅲ. 完整　　Ⅳ. 准确

A. Ⅰ、Ⅱ、Ⅲ、Ⅳ　　B. Ⅰ、Ⅱ、Ⅲ　　C. Ⅰ、Ⅲ、Ⅳ　　D. Ⅱ、Ⅲ、Ⅳ

《证券市场基本法律法规》机考题库·真题试卷(三)参考答案及详解

一、**选择题**(共50题，每题1分，共50分)以下备选项中只有1项符合题目要求，不选、错选均不得分。

1. **【答案】**A

【解析】依据《中华人民共和国证券投资基金法》的规定，非公开募集基金财产的证券投资，包括买卖公开发行的股份有限公司股票、债券、基金份额，以及国务院证券监督管理机构规定的其他证券及其衍生品种。

2. **【答案】**A

【解析】分公司是指在业务、资金、人事等方面受本公司管辖而不具有法人资格的分支机构。公司可以设立分公司，分公司不具有法人资格，不能独立享有权利、承担责任，其一切行为的后果及责任由公司承担。

3. **【答案】**B

【解析】根据《期货交易管理条例》规定，期货交易所、非期货公司结算会员有下列行为之一的，责令改正，给予警告，没收违法所得：①违反规定接纳会员的；②违反规定收取手续费的；③违反规定使用、分配收益的；④不按照规定公布即时行情的，或者发布价格预测信息的；⑤不按照规定向国务院期货监督管理机构履行报告义务的；⑥不按照规定向国务院期货监督管理机构报送有关文件、资料的；⑦不按照规定建立、健全结算担保金制度的；⑧不按照规定提取、管理和使用风险准备金的；⑨违反国务院期货监督管理机构有关保证金安全存管监控规定的；⑩限制会员实物交割总量的；⑪任用不具备资格的期货从业人员的；⑫违反国务院期货监督管理机构规定的其他行为。有上述所列行为之一的，对直接负责的主管人员和其他直接责任人员给予纪律处分，处1万元以上10万元以下的罚款。

4. **【答案】**B

【解析】B项，证券公司的股东、实际控制人及其关联方与证券公司的关联交易不得损害证券公司及其客户的合法权益。证券公司章程应当对重大关联交易及其披露和表决程序作出规定。

5. **【答案】**A

【解析】证券公司风险控制指标体系以净资本和流动性为核心，主要包括净资本、风险覆盖率、资本杠杆率、流动性覆盖率、净稳定资金率等。

6. **【答案】**A

【解析】《证券期货市场诚信监督管理办法》规定的违法失信信息，在诚信档案中的效力期限为3年，但因证券期货违法行为被行政处罚、市场禁入、刑事处罚和判决承担较大侵权、违约民事赔偿责任的信息，其效力期限为5年。

7. **【答案】**D

【解析】《中华人民共和国公司法》第二十九条规定，股东认足公司章程规定的出资后，由全体股东指定的代表或者共同委托的代理人向公司登记机关报送公司登记申请书、公司章程等文件，申请设立登记。

8. 【答案】D

【解析】保荐机构应当指定2名保荐代表人具体负责1家发行人的保荐工作，出具由法定代表人签字的专项授权书，并确保保荐机构有关部门和人员有效分工协作。保荐机构可以指定1名项目协办人。

9. 【答案】A

【解析】商业银行、证券交易所、期货交易所、证券公司、期货经纪公司、保险公司或者其他金融机构，违背受托义务，擅自运用客户资金或者其他委托、信托的财产，情节严重的，对单位判处罚金，并对其直接负责的主管人员和其他直接责任人员，处3年以下有期徒刑或者拘役，并处3万元以上30万元以下罚金；情节特别严重的，处3年以上10年以下有期徒刑，并处5万元以上50万元以下罚金。

10. 【答案】D

【解析】证券金融公司向证券公司转融通的期限不得超过6个月。转融通的期限，自资金或者证券实际交付之日起算。

11. 【答案】B

【解析】证券经纪业务的特点包括：①业务对象的广泛性；②证券经纪商的中介性；③客户指令的权威性；④客户资料的保密性。

12. 【答案】B

【解析】为保护国有资产和上市公司股东的利益，国有独资公司、国有企业、上市公司不得成为普通合伙人。另外，公益性的事业单位、社会团体，其财产也不宜对外承担无限连带责任，因此，公益性的事业单位、社会团体也不得成为普通合伙人。

13. 【答案】B

【解析】根据《期货交易管理条例》第十七条的规定，期货公司业务实行许可制度，由国务院期货监督管理机构按照其商品期货、金融期货业务种类颁发许可证。

14. 【答案】B

【解析】公司为公司股东或者实际控制人提供担保的，必须经股东会或者股东大会决议。对于被担保人股东或者受被担保实际控制人支配的股东，不得参加该担保事项的表决。该项表决由出席会议的其他股东所持表决权的过半数通过。

15. 【答案】D

【解析】证券公司申请融资融券业务资格应具备的条件：①具有证券经纪业务资格；②公司治理健全，内部控制有效，能有效识别、控制和防范业务经营风险和内部管理风险；③公司最近2年内不存在因涉嫌违法违规正被中国证监会立案调查或者正处于整改期间的情形；④财务状况良好，最近2年各项风险控制指标持续符合规定，注册资本和净资本符合增加融资融券业务后的规定；⑤客户资产安全、完整，客户交易结算资金第三方存管有效实施，客户资料完整真实；⑥已建立完善的客户投诉处理机制，能够及时、妥善处理与客户之间的纠纷；⑦已建立符合监管规定和自律要求的客户适当性制度，实现客户与产品的适当性匹配管理；⑧信息系统安全稳定运行，最近1年未发生因公司管理问题导致的重大事件，融资融券业务技术系统已通过证券交易所、证券登记结算机构组织的测试；⑨有拟负责融资融券业务的高级管理人员和适当数量的专业人员；⑩中国证监会规定的其他条件。

16. 【答案】A

【解析】“合规、诚信、专业、稳健”是证券行业文化理念的体现，是资本市场长期稳定健康发展的价值取向，其中，合规是底线、诚信是义务、专业是特色、稳健是保证。

17. 【答案】B

【解析】B项，证券经纪人为证券从业人员，应当符合规定的条件。证券经纪人只能接受一家证券公司的委托，并应当专门代理证券公司从事客户招揽和客户服务等活动。

18. 【答案】C

【解析】证券交易内幕信息的知情人包括：①发行人及其董事、监事、高级管理人员；②持有公司5%以上股份的股东及其董事、监事、高级管理人员，公司的实际控制人及其董事、监事、高级管理人员；③发行人控股或者实际控制的公司及其董事、监事、高级管理人员；④由于所任公司职务或者因与公司业务往来可以获取公司有关内幕信息的人员；⑤上市公司收购人或者重大资产交易方及其控股股东、实际控制人、董事、监事和高级管理人员；⑥因职务、工作可以获取内幕信息的证券交易场所、证券公司、证券登记结算机构、证券服务机构的有关人员；⑦因职责、工作可以获取内幕信息的证券监督管理机构工作人员；⑧因法定职责对证券的发行、交易或者对上市公司及其收购、重大资产交易进行管理可以获取内幕信息的有关主管部门、监管机构的工作人员；⑨国务院证券监督管理机构规定的可以获取内幕信息的其他人员。

19. 【答案】C

【解析】具备证券自营业务资质的证券公司可以设立子公司，从事《证券公司证券自营投资品种清单》所列品种以外的金融产品等投资。该证券公司不得为子公司提供融资或担保。

20. 【答案】C

【解析】证券公司流动性风险管理应遵循全面性、审慎性和预见性原则：①全面性原则，是指证券公司流动性风险管理应全面覆盖证券公司各部门、分支机构、子公司，包含所有表内外和境内外业务，贯穿决策、执行、监督、反馈等各个环节；②审慎性原则，是指证券公司应对流动性风险管理各个环节进行严谨、审慎判断，保障公司流动性的安全；③预见性原则，是指证券公司应加强资金来源、资金运用规模及期限结构变化方面的预测分析，合理预见各种可能出现的风险，协调公司表内外各项业务发展。

21. 【答案】A

【解析】合伙企业不能清偿到期债务的，债权人可以依法向人民法院提出破产清算申请，也可以要求普通合伙人清偿。合伙企业依法被宣告破产的，普通合伙人对合伙企业债务仍应承担无限连带责任。

22. 【答案】D

【解析】违规披露、不披露重要信息罪，是指依法负有信息披露义务的公司、企业向股东和社会公众提供虚假的或者隐瞒重要事实的财务会计报告，或者对依法应当披露的其他重要信息不按照规定披露，严重损害股东或者其他人利益，或有其他严重情节的行为。

23. 【答案】D

【解析】根据《上市公司信息披露管理办法》，上市公司应当披露的定期报告包括年度报告、中期报告和季度报告。季度报告应当在每个会计年度第 3 个月、第 9 个月结束后的 1 个月内编制完成并披露。

24. 【答案】A

【解析】盘后固定价格交易指在竞价交易结束后，投资者通过收盘定价委托，按照收盘价买卖股票的交易方式。此方式既可以满足投资者在竞价撮合时段之外以确定性价格成交的交易需求，又有利于减少被动跟踪收盘价的大额交易对盘中交易价格的冲击。

25. 【答案】A

【解析】证券公司、证券投资咨询机构或者其他财务顾问机构受聘担任上市公司独立财务顾问的，应当保持独立性，不得与上市公司存在利害关系；存在持有或者通过协议、其他安排与他人共同持有上市公司股份达到或者超过5%，或者选派代表担任上市公司董事的，不得担任独立财务顾问。

26. 【答案】C

【解析】根据《期货交易管理条例》第六条，设立期货交易所，由国务院期货监督管理机构审批。未经国务院批准或者国务院期货监督管理机构批准，任何单位或者个人不得设立期货交易场所或者以任何形式组织期货交易及其相关活动。

27. 【答案】B

【解析】经营机构应当维护证券研究报告制作发布的独立性，从组织设置、人员职责上，将证券研究报告制作发布业务与销售服务业务分开管理；制作发布证券研究报告的相关人员，应当独立于证券研究报告相关销售服务人员；证券研究报告相关销售服务人员不得在证券研究报告发布前干涉和影响证券研究报告的制作过程、研究观点和发布时间。

28. 【答案】B

【解析】有下列情形之一，操纵证券、期货市场，影响证券、期货交易价格或者证券、期货交易量，情节严重的，处 5 年以下有期徒刑或者拘役，并处或者单处罚金；情节特别严重的，处 5 年以上 10 年以下有期徒刑，并处罚金：①单独或者合谋，集中资金优势、持股或者持仓优势或者利用信息优势联合或者连续买卖的；②与他人串通，以事先约定的时间、价格和方式相互进行证券、期货交易的；③在自己实际控制的账户之间进行证券交易，或者以自己为交易对象，自买自卖期货合约的；④不以成交为目的，频繁或者大量申报买入、卖出证券、期货合约并撤销申报的；⑤利用虚假或者不确定的重大信息，诱导投资者进行证券、期货交易的；⑥对证券、证券发行人、期货交易标的公开作出评价、预测或者投资建议，同时进行反向证券交易或者相关期货交易的；⑦以其他方法操纵证券、期货市场的。

29. 【答案】D

【解析】所有社会规范均依靠一定的力量来保障实施，具有某种强制性。与其他社会规范不同的是，法具有特殊的强制性。这种特殊性体现在法是依靠国家强制力来保障实施，由国家强制力作为后盾来强迫人们遵守。通过国家强制力的保障，国家的法律体系得以贯穿社会生活的方方面面，从而调整人们的行为及人与人之间的关系。任何违法行为，都将受到国家强制力的制裁。这也是法区别于其他社会规范的重要标志。

30. 【答案】A

【解析】发生可能对资产支持证券投资价值或价格有实质性影响的重大事件，管理人应当及时将有关该重大事件的情况向资产支持证券合格投资者披露，说明事件的起因、目前的状态和可能产生的法律后果，并向证券交易场所、中国基金业协会报告，同时抄送对管理人有辖区监管权的中国证监会派出机构。

31. 【答案】D

【解析】封闭式基金是指基金份额总额在基金合同期限内固定不变，基金份额持有人不得申请赎回的基金。采用开放式运作方式的基金，简称“开放式基金”，是指基金份额总额不固定，基金份额可以在基金合同约定的时间和场所申购或者赎回的基金。

32. 【答案】D

【解析】股份的发行，实行公平、公正的原则，同种类的每一股份应当具有同等权利。同次发行的同种类股票，每股的发行条件和价格应当相同；任何单位或者个人所认购的股份，每股应当支付相同价额。

33. 【答案】B

【解析】证券公司增加注册资本且股权结构发生重大调整，减少注册资本，变更业务范围或者公司章程中的重要条款，合并、分立，设立、收购或者撤销境内分支机构，在境外设立、收购、参股证券经营机构，应当经国务院证券监督管理机构批准。

34. 【答案】A

【解析】向客户提供证券投资顾问服务的人员，应当符合相关从业条件，并在中国证券业协会注册登记为证券投资顾问。同一人员不得同时注册为证券分析师和证券投资顾问。证券投资咨询人员通过所在机构向中国证券业务协会登记。登记信息完备的，中国证券业协会生成唯一登记编码，并通过协会网站予以公布。

35. 【答案】B

【解析】经营机构及其工作人员在落实投资者适当性管理的过程中，应当遵循以下原则：①投资者利益优先原则；②勤勉尽职原则；③客观性原则；④有效性原则；⑤差异性原则。

36. 【答案】B

【解析】根据《法人金融机构洗钱和恐怖融资风险管理指引》第四条，证券公司应当勤勉尽责，按照风险为本方法，合理配置资源，对本机构洗钱风险进行持续识别、审慎评估、有效控制及全程管理，有效防范洗钱风险。

37. 【答案】C

【解析】有限责任公司设董事会，其成员为 3 人至 13 人。但是，股东人数较少或者规模较小的有限责任公司，可以设一名执行董事，不设董事会。股份有限公司应当设立股东大会、董事会、经理和监事会。

38. 【答案】B

【解析】根据《证券公司监督管理条例》第六十六条的规定，证券公司应当依法向社会公开披露其基本情况、参股及控股情况、负债及或有负债情况、经营管理状况、财务收支状况、高级管理人员薪酬和其他有关信息。具体办法由国务院证券监督管理机构制定。

39. 【答案】A

【解析】投资者参与创业板交易应当符合《深圳证券交易所创业板投资者适当性管理实施办法》相关规定。个人投资者还应当符合下列条件：①申请权限开通前20个交易日证券账户及资金账户内的资产日均不低于人民币10万元(不包括该投资者通过融资融券融入的资金和证券)。②参与证券交易24个月以上。

40. 【答案】A

【解析】约定购回式证券交易，是指符合条件的客户以约定价格向其指定交易的证券公司卖出标的证券，并约定在未来某一日期由客户按照另一约定价格从证券公司购回标的证券，证券公司根据与客户签署的协议将待购回期间标的证券产生的相关孳息返还给客户的交易。

41. 【答案】D

【解析】证券经营机构董事会决定廉洁从业管理目标，对廉洁从业管理的有效性承担责任。证券期货经营机构主要负责人是落实廉洁从业管理职责的第一责任人，各级负责人应加强对所属部门、分支机构或子公司工作人员的廉洁从业管理，在职责范围内承担相应管理责任。

42. 【答案】C

【解析】证券公司从事证券自营业务，未按照规定将证券自营账户或者证券资产管理客户的证券账户报证券交易所备案的，对直接负责的主管人员和其他直接责任人员单处或者并处警告、3万元以上10万元以下的罚款。情节严重的，撤销任职资格或证券从业资格。

43. 【答案】C

【解析】证券投资基金的特点之一是利益共享，风险共担。即投资人根据其持有基金份额的多少，分享基金投资的收益和承担基金投资的风险。

44. 【答案】C

【解析】国有独资公司是指国家单独出资、由国务院或者地方人民政府授权本级人民政府国有资产监督管理机构履行出资人职责的有限责任公司。

45. 【答案】D

【解析】证券自营业务是指经中国证监会批准经营证券自营业务的证券公司用自有资金用自己名义开设的证券账户买卖依法公开发行的股票、债券、证券投资基金或者国务院证券监督管理机构认可的其他证券，以获取盈利的行为。证券自营业务必须以证券公司自身名义、通过专用自营席位进行，并由非自营业务部门负责自营账户的管理，包括开户、销户、使用登记等。自营业务资金的出入必须以公司名义进行，禁止以个人名义从自营账户中调入调出资金，禁止从自营账户中提取现金。

46. 【答案】A

【解析】按照证券法的规定，投资者可以采取要约收购、协议收购及其他合法方式收购上市公司。采取协议收购方式的，收购人收购或者通过协议、其他安排与他人共同收购一家上市公司已发行的有表决权股份达到30%时，继续进行收购的，应当向该上市公司所有股东发出收购上市公司全部或者部分股份的要约。但是，按照国务院证券监督管理机构的规定免除发出要约的除外。

47. 【答案】C

【解析】经金融管理部门认定，存在以下行为的视为刚性兑付：①金融机构为资产管理产品投资的非标准化债权类资产或者股权类资产提供任何直接或间接、显性或隐性的担保、回购等代为承担风险的承诺。②资产管理产品的发行人或者管理人违反真实公允确定净值原则，对产品进行保本保收益；采取滚动发行等方式，使资产管理产品的本金、收益、风险在不同投资者之间发生转移，实现产品保本保收益；资产管理产品不能如期兑付或者兑付困难时，发行或者管理该产品的金融机构自行筹集资金偿付或者委托其他机构代为偿付；金融管理部门认定的其他情形。

48.【答案】C

【解析】向投资者销售或者提供“荐股软件”，并直接或者间接获取经济利益的，属于从事证券投资咨询业务，应当经中国证监会许可，符合证券投资咨询业务条件。

49.【答案】C

【解析】证券发行规模达到一定数量的，可以采用联合保荐，但参与联合保荐的保荐机构不得超过2家。

50.【答案】B

【解析】证券公司开展各项业务，应当遵循合规经营、勤勉尽责，坚持客户利益至上原则。证券公司的合规应当覆盖所有业务，各部门、各分支机构、各层级子公司和全体工作人员，贯穿决策、执行、监督、反馈等各个环节。

二、组合型选择题(共50题，每题1分，共50分)以下备选项中只有1项最符合题目要求，不选、错选均不得分。

1.【答案】A

【解析】处罚处分信息包括受处罚处分机构或个人名称、受处罚处分机构责任人、处罚处分时间、效力期限、处罚处分原因、做出处罚处分决定的机构、处罚处分类别、文号等。

2.【答案】C

【解析】证券机构或者其管理人员对从业人员发出指令涉嫌违法违规的，从业人员应及时按照所在机构内部程序向高级管理人员或者董事会报告。机构未妥善处理的，从业人员应及时向中国证监会或者证券业协会报告。

3.【答案】A

【解析】根据《中华人民共和国证券法》第一百一十八条规定，设立证券公司，应当具备下列条件，并经国务院证券监督管理机构批准：①有符合法律、行政法规规定的公司章程；②主要股东及公司的实际控制人具有良好的财务状况和诚信记录，最近三年无重大违法违规记录；③有符合本法规定的公司注册资本；④董事、监事、高级管理人员、从业人员符合本法规定的条件；⑤有完善的风险管理与内部控制制度；⑥有合格的经营场所、业务设施和信息技术系统；⑦法律、行政法规和经国务院批准的国务院证券监督管理机构规定的其他条件。

4.【答案】C

【解析】沪港通与深港通的基本交易规则包括订单设计、订单修改、T+2交收制度、额度控制、回转交易等内容。

5.【答案】B

【解析】客户征信调查内容一般应包括：客户基本资料；投资经验；诚信记录；还款能

力；融资融券需求。在对客户征信调查过程中，对机构客户还款能力的考察主要包括近几年的经营状况、反映偿债能力的财务指标、反映盈利能力的财务指标、反映变现能力的财务指标等。

6. 【答案】D

【解析】股东应当按期足额缴纳公司章程中规定的各自所认缴的出资额。股东以货币出资的，应当将货币出资足额存入有限责任公司在银行开设的账户；以非货币财产出资的，应当依法办理其财产权的转移手续。股东不按照规定缴纳出资的，除应当向公司足额缴纳外，还应当向已按期足额缴纳出资的股东承担违约责任。有限责任公司成立后，发现作为设立公司出资的非货币财产的实际价额显著低于公司章程所定价额的，应当由交付该出资的股东补足其差额；公司设立时的其他股东承担连带责任。

7. 【答案】D

【解析】证券公司融资融券业务的前、中、后台应当相互分离、相互制约。各主要环节应当分别由不同的部门和岗位负责，负责风险监控和业务稽核的部门和岗位应当独立于其他部门和岗位，分管融资融券业务的高级管理人员不得兼管风险监控部门和业务稽核部门。

8. 【答案】D

【解析】证券公司应当在公司管理层下设立信息技术治理委员会负责制定信息技术战略并审议下列事项：①信息技术规划，包括但不限于信息技术建设规划、信息安全规划、数据治理规划等；②信息技术投入预算及分配方案；③重要信息系统建设或重大改造立项、重大变更方案；④信息技术应急预案；⑤使用信息技术手段开展相关业务活动的审查报告以及年度评估报告；⑥信息技术治理委员会委员提请审议的事项；⑦其他对信息技术管理产生重大影响的事项。

9. 【答案】D

【解析】根据《证券法》第一百八十二条的规定，保荐人出具有虚假记载、误导性陈述或者重大遗漏的保荐书，或者不履行其他法定职责的，责令改正，给予警告，没收业务收入，并处以业务收入1倍以上10倍以下的罚款。

10. 【答案】D

【解析】《最高人民检察院、公安部关于公安机关管辖的刑事案件立案追诉标准的规定（二）》规定，在招股说明书、认股书、公司、企业债券募集办法中隐瞒重要事实或者编造重大虚假内容，发行股票或者公司、企业债券，涉嫌下列情形之一的，应予立案追诉：①发行数额在500万元以上的。②伪造、变造国家公文、有效证明文件或相关凭证、单据的。③利用募集的资金进行违法活动的。④转移或者隐瞒所募集资金的。⑤其他后果严重或有其他严重情节的情形。

11. 【答案】D

【解析】期货交易所不得直接或者间接参与期货交易。未经国务院期货监督管理机构审核并报国务院批准，期货交易所不得从事信托投资、股票投资、非自用不动产投资等与其职责无关的业务。

12. 【答案】B

【解析】利用未公开信息交易罪是指证券交易所、期货交易所、证券公司、期货经纪公司、基金管理公司、商业银行、保险公司等金融机构的从业人员以及有关监管部门或者行业协会的工作人员，利用因职务便利获取的内幕信息以外的其他未公开的信息，违反规定，从事与该信息相关的证券、期货交易活动，或者明示、暗示他人从事相关交易活动，情节严重的行为。该罪与内幕交易罪的信息范围不同。利用未公开信息交易罪的主观方面应当表现为故意。

13. 【答案】A

【解析】证券金融公司是中国证监会根据国务院的决定，批准设立专司转融通业务的股份有限公司，证券金融公司不以营利为目的，履行下列职责：①为证券公司融资融券业务提供资金和证券的转融通服务；②对证券公司融资融券业务运行情况进行监控；③监测分析全市场融资融券交易情况，运用市场化手段防控风险；④中国证监会确定的其他职责。

14. 【答案】D

【解析】【解析】操纵证券、期货市场罪，是指有下列情形之一，操纵证券、期货市场，影响证券、期货交易价格或者证券、期货交易量：①单独或者合谋，集中资金优势、持股或者持仓优势或者利用信息优势联合或者连续买卖；②与他人串通，以事先约定的时间、价格和方式相互进行证券、期货交易；③在自己实际控制的账户之间进行证券交易，或者以自己为交易对象，自买自卖期货合约的；④不以成交为目的，频繁或者大量申报买入、卖出证券、期货合约并撤销申报；⑤利用虚假或者不确定的重大信息，诱导投资者进行证券、期货交易；⑥对证券、证券发行人、期货交易标的公开作出评价、预测或者投资建议，同时进行反向证券交易或者相关期货交易；⑦以其他方法操纵证券、期货市场的。

15. 【答案】B

【解析】根据《证券公司为期货公司提供中间介绍业务试行办法》第十条，证券公司从事介绍业务，应当与期货公司签订书面委托协议。委托协议应当载明下列事项：①介绍业务的范围；②执行期货保证金安全存管制度的措施；③介绍业务对接规则；④客户投诉的接待处理方式；⑤报酬支付及相关费用的分担方式；⑥违约责任；⑦中国证监会规定的其他事项。双方可以在委托协议中约定前款规定以外的其他事项，但不得违反法律、行政法规和办法的规定，不得损害客户的合法权益。

16. 【答案】D

【解析】证券公司、证券投资咨询机构提供证券投资顾问服务，应当与客户签订证券投资顾问服务协议，并对协议实行编号管理。协议应当包括下列内容：①当事人的权利义务；②证券投资顾问服务的内容和方式；③证券投资顾问的职责和禁止行为；④收费标准和支付方式；⑤争议或者纠纷解决方式；⑥终止或者解除协议的条件和方式。

17. 【答案】D

【解析】证券的代销、包销期限最长不得超过 90 日。证券公司在代销、包销期内，对所代销、包销的证券应当保证先行出售给认购人，证券公司不得为本公司预留所代销的证券和预先购入并留存所包销的证券。

18. 【答案】B

【解析】根据《证券公司监督管理条例》，证券公司设立时，其业务范围应当与其财务状况、内部控制制度、合规制度和人力资源状况相适应；证券公司在经营过程中，经其申请，国务院证券监督管理机构可以根据其财务状况、内部控制水平、合规程度、高级管理人员业务管理能力、专业人员数量，对其业务范围进行调整。

19. 【答案】D

【解析】公司章程中的重要条款，是指规定下列事项的条款：①证券公司的名称、住所；②证券公司的组织机构及其产生办法、职权、议事规则；③证券公司对外投资、对外提供担保的类型、金额和内部审批程序；④证券公司的解散事由与清算办法；⑤国务院证券监督管理机构要求证券公司章程规定的其他事项。

20. 【答案】D

【解析】证券账户管理包括证券账户的开立、证券账户挂失补办、证券账户注册资料查询与变更、证券账户合并与注销、非交易过户等。

21. 【答案】B

【解析】《证券法》的适用范围包括以下四类：①在中华人民共和国境内，股票、公司债券、存托凭证和国务院依法认定的其他证券的发行和交易；②政府债券、证券投资基金份额的上市交易；③资产支持证券、资产管理产品发行、交易的管理办法，由国务院依照《证券法》的原则规定；④在中华人民共和国境外的证券发行和交易活动，扰乱中华人民共和国境内市场秩序，损害境内投资者合法权益的，依照《证券法》有关规定处理并追究法律责任。

22. 【答案】D

【解析】另类子公司的内部控制包括：①统一管理；②确保管理控制力；③合规与风险管理；④内控制度、合规风控制度的有效性评估机制和内部责任追究机制；⑤利益冲突识别和管理；⑥信息隔离；⑦人员、岗位管理；⑧风险监控；⑨考核激励、后台支持和风险处置。其中后台支持包括证券公司可以根据合同约定，为另类子公司的合规管理、风险控制、稽核审计、人力资源管理、财务管理、信息技术、研究和运营等方面提供支持和服务。

23. 【答案】C

【解析】操纵证券期货市场罪的犯罪构成包括：①犯罪的主观方面。本罪主观方面由故意构成，且以获取不正当利益或者转嫁风险为目的。②犯罪主体。本罪主体为一般主体，凡达到刑事责任年龄并且具有刑事责任能力的自然人均可成为本罪主体；单位亦能成为本罪主体。③犯罪的客体。本罪侵害了国家证券、期货管理制度和投资者的合法权益。

24. 【答案】C

【解析】我国证券市场法律法规体系，是以《证券法》为核心，以规范证券市场的运行为目的，由相关法律、行政法规、部门规章、规范性文件及行业自律规则等构成的法律法规体系，为我国证券市场的健康运行提供了法治保障。我国证券市场法律法规体系的主要层级包括法律、行政法规、部门规章、规范性文件、行业自律规则五个层级。

25. 【答案】B

【解析】证券公司的信用风险管理应遵循"全面性、内部制衡、全流程风控"的原则组织进行相关业务。全面性原则指证券公司信用风险管理应全面覆盖证券公司各部门、分支机构、子公司，包含所有表内外和境内外业务，贯穿决策、执行、监督、反馈等各个环节。内部制衡性原则指证券公司应确保前、中、后台的职责分离，并建立相应的制约机制，防范利益冲突。全流程风控原则指证券公司应对信用风险管理各个环节进行严谨、审慎判断，对业务信用风险的管理应贯穿业务全流程，完善风险的识别、评估、监控、应对及全程管理，确保风险可测、可控、可承受，保障可持续经营。

26. 【答案】D

【解析】Ⅲ项，根据《合伙企业法》第三十三条的规定，合伙企业利润分配和亏损分担的原则是：首先，按照合伙协议的约定办理；合伙协议未约定或者约定不明确的，由合伙人协商决定；协商不成的，由合伙人按照实缴出资比例分配、分担；无法确定出资比例的，由合伙人平均分配、分担。Ⅳ项，合伙人的自有财产不足清偿其与合伙企业无关的债务的，该合伙人可以以其从合伙企业中分取的收益用于清偿；债权人也可以依法请求人民法院强制执行该合伙人在合伙企业中的财产份额用于清偿。合伙企业中某一合伙人的债权人，不得以该债权抵销其在合伙企业的债务。

27. 【答案】C

【解析】《证券市场禁入规定》规定，下列人员违反法律、行政法规或者中国证监会有关规定，情节严重的，中国证监会可以根据情节严重的程度，采取证券市场禁入措施：①发行人、上市公司、非上市公众公司的董事、监事、高级管理人员，其他信息披露义务人或者其他信息披露义务人的董事、监事、高级管理人员；②发行人、上市公司、非上市公众公司的控股股东、实际控制人，或者发行人、上市公司、非上市公众公司控股股东、实际控制人的董事、监事、高级管理人员；③证券公司的董事、监事、高级管理人员及其内设业务部门负责人、分支机构负责人或者其他证券从业人员；④证券公司的控股股东、实际控制人或者证券公司控股股东、实际控制人的董事、监事、高级管理人员；⑤证券服务机构的董事、监事、高级管理人员等从事证券服务业务的人员和证券服务机构的实际控制人或者证券服务机构实际控制人的董事、监事、高级管理人员；⑥证券投资基金管理人、证券投资基金托管人的董事、监事、高级管理人员及其内设业务部门、分支机构负责人或者其他证券投资基金从业人员；⑦中国证监会认定的其他违反法律、行政法规或者中国证监会有关规定的有关责任人员。

28. 【答案】C

【解析】证券公司全体工作人员应当对自身经营活动范围内所有业务事项和执业行为的合规性负责，履行下列合规管理职责：①主动了解、掌握和遵守相关法律、法规和准则；②积极参加公司安排的合规培训和合规宣导活动；③根据公司要求，签署并信守相关合规承诺；④在执业过程中充分关注执业行为的合法合规性；⑤在业务开展过程中主动识别和防范业务合规风险；⑥发现违法违规行为或者合规风险隐患时，应当主动按照公司规定及时报告；⑦出现合规风险事项时，积极配合公司调查，并接受公司问责，落实整改要求。Ⅳ项属于董事会的职责。

29. 【答案】A

【解析】向客户推介的金融产品流动性较低、透明度较低、损失可能超过购买支出或者不易理解的，证券公司应当以简明、易懂的文字，向客户作出有针对性的书面说明，同时详细披露判断该金融产品适合该客户购买的依据，并要求客户签字确认。

30. 【答案】D

【解析】《证券公司信息隔离墙制度指引》规定，证券公司开展保密侧业务时，应当在与客户发生实质性接触后的适当时点，将相关项目所涉公司或证券列入观察名单。前述所称适当时点，以与客户签署保密协议、对项目立项、进场开展工作和实际获知项目内幕信息中较早者为准。

31. 【答案】C

【解析】沪深港通均不设总额度，但设置每日额度。沪股通、深股通每日额度为 520 亿元人民币，港股通每日额度为 420 亿元人民币。相比沪伦通，深港通的投资标的品种更为丰富，投资者可以投资深市中小板、创业板的成长型股票，市值 50 亿元港币及以上的恒生综合小型股指数的成分股。沪伦通目前只允许市值较大的蓝筹股参与，成长型股票投资机会较少。

32. 【答案】A

【解析】证券公司为客户开立证券账户应符合下列规定：①严格审查。证券公司受证券登记结算机构委托，为客户开立证券账户，应当按照证券账户管理规则，对客户申报的姓名或者名称、身份的真实性进行审查。同一客户开立的资金账户和证券账户的姓名或者名称应当一致。②及时备案。证券公司为证券资产管理客户开立的证券账户，应当自开户之日起 3 个交易日内报证券交易所备案。③禁止提供给他人。

33. 【答案】A

【解析】申请挂牌的公司应当业务明确、产权清晰、依法规范经营、公司治理健全，可以尚未盈利，但须履行信息披露义务，所披露的信息应当真实、准确、完整。

34. 【答案】D

【解析】证券、期货投资咨询，是指从事证券、期货投资咨询业务的机构及其投资咨询人员以下列形式为证券、期货投资人或者客户提供证券、期货投资分析和预测或者建议等直接或者间接有偿咨询服务的活动：①接受投资人或者客户委托，提供证券、期货投资咨询服务。②举办有关证券、期货投资咨询的讲座、报告会、分析会等。③在报刊上发表证券、期货投资咨询的文章、评论、报告，以及通过电台、电视台等公众传播媒体提供证券、期货投资咨询服务。④通过电话、传真、电脑网络等电信设备系统，提供证券、期货投资咨询服务。⑤中国证监会认定的其他形式。

35. 【答案】B

【解析】按照不同法律关系之间的因果关系，可以将法律关系分为第一性法律关系与第二性法律关系。第一性法律关系是人们依法建立的不依赖于其他法律关系而独立存在的法律关系，也称为“主法律关系”。第二性法律关系是由第一性法律关系派生出的、具有从属地位的法律关系，也称为“从法律关系”。例如，实体法律关系与程序法律关系之间，实体法律关系是第一性法律关系，程序法律关系是第二性法律关系；在债权、债务及担保的法律关系中，主合同所对应的债权、债务法律关系是第一性法律关系，担保合同所对应的担保法律关系是第二性法律关系。

36. 【答案】D

【解析】保荐代表人出现下列情形之一的，中国证监会可以根据情节轻重，在 3 个月到 36 个月内不受理相关保荐代表人具体负责的推荐；情节特别严重的，采取认定为不适当人选的监管措施：①尽职调查工作日志缺失或者遗漏、隐瞒重要问题。②未完成或者未参加辅导工作。③重大事项未报告、未披露。④未参加持续督导工作，或者持续督导工作未勤勉尽责。⑤因保荐业务或其具体负责保荐工作的发行人在保荐期间内受到证券交易所、中国证券业协会公开谴责。⑥唆使、协助或者参与发行人干扰中国证监会及其发行审核委员会、证券交易所及其上市委员会的审核工作。⑦伪造或者变造签字、盖章。⑧严重违反诚实守信、勤勉尽责义务的其他情形。

37. 【答案】A

【解析】根据《证券法》第六十三条，通过证券交易所的证券交易，投资者持有或者通过协议、其他安排与他人共同持有一个上市公司已发行的有表决权股份达到百分之五时，应当在该事实发生之日起三日内，向国务院证券监督管理机构、证券交易所作出书面报告，通知该上市公司，并予公告，在上述期限内不得再行买卖该上市公司的股票，但国务院证券监督管理机构规定的情形除外。其所持该上市公司已发行的有表决权股份比例每增加或者减少百分之五，应当依照前款规定进行报告和公告，在该事实发生之日起至公告后三日内，不得再行买卖该上市公司的股票，但国务院证券监督管理机构规定的情形除外。

38. 【答案】A

【解析】根据《期货交易管理条例》第五十一条的规定，国务院期货监督管理机构应当建立、健全保证金安全存管监控制度，设立期货保证金安全存管监控机构。客户和期货交易所、期货公司及其他期货经营机构、非期货公司结算会员以及期货保证金存管银行，应当遵守国务院期货监督管理机构有关保证金安全存管监控的规定。

39. 【答案】B

【解析】公司在进行清算时，隐匿财产，对资产负债表或者财产清单作虚假记载或者在未清偿债务前分配公司财产的。由公司登记机关责令改正，对公司处以隐匿财产或者未清偿债务前分配公司财产金额 5%以上 10%以下的罚款；对直接负责的主管人员和其他直接责任人员处以 1 万元以上 10 万元以下的罚款。

40. 【答案】D

【解析】背信运用受托财产罪的犯罪主体是特殊主体，具体指商业银行、证券交易所、期货交易所、证券公司、期货经纪公司、保险公司或者其他金融机构。本罪在主观方面表现为故意，过失不构成本罪。本罪侵犯的客体是金融管理秩序和客户的合法权益。

41. 【答案】C

【解析】经营机构向投资者销售产品或者提供服务时，应当了解投资者的下列信息：①自然人的姓名、住址、职业、年龄、联系方式，法人或者其他组织的名称、注册地址、办公地址、性质、资质及经营范围等基本信息。②收入来源和数额、资产、债务等财务状况。③投资相关的学习、工作经历及投资经验。④投资期限、品种、期望收益等投资目标。⑤风险偏好及可承受的损失。⑥诚信记录。⑦实际控制投资者的自然人和交易的实际受益人。⑧法律法规、自律规则规定的投资者准入要求相关信息。⑨其他必要信息。

42. 【答案】C

【解析】规范金融机构资产管理业务主要遵循的原则包括：①坚持严控风险的底线思维。

②坚持服务实体经济的根本目标。③坚持宏观审慎管理与微观审慎监管相结合、机构监管与功能监管相结合的监管理念。④坚持有的放矢的问题导向。⑤坚持积极稳妥审慎推进。

43. 【答案】D

【解析】《公司法》分别对有限责任公司和股份有限公司的章程应当记载的事项进行了列举式规定。有限责任公司章程应当载明下列事项：公司名称和住所；公司经营范围；公司注册资本；股东的姓名或者名称；股东的出资方式、出资额和出资时间；公司的机构及其产生办法、职权、议事规则；公司法定代表人；股东会会议认为需要规定的其他事项。股东应当在公司章程上签名、盖章。

44. 【答案】B

【解析】全面风险管理是指证券公司董事会、经理层以及全体员工共同参与，对公司经营中的流动性风险、市场风险、信用风险、操作风险、声誉风险等各类风险，进行准确识别、审慎评估、动态监控、及时应对及全程管理。Ⅱ项，全面风险管理包含对“全部风险”进行管理的含义，要求对各类风险进行管理，要求管理的风险包括但不限于流动性风险、市场风险、信用风险、操作风险、声誉风险等。Ⅲ项，全面风险管理包含开展风险管理的“全部活动”的含义，要求对风险进行准确识别、审慎评估、动态监控和及时应对。

45. 【答案】B

【解析】证券公司应当统一组织回访客户，对新开户客户应当在1个月内完成回访，对原有客户的回访比例应当不低于上年末客户总数（不含休眠账户及中止交易账户客户）的10%，客户回访应当留痕，相关资料应当保存不少于3年。回访内容应当包括但不限于：①确认客户身份，如客户委托他人代理开户的，应向客户确认代理人身份及代理权限；②确认客户已阅读各类风险揭示文件并理解相关条款；③确认客户开户为其真实意愿；④提醒客户自行设置和妥善保管密码；⑤确认客户开户方式。

46. 【答案】D

【解析】除Ⅰ、Ⅱ、Ⅲ三项外，公开募集基金的基金管理人的股东、实际控制人的禁止行为还包括：不得从事国务院证券监督管理机构规定禁止的其他行为。

47. 【答案】A

【解析】与证券经纪业务相关的法律法规和准则，主要包括《证券法》《证券公司监督管理条例》《客户交易结算资金管理办法》《关于加强证券经纪业务管理的规定》《证券经纪人管理暂行规定》《证券登记结算管理办法》《证券公司开立客户账户规范》《内地与香港股票市场交易互联互通机制若干规定》等及自律规则。

48. 【答案】B

【解析】证券公司可以采取协议、报价、做市、拍卖竞价、标购竞价等方式发行、销售与转让私募产品，不得采用集中竞价方式，法律法规有明确规定的除外。

49. 【答案】C

【解析】主办券商推荐股份公司股票挂牌，应与申请挂牌公司签订推荐挂牌并持续督导协议，约定双方权利和义务，并对申请挂牌公司董事、监事、高级管理人员及其他信息披露义务人进行培训，使其了解相关法律、法规、规则、协议所规定的权利和义务。

50. 【答案】C

【解析】证券公司应当按照中国证监会有关规定采集、记录、存储、报送客户交易终端信息，并采取有效的技术措施，保障相关信息真实、准确、完整。证券公司借助专业化交易信息系统向特定客户提供交易服务的，应当要求客户登记交易终端信息；信息发生变更的，应当要求客户履行变更程序，确保客户真实使用的客户交易终端信息与登记内容一致。

《证券市场基本法律法规》机考题库·真题试卷(四)

一、选择题(共50题，每题1分，共50分)以下备选项中只有1项符合题目要求，不选、错选均不得分。

1. 下列关于证券公司治理的说法中，错误的是(　　)。
   A. 证券公司章程应当对重大关联交易及其披露和表决程序作出规定
   B. 证券公司实际控制人可以直接干预证券公司的经营管理活动
   C. 证券公司可以在法规允许的范围内控股其他证券公司
   D. 证券公司与其股东应当在业务、机构、资产等方面严格分离
2. 证券的发行、交易活动，必须实行的原则是(　　)。
   A. 开放、公开、公正　　B. 公开、公平、公正
   C. 公开、对等、公正　　D. 公开、公平、平等
3. 证券经营机构应当按照有效维护投资者合法权益的要求，综合考虑收入来源、资产状况、(　　)等因素，确定普通投资者的风险承受能力，对其进行细化分类和管理。
   A. 债务、投资知识和经验、社会资源、诚信状况
   B. 债务、投资知识和经验、社会资源
   C. 债务、投资知识和经验、风险偏好、诚信状况
   D. 债务、投资知识和经验、社会资源、诚信状况、兴趣爱好
4. 客户申请开展融资融券业务时，应向证券公司营业部提交证券公司规定的相关材料中不包括(　　)。
   A. 有效身份证明文件
   B. 客户具有支配权的资产证明
   C. 融资融券担保品证明
   D. 公安部门出具的无违法违规记录的证明文件
5. 保荐代表人执业证书申请材料存在虚假记载的，协会自注销证书之日起(　　)年内不再受理该申请人的执业注册申请。
   A. 1　　B. 2　　C. 5　　D. 3
6. 关于普通合伙企业的出资，下列说法错误的是(　　)。
   A. 合伙人以实物出资，需要办理财产权转移手续的，应当依法办理
   B. 合伙人以实物出资，必须委托法定评估机构评估
   C. 合伙人以劳务出资的，应在合伙协议中载明
   D. 合伙人以劳务出资的，评估方法由全体合伙人协商确定
7. 证券公司的实际控制人是指能够在法律上或事实上支配证券公司股东行使(　　)的法人、其他组织或个人。
   A. 指挥权利　　B. 分配权利　　C. 股东权利　　D. 管理权利
8. 证券公司工作人员不得利用敏感信息为自己或他人谋取不当利益，应当对(　　)负有严格的保密义务。

A. 证券公司基本信息　　B. 以任何方式知悉的敏感信息
C. 工作中获得的任何信息　　D. 在公开媒体上获知的信息

9. 证券公司通过其设立的证券营业部，接受客户委托，按照客户的要求代理客户买卖证券，称为(　　)业务。
A. 证券估算　B. 资产管理　C. 证券经纪　D. 证券自营

10. 下列属于公司高级管理人员的是(　　)。
A. 副董事长　B. 公司监事　C. 财务负责人　D. 公司董事

11. 被采取证券市场禁入措施的人员，应当在收到中国证监会作出的证券市场禁入决定后(　　)停止从事证券业务或者停止履行上市公司董事、监事、高级管理人员职务，并由其所在机构按规定的程序解除其被禁止担任的职务。
A. 3 个工作日内　B. 7 个工作日内　C. 立即　D. 15 个工作日内

12. 证券公司证券自营业务买卖的对象是(　　)。
A. 所有有价证券
B. 仅为非上市证券
C. 仅为上市证券
D. 境内上市证券和中国证监会认可的非上市证券等

13. 非公开募集基金财产的证券投资，包括买卖公开发行的股份有限公司股票、债券、基金份额，以及(　　)规定的其他证券及其衍生品种。
A. 证券业协会　　B. 中国人民银行
C. 国务院证券监督管理机构　　D. 财政部

14. 以下关于证券公司募集推广资产管理计划的说法中错误的是(　　)。
A. 封闭式单一资产管理计划的投资者可以分期缴付委托资金
B. 资产管理计划的初始募集规模不得低于 500 万元
C. 集合资产管理计划的初始募集期自资产管理计划份额发售之日起不得超过 60 天
D. 证券公司和销售机构禁止误导投资者购买与其风险承受能力不相符合的产品

15. 金融机构前期以摊余成本计量的金融资产的加权平均价格与资产管理产品实际兑付时金融资产的价值偏离度不得达到(　　)或以上。
A. 5%　B. 10%　C. 15%　D. 20%

16. 根据《证券发行与承销管理办法》，首次公开发行股票采用询价方式的，公开发行后总股本在 4 亿股(含)以下的，网下初始发行比例不低于本次公开发行的股票数量的(　　)；公开发行后总股本超过 4 亿股的，网下初始发行比例不低于本次公开发行的股票数量的(　　)。
A. 50%；70%　B. 40%；60%　C. 40%；70%　D. 60%；70%

17. 上市公司、股票在国务院批准的其他全国性证券交易场所交易的公司持有(　　)以上股份的股东、董事、监事、高级管理人员，将其持有的该公司的股票或者其他具有股权性质的证券在买入后 6 个月内卖出，或者在卖出后 6 个月内又买入，由此所得收益归该公司所有，公司董事会应当收回其所得收益。
A. 5%　B. 10%　C. 30%　D. 3%

18. 证券投资顾问向客户提供投资建议，下列说法中，错误的是(　　)。

A. 禁止向客户保证本金不亏损

B. 禁止向客户承诺投资收益

C. 与客户投资建议不一致时，代客户决定投资决策

D. 应当提示潜在投资风险

19. 客户由他人代理办理业务的，证券公司(　　)。

A. 只需对代理人的身份证或其他身份证明文件进行核对并登记

B. 只需对被代理人的身份证或其他身份证明文件进行核对并登记

C. 同时对代理人和被代理人的身份证或其他身份证明文件进行核对并登记

D. 同时留存代理人和被代理人的有效身份证或其他身份证明的复印件

20. 除法律、行政法规另有规定以外，以募集方式设立股份有限公司，发起人认购的股份不得少于公司股份总数的(　　)。

A. 70%　　B. 65%　　C. 35%　　D. 50%

21. 非公开募集基金应当向合格投资者募集，合格投资者累计不得超过(　　)。

A. 100 人　　B. 200 人　　C. 50 人　　D. 300 人

22. 下列情形中，不属于公开发行证券的是(　　)。

A. 采用广告、推介会、说明会等方式向社会公众发行的

B. 未采取公开劝诱方式向 150 人特定对象转让股票

C. 未依法报经证监会核准向特定对象转让股票，转让后，公司股东累计超过 200 人

D. 公司股东自行或委托他人以公开方式向社会公众转让股票

23. 公开募集基金的基金份额持有人可以(　　)。

A. 在基金合同终止时参与分配清算完毕的基金财产

B. 参与基金的投资管理活动

C. 对基金管理人的投资下达投资指令

D. 在封闭式基金合同期限内要求赎回基金份额

24. 对变更业务范围、公司章程中的重要条款或者要求审查高级管理人员任职资格的申请，国务院证券监督管理机构应当自受理之日起(　　)个工作日内，作出批准或者不予批准的书面决定。

A. 45　　B. 30　　C. 20　　D. 5

25. 下列属于证券监督管理机构制定的部门规章的是(　　)。

A.《期货交易管理条例》　　B.《中华人民共和国证券投资基金法》

C.《中华人民共和国公司法》　　D.《证券公司融资融券业务管理办法》

26. 根据《中华人民共和国合伙企业法》，特殊普通合伙企业的特殊之处表现在(　　)。

A. 为客户提供专门技能的有偿服务上　　B. 担保约定上

C. 责任承担的方式上　　D. 出资方式上

27. 根据《证券公司另类投资子公司管理规范》，下列关于另类投资子公司的业务范围的说法中，正确的是(　　)。

A. 上市公司并购重组业务

B.《证券公司证券自营投资品种清单》所列证券的投资业务

C.《证券公司证券自营投资品种清单》所列品种以外的金融产品代销业务

D. 《证券公司证券自营投资品种清单》所列品种以外的金融产品、股权等投资业务

28. 证券公司申请融资融券业务资格的条件之一是，其客户资产必须安全、完整，客户交易结算资金必须实行(　　)。

A. 单一商业银行存管　　B. 第三方存管

C. 当地人民银行存管　　D. 完全控制

29. 公司的发起人在公司成立后抽逃其出资的，由公司登记机关责令改正，处以(　　)的罚款。

A. 所抽逃出资金额5%以上10%以下

B. 所抽逃出资金额10%以上15%以下

C. 所抽逃出资金额5%以上15%以下

D. 所抽逃出资金额1%以上15%以下

30. 私募基金的合格投资者投资于单只私募基金的金额不低于(　　)万元。

A. 50　　B. 100　　C. 300　　D. 1000

31. 根据《证券期货经营机构及其工作人员廉洁从业规定》，证券期货经营机构应当于每年(　　)前，向中国证监会有关派出机构报送上年度廉洁从业管理情况报告。

A. 4月30日　　B. 3月30日　　C. 5月30日　　D. 6月30日

32. 国务院期货监督管理机构批准期货交易所上市新的交易品种，应当征求(　　)的意见。

A. 国务院有关部门　　B. 当地政府

C. 中国人民银行　　D. 中国期货业协会

33. 通过限价申报买卖科创板股票的，单笔申报数量应当不小于200股，且不超过(　　)万股。

A. 5　　B. 10　　C. 15　　D. 20

34. 根据《证券投资基金法》，有召集份额持有人大会职责的机构是(　　)。

A. 基金服务机构　　B. 基金管理人

C. 国务院证券监督管理机构　　D. 基金行业协会

35. 《证券公司监督管理条例》以保护(　　)利益和防范证券公司风险为出发点，重点规定了证券经纪业务、证券自营业务、证券资产管理业务和融资融券等主要业务的规则和风险控制措施。

A. 证券公司　　B. 债权人　　C. 国家　　D. 投资者

36. 下列关于要约收购的说法，不正确的是(　　)。

A. 收购要约约定的收购期限不得少于30日，并不得超过60日

B. 收购人应当编制要约收购报告书，聘请财务顾问，通知被收购公司，同时对要约收购报告书摘要作出提示性公告

C. 以要约方式进行上市公司收购的，收购人应当公平对待被收购公司的所有股东

D. 采取要约收购方式的，在收购期限内可以卖出被收购公司的股票

37. 根据《中华人民共和国证券投资基金法》，非公开募集基金募集完毕，基金管理人应当向(　　)备案。

A. 基金行业协会　　B. 基金委托人

C. 国务院证券监督管理机构　　D. 证券行业协会

38. 下列关于“深港通”的说法中，错误的是(　　)。
A. 深股通股票包括深圳证券交易所上市的 A + H 股公司股票
B. 深港通包括深股通和深港通下的港股通两部分
C. 深股通股票包括市值 60 亿美元及以上的深证中小创新指数的成分股
D. 深股通股票包括市值 60 亿元人民币及以上的深证成分指数的成分股

39. 甲有限责任公司下设分公司 A 以及子公司 B，下列说法错误的是(　　)。
A. A 公司设立时应当向公司登记机关申请登记，领取营业执照
B. A 公司的民事责任应由甲公司承担
C. B 公司不能以自己的名义对外开展经营活动
D. B 公司具有法人资格

40. 根据《证券公司代销金融产品管理规定》，代销金融产品是指接受(　　)的委托，为其销售金融产品或者介绍金融产品购买人的行为。
A. 金融产品托管人　　B. 监管部门
C. 中介机构　　D. 金融产品发行人

41. 向(　　)发行证券聘请承销团承销的，承销团应当由主承销和参与承销的证券公司组成。
A. 不特定对象　　B. 累计超过 300 人的特定对象
C. 累计超过 200 人的特定对象　　D. 累计超过 100 人的特定对象

42. 基金财产的债务，由(　　)。
A. 基金财产和基金管理人固有资产共同承担
B. 基金管理人固有资产承担
C. 基金财产本身承担
D. 基金托管人固有资产承担

43. (　　)依法履行对证券公司的监督管理职责。
A. 国务院证券监督管理机构　　B. 证券交易所
C. 证券登记结算机构　　D. 中国人民银行

44. 下列关于证券公司反洗钱定义的说法，正确的是(　　)。
A. 反洗钱是根据自律组织的规定采取打击走私犯罪活动的措施
B. 反洗钱是根据证券监管部门的相关要求对金融诈骗犯罪活动采取的相关措施
C. 反洗钱是指为了预防黑社会性质组织犯罪的行为
D. 反洗钱是为了预防犯罪所得、依法采取相关措施的行为

45. 发行人申请从事下列(　　)发行事项，依法采取承销方式的，不需要聘请具有保荐业务资格的证券公司履行保荐职责。
A. 上市公司发行可转换公司债券　　B. 发行人发行企业债券
C. 上市公司发行新股　　D. 首次公开发行股票

46. 下列人员中，可以成为持有证券公司 5% 以上股权的股东的是(　　)。
A. 甲因抢劫罪被判处 3 年有期徒刑，现已刑罚执行完毕 5 年
B. 乙公司净资产占实收资本的 35%
C. 丙因做生意亏本，欠别人 5 万元已经到期，至今不能清偿

D. 丁公司负债达到净资产的 75%

47. 用于存放证券公司拟向客户融出的资金及客户归还的资金的账户是(　　)。

A. 客户信用交易担保证券账户　　B. 融券专用证券账户

C. 融资专用资金账户　　D. 客户信用交易担保资金账户

48. 投资银行类业务专职内部控制人员数量不得低于投资银行类业务人员总数的(　　)。

A. 1/20　　B. 1/10　　C. 1/5　　D. 1/3

49. 下列关于证券公司违反合规管理规定被采取行政监管措施的说法，错误的是(　　)。

A. 责令定期报告　　B. 责令改正

C. 认定为不适当人选　　D. 监管谈话

50. 证券公司从事上市公司并购重组财务顾问业务，需向(　　)提出申请并经核准。

A. 国务院　　B. 中国证监会　　C. 证交所　　D. 中国证券业协会

二、组合型选择题(共 50 题，每题 1 分，共 50 分)以下备选项中只有 1 项最符合题目要求，不选、错选均不得分。

1. 中国证券业协会诚信管理中的诚信信息包括(　　)。

Ⅰ. 基本信息　　Ⅱ. 奖励信息

Ⅲ. 处罚处分信息　　Ⅳ. 协会自律规则规定的其他信息

A. Ⅰ、Ⅱ、Ⅲ、Ⅳ　　B. Ⅱ、Ⅲ、Ⅳ

C. Ⅰ、Ⅱ、Ⅲ　　D. Ⅰ、Ⅱ、Ⅳ

2. “合规、诚信、专业、稳健”是证券业文化理念的体现，是资本市场长期稳定健康发展的价值取向，下列选项中正确的是(　　)。

Ⅰ. 合规是底线　　Ⅱ. 诚信是义务　　Ⅲ. 专业是特色　　Ⅳ. 稳健是保证

A. Ⅰ、Ⅱ、Ⅲ　　B. Ⅰ、Ⅱ、Ⅲ、Ⅳ

C. Ⅰ、Ⅱ、Ⅳ　　D. Ⅱ、Ⅲ、Ⅳ

3. 下列关于公开发行公司债券筹集资金的用途的说法中，正确的有(　　)。

Ⅰ. 必须按照公司债券募集办法所列资金用途使用

Ⅱ. 不得用于弥补亏损

Ⅲ. 可以用于非生产性支出

Ⅳ. 改变资金用途，必须经债券持有人会议作出决议

A. Ⅰ、Ⅱ、Ⅲ　　B. Ⅰ、Ⅱ、Ⅳ

C. Ⅰ、Ⅱ、Ⅲ、Ⅳ　　D. Ⅲ、Ⅳ

4. 申请注册为证券投资顾问的人员基本信息中，包括(　　)等信息。

Ⅰ. 人员姓名　　Ⅱ. 身份证号码

Ⅲ. 证券投资咨询执业资格证书编号　　Ⅳ. 所在业务部门、工作地点

A. Ⅱ、Ⅲ　　B. Ⅰ、Ⅱ、Ⅲ、Ⅳ

C. Ⅰ、Ⅱ　　D. Ⅰ、Ⅲ、Ⅳ

5. 下列关于封闭式基金的说法中，正确的有(　　)。

Ⅰ. 有稳定的收益，不会出现本金亏损的情况

Ⅱ. 基金份额持有人不得申请赎回的基金

Ⅲ. 基金份额可以在基金合同约定的时间和场所申购或者赎回

Ⅳ. 基金份额总额在基金合同期限内固定不变

A. Ⅰ、Ⅱ、Ⅲ、Ⅳ　　B. Ⅰ、Ⅲ

C. Ⅰ、Ⅲ、Ⅳ　　D. Ⅱ、Ⅳ

6. 根据《上市公司证券发行管理办法》的规定，上市公司存在下列(　　)情形之一的，不得公开发行证券。

Ⅰ. 擅自改变前次公开发行证券募集资金的用途而未作纠正

Ⅱ. 上市公司最近 12 个月内受到过证券交易所的公开谴责

Ⅲ. 本次发行申请文件有虚假记载、误导性陈述或重大遗漏

Ⅳ. 上市公司或其现任董事、高级管理人员因涉嫌犯罪被司法机关立案侦查

A. Ⅰ、Ⅲ、Ⅳ　　B. Ⅰ、Ⅱ、Ⅲ、Ⅳ

C. Ⅰ、Ⅱ　　D. Ⅱ、Ⅲ、Ⅳ

7. 下列关于普通合伙企业和有限合伙企业的区别，说法正确的是(　　)。

Ⅰ. 普通合伙企业的所有出资人均须对合伙企业的债务承担无限连带责任；而有限合伙企业的所有合伙人对企业债务承担有限责任

Ⅱ. 普通合伙企业的投资人数为 2 人以上；而有限合伙企业的投资人数为 2 人以上 50 人以下

Ⅲ. 普通合伙企业的合伙人对执行合伙事务享有同等的权利；而有限合伙企业的有限合伙人不得执行合伙企业中的事务

Ⅳ. 利润分配方面，普通合伙企业的出资人不得在合伙企业中约定将全部利润分配给部分合伙人或由部分合伙人承担企业的全部亏损；而有限合伙企业根据合伙协议的约定可以将全部利润分配给部分合伙人，但不得约定企业将全部亏损由部分合伙人承担

A. Ⅰ、Ⅱ、Ⅳ　　B. Ⅱ、Ⅲ、Ⅳ

C. Ⅰ、Ⅱ、Ⅲ、Ⅳ　　D. Ⅰ、Ⅲ、Ⅳ

8. 证券公司违反《中华人民共和国证券法》规定，为客户买卖证券提供融资融券的，监管机构依法可采取的措施包括(　　)。

Ⅰ. 没收违法所得

Ⅱ. 情节严重的，禁止其在一定期限内从事证券融资融券业务

Ⅲ. 处以非法融资融券等值以下的罚款

Ⅳ. 对直接负责的主管人员和其他直接责任人员给予警告

A. Ⅰ、Ⅱ　　B. Ⅰ、Ⅱ、Ⅲ、Ⅳ

C. Ⅰ、Ⅱ、Ⅳ　　D. Ⅲ、Ⅳ

9. 股份有限公司章程应当载明的事项有(　　)。

Ⅰ. 公司设立方式　　Ⅱ. 监事会的组成、职权和议事规则

Ⅲ. 公司利润分配办法　　Ⅳ. 公司的通知和公告办法

A. Ⅰ、Ⅱ、Ⅲ　　B. Ⅰ、Ⅲ、Ⅳ

C. Ⅰ、Ⅱ、Ⅲ、Ⅳ　　D. Ⅱ、Ⅳ

10. 甲、乙、丙、丁均为财务顾问主办人，甲未按照规定发表专业意见，乙违反保密制度，丙采取不正当手段进行恶性竞争，丁未依法履行持续督导义务，四人中可能被中国证监

会采取监管措施的是(　　)。

Ⅰ. 甲　　Ⅱ. 乙　　Ⅲ. 丙　　Ⅳ. 丁

A. Ⅰ、Ⅱ、Ⅲ、Ⅳ　　B. Ⅲ、Ⅳ

C. Ⅰ、Ⅱ、Ⅲ　　D. Ⅰ、Ⅱ、Ⅳ

11. 下列关于法的规范性体现的说法，正确的有(　　)。

Ⅰ. 体现了人们在违反法定义务后应承担的责任

Ⅱ. 体现了人们依法应履行的义务

Ⅲ. 体现了人们在国家意志和权威下的道德观念

Ⅳ. 体现了人们依法享有的权利

A. Ⅰ、Ⅱ、Ⅳ　　B. Ⅰ、Ⅲ　　C. Ⅱ、Ⅳ　　D. Ⅰ、Ⅱ、Ⅲ、Ⅳ

12. 符合条件的(　　)等机构投资者以及参与科创板发行人首次公开发行的战略投资者，可以作为出借人，通过约定申报和非约定申报方式参与科创板证券出借。

Ⅰ. 公募基金　　Ⅱ. 社保基金　　Ⅲ. 保险资金　　Ⅳ. 私募基金

A. Ⅰ、Ⅱ、Ⅲ　　B. Ⅰ、Ⅱ、Ⅳ　　C. Ⅰ、Ⅲ、Ⅳ　　D. Ⅱ、Ⅲ、Ⅳ

13. 证券公司开展资产管理业务，应当向客户如实披露的信息包括(　　)。

Ⅰ. 证券公司业务资质　　Ⅱ. 证券公司管理能力

Ⅲ. 拟投资的股票及购买数量　　Ⅳ. 可能存在的市场风险

A. Ⅰ、Ⅲ　　B. Ⅰ、Ⅱ、Ⅳ　　C. Ⅱ、Ⅲ　　D. Ⅰ、Ⅱ、Ⅲ、Ⅳ

14. 设立期货公司，应当具备下列哪些条件？(　　)

Ⅰ. 有符合法律、行政法规规定的公司章程

Ⅱ. 有合格的经营场所和业务设施

Ⅲ. 有健全的风险管理和内部控制制度

Ⅳ. 主要股东及实际控制人最近 2 年无重大违法违规记录

A. Ⅰ、Ⅱ、Ⅲ、Ⅳ　　B. Ⅰ、Ⅳ

C. Ⅰ、Ⅱ、Ⅲ　　D. Ⅱ、Ⅲ、Ⅳ

15. 根据《中华人民共和国证券法》的规定，信息披露义务人未合法履行信息披露义务是指披露信息中包括(　　)。

Ⅰ. 虚假记载　　Ⅱ. 误导性陈述　　Ⅲ. 重大遗漏　　Ⅳ. 重复记载

A. Ⅰ、Ⅱ、Ⅲ　　B. Ⅰ、Ⅱ　　C. Ⅲ、Ⅳ　　D. Ⅰ、Ⅱ、Ⅲ、Ⅳ

16. 证券公司在选择代销的金融产品时，应当充分了解金融产品的(　　)信息。

Ⅰ. 发行依据　　Ⅱ. 基本性质　　Ⅲ. 投资安排　　Ⅳ. 风险收益特征

A. Ⅱ、Ⅳ　　B. Ⅰ、Ⅱ、Ⅲ、Ⅳ

C. Ⅰ、Ⅲ、Ⅳ　　D. Ⅰ、Ⅲ

17. 根据规定，证券投资基金份额持有人享有的权利包括(　　)。

Ⅰ. 按照规定要求召开基金份额持有人大会

Ⅱ. 取得基金收益

Ⅲ. 参与基金日常投资管理

Ⅳ. 申购、赎回或者转让基金份额

A. Ⅱ、Ⅲ、Ⅳ　　B. Ⅰ、Ⅱ、Ⅲ、Ⅳ

C. Ⅰ、Ⅲ　　D. Ⅰ、Ⅱ、Ⅳ

18. 关于公募证券投资基金的表述，正确的有(　　)。

Ⅰ. 面向社会公开发行　　Ⅱ. 发行对象为特定投资人

Ⅲ. 需要公开披露招募信息　　Ⅳ. 发行对象为不特定投资人

A. Ⅰ、Ⅱ、Ⅳ　　B. Ⅱ、Ⅲ　　C. Ⅰ、Ⅲ、Ⅳ　　D. Ⅰ、Ⅳ

19. 证券监管机构可以对证券公司的业务活动、财务状况、经营管理情况采取的检查措施包括(　　)。

Ⅰ. 询问证券公司的董事、监事、工作人员，要求其对有关检查事项作出说明

Ⅱ. 进入证券公司办公场所或者营业场所进行检查

Ⅲ. 查阅、复制与检查事项有关的文件、资料，对可能被转移、隐匿或者毁损的文件、资料、电子设备予以封存

Ⅳ. 检查证券公司的计算机信息管理系统，复制有关数据资料

A. Ⅰ、Ⅲ、Ⅳ　　B. Ⅰ、Ⅱ、Ⅲ

C. Ⅰ、Ⅱ、Ⅲ、Ⅳ　　D. Ⅱ、Ⅳ

20. 下列尚未公开的信息中，(　　)属于内幕信息。

Ⅰ. 上市公司订立可使其全年销售收入大幅增长的销售合同

Ⅱ. 持有公司3%股份的股东，其持有股份发生微小变动

Ⅲ. 上市公司发生重大损失

Ⅳ. 上市公司做出与另一公司合并的决定，且合并后将取得在行业内的垄断地位

A. Ⅰ、Ⅱ、Ⅲ　　B. Ⅱ、Ⅳ　　C. Ⅰ、Ⅲ、Ⅳ　　D. Ⅰ、Ⅱ、Ⅲ、Ⅳ

21. 以下关于欺诈发行证券罪的构成要素表述正确的是(　　)。

Ⅰ. 本罪犯罪主体只能为单位

Ⅱ. 主观上过失可构成本罪

Ⅲ. 伪造、变造国家机关公文、有效证明文件或相关凭证、单据的应当予以追诉

Ⅳ. 犯罪客体为公私财产所有权

A. Ⅲ　　B. Ⅲ、Ⅳ　　C. Ⅰ、Ⅱ　　D. Ⅰ、Ⅲ

22. 标准化债权类资产应当同时满足的条件有(　　)。

Ⅰ. 等分化，可交易

Ⅱ. 信息披露充分，集中登记，独立托管

Ⅲ. 公允定价，流动性机制完善

Ⅳ. 在银行间市场、证券交易所市场等经国务院同意设立的交易场所交易

A. Ⅰ、Ⅱ　　B. Ⅰ、Ⅱ、Ⅲ

C. Ⅰ、Ⅱ、Ⅲ、Ⅳ　　D. Ⅱ、Ⅲ、Ⅳ

23. 根据《证券公司分类监管规定》，被中国证监会授权履行相关职责的单位包括(　　)。

Ⅰ. 中国证券登记结算有限责任公司

Ⅱ. 中国证券投资者保护基金有限责任公司

Ⅲ. 中国证券金融股份有限公司

Ⅳ. 全国中小企业股份转让系统有限责任公司

A. Ⅰ、Ⅱ、Ⅲ、Ⅳ　　B. Ⅰ、Ⅲ、Ⅳ

C. Ⅰ、Ⅱ、Ⅲ　　　　　　　　　　　　D. Ⅱ、Ⅳ

24. 根据《证券公司另类投资子公司管理规范》，下列说法正确的有(　　)。

Ⅰ. 证券公司应当对自营、另类投资等自有资金投资的业务实施另类管理，管理的尺度和标准应当有所区别

Ⅱ. 另类子公司应当指定高级管理人员担任合规及风险管理负责人，该合规及风险管理负责人不得兼任与其合规或风险管理职责相冲突的职务

Ⅲ. 证券公司及其他子公司与另类子公司存在利益冲突的人员不得兼任另类子公司的董事、监事、高级管理人员、投资决策机构成员

Ⅳ. 另类子公司与证券公司其他子公司之间，应当在人员、机构、资产、经营管理、业务运作、办公场所等方面相互独立、有效隔离

A. Ⅰ、Ⅲ、Ⅳ　　B. Ⅰ、Ⅱ、Ⅲ　　C. Ⅱ、Ⅲ、Ⅳ　　D. Ⅰ、Ⅱ、Ⅳ

25. 证券公司从事中间介绍业务，不得(　　)。

Ⅰ. 代理客户进行期货交易　　　　Ⅱ. 代理客户进行期货结算或者交割

Ⅲ. 代客户收付期货保证金　　　　Ⅳ. 协助办理开户手续

A. Ⅰ、Ⅲ、Ⅳ　　B. Ⅰ、Ⅱ、Ⅲ　　C. Ⅰ、Ⅱ　　D. Ⅱ、Ⅲ、Ⅳ

26. 证券经纪人可以代理证券公司进行(　　)。

Ⅰ. 客户招揽　　Ⅱ. 客户服务　　Ⅲ. 代理客户下单　　Ⅳ. 产品销售

A. Ⅰ、Ⅱ、Ⅳ　　B. Ⅰ、Ⅲ、Ⅳ　　C. Ⅱ、Ⅲ、Ⅳ　　D. Ⅰ、Ⅱ、Ⅲ

27. 下列关于转融通业务保证金的说法中，正确的有(　　)。

Ⅰ. 证券公司向证券金融公司交存保证金，采取设立信托的方式

Ⅱ. 保证金中的证券记入转融通专用证券账户，保证金中的资金记入转融通担保资金账户

Ⅲ. 证券可以充抵保证金，但货币资金的比例不得低于应收保证金的15%

Ⅳ. 证券金融公司逐日计算证券公司交存的保证金价值与其所欠债务的比例

A. Ⅱ、Ⅳ　　　　　　　　　　B. Ⅰ、Ⅱ、Ⅲ

C. Ⅰ、Ⅱ、Ⅲ、Ⅳ　　　　　　D. Ⅰ、Ⅲ、Ⅳ

28. 经营机构违反适当性管理规定的，中国证监会及其派出机构可以对(　　)采取责令改正、监管谈话、出具警示函、责令参加培训等监督管理措施。

Ⅰ. 经营机构　　　　　　　　Ⅱ. 直接负责的主管人员

Ⅲ. 其他直接责任人员　　　　Ⅳ. 相关投资者

A. Ⅰ、Ⅱ、Ⅲ　　B. Ⅰ、Ⅲ、Ⅳ　　C. Ⅱ、Ⅲ　　D. Ⅰ、Ⅱ、Ⅳ

29. 下列关于主办券商的说法，正确的有(　　)。

Ⅰ. 从事经纪业务的，应当具有证券经纪业务资格

Ⅱ. 从事推荐业务的，应当具有证券承销与保荐业务资格

Ⅲ. 经纪业务包括代理开立证券账户、代理买卖股票等业务

Ⅳ. 从事做市业务的，应当具有证券自营业务资格

A. Ⅰ、Ⅱ、Ⅲ、Ⅳ　　　　　　B. Ⅰ、Ⅱ、Ⅳ

C. Ⅱ、Ⅲ、Ⅳ　　　　　　　　D. Ⅰ、Ⅱ、Ⅲ

30. 商品期货历史悠久，种类繁多，主要包括(　　)。

Ⅰ. 金属期货　　Ⅱ. 能源化工期货　　Ⅲ. 股指期货　　Ⅳ. 农产品期货

A. Ⅱ、Ⅲ、Ⅳ　　B. Ⅰ、Ⅱ、Ⅲ　　C. Ⅰ、Ⅱ、Ⅳ　　D. Ⅰ、Ⅲ、Ⅳ

31. 证券公司应当依法向社会公开披露其基本情况、负债及或有负债情况和(　　)。

Ⅰ. 人均薪酬情况　　Ⅱ. 经营管理状况

Ⅲ. 财务收支状况　　Ⅳ. 参股及控股情况

A. Ⅰ、Ⅱ、Ⅲ　　B. Ⅱ、Ⅲ、Ⅳ　　C. Ⅰ、Ⅲ、Ⅳ　　D. Ⅰ、Ⅱ、Ⅳ

32. 下列关于内幕交易、泄露内幕信息罪构成要件的说法中，正确的有(　　)。

Ⅰ. 该罪主体要件为一般主体　　Ⅱ. 该罪主观意识只能是故意

Ⅲ. 该罪主体只能是自然人　　Ⅳ. 单位可以成为该罪主体

A. Ⅰ、Ⅱ　　B. Ⅰ、Ⅳ　　C. Ⅰ、Ⅲ　　D. Ⅱ、Ⅳ

33. 公司发行记名股票的，应当置备股东名册，记载(　　)等事项。

Ⅰ. 股东的姓名或者名称及住所　　Ⅱ. 各股东所持股份数

Ⅲ. 各股东所持股票的编号　　Ⅳ. 各股东取得股份的日期

A. Ⅰ、Ⅳ　　B. Ⅰ、Ⅱ、Ⅲ　　C. Ⅱ、Ⅲ、Ⅳ　　D. Ⅰ、Ⅱ、Ⅲ、Ⅳ

34. 证券的发行、交易活动，必须遵守法律、行政法规，禁止(　　)的行为。

Ⅰ. 发布盈利预测信息　　Ⅱ. 欺诈

Ⅲ. 内幕交易　　Ⅳ. 操纵证券市场

A. Ⅰ、Ⅱ、Ⅲ　　B. Ⅰ、Ⅱ、Ⅳ　　C. Ⅱ、Ⅲ、Ⅳ　　D. Ⅰ、Ⅲ、Ⅳ

35. 证券公司应当将信息技术运用情况纳入合规与风险管理体系，为合规管理部门和风险管理部门配备与(　　)相适应的信息技术资源。

Ⅰ. 业务活动规模　　Ⅱ. 公司发展战略

Ⅲ. 公司资产规模　　Ⅳ. 业务复杂程度

A. Ⅰ、Ⅱ、Ⅲ　　B. Ⅰ、Ⅳ　　C. Ⅱ、Ⅳ　　D. Ⅱ、Ⅲ

36. 关于上市公司收购要约约定的收购期限，下列表述正确的有(　　)。

Ⅰ. 收购期限不得少于 30 日　　Ⅱ. 收购期限不得少于 45 日

Ⅲ. 收购期限不得超过 60 日　　Ⅳ. 收购期限不得超过 90 日

A. Ⅰ、Ⅳ　　B. Ⅱ、Ⅳ　　C. Ⅰ、Ⅲ　　D. Ⅱ、Ⅲ

37. 出现下列(　　)情况的，应当在国务院证券监督管理机构指定的报刊上公告，并按照规定将经营证券业务许可证交国务院证券监督管理机构注销。

Ⅰ. 证券公司停止全部证券业务　　Ⅱ. 证券公司解散

Ⅲ. 证券公司破产　　Ⅳ. 证券公司撤销境内分支机构

A. Ⅰ、Ⅱ　　B. Ⅰ、Ⅱ、Ⅲ、Ⅳ

C. Ⅲ、Ⅳ　　D. Ⅰ、Ⅱ、Ⅲ

38. 证券公司应当根据法律法规、证监会的规定及合同约定，以(　　)等方式，保证客户至少在证券公司营业时间内能够查询证券余额等信息。

Ⅰ. 信函　　Ⅱ. 电子邮件　　Ⅲ. 手机短信　　Ⅳ. 网上查询

A. Ⅲ、Ⅳ　　B. Ⅰ、Ⅱ、Ⅲ　　C. Ⅱ、Ⅲ、Ⅳ　　D. Ⅰ、Ⅱ、Ⅲ、Ⅳ

39. 根据《合伙企业法》，关于合伙企业概念的要素，正确的有(　　)。

Ⅰ. 由自然人、法人和其他组织依据相关法律，订立公司章程

Ⅱ. 共同出资、共担风险、共享收益
Ⅲ. 对合伙企业债务承担责任
Ⅳ. 是经营性组织

A. Ⅰ、Ⅱ　　B. Ⅰ、Ⅱ、Ⅲ、Ⅳ
C. Ⅰ、Ⅲ、Ⅳ　　D. Ⅱ、Ⅲ、Ⅳ

40. 根据《发布证券研究报告暂行规定》，下列行为不符合规定的有(　　)。
Ⅰ. 发布证券研究报告中包含误导性信息
Ⅱ. 利用发布证券研究报告参与内幕交易、操纵证券市场活动
Ⅲ. 发布证券研究报告的相关人员同时从事证券自营与证券资产管理业务
Ⅳ. 将证券研究报告的内容或者观点，优先提供给公司内部部门、人员或者特定对象

A. Ⅱ、Ⅲ、Ⅳ　　B. Ⅰ、Ⅳ　　C. Ⅰ、Ⅱ、Ⅲ　　D. Ⅰ、Ⅱ、Ⅲ、Ⅳ

41. 根据《中华人民共和国公司法》，下列有关股份有限公司董事在任职期间转让所持有的本公司股份的表述，正确的有(　　)。
Ⅰ. 每年转让的股份不得超过其所持股份总数的5%
Ⅱ. 每年转让的股份不得超过其所持股份总数的25%
Ⅲ. 所持股份自公司上市之日起12个月内不得转让
Ⅳ. 所持股份自公司上市之日起36个月内不得转让

A. Ⅰ、Ⅲ　　B. Ⅱ、Ⅲ　　C. Ⅰ、Ⅳ　　D. Ⅱ、Ⅳ

42. 根据《证券公司信息隔离墙制度指引》，证券公司开展保密侧业务，应当在与客户发生实质性接触后的适当时点，将相关项目所涉公司或证券列入观察名单，适当时点，以下列(　　)环节中的较早者为准。
Ⅰ. 与客户签署保密协议　　Ⅱ. 对项目立项
Ⅲ. 进场开展工作　　Ⅳ. 实际获知项目内幕信息

A. Ⅱ、Ⅲ、Ⅳ　　B. Ⅰ、Ⅲ　　C. Ⅰ、Ⅳ　　D. Ⅰ、Ⅱ、Ⅲ、Ⅳ

43. 下列关于主办券商在全国股份转让系统开办业务的主要规则的说法，正确的有(　　)。
Ⅰ. 主办券商可以根据申请挂牌公司委托，组织编制挂牌申请文件
Ⅱ. 主办券商接受客户股票买卖委托时，应当查验客户股票和资金是否足额，法律、行政法规、部门规章另有规定的除外
Ⅲ. 主办券商开展做市业务，应当通过股票自营证券账户进行，并独立于证券经纪业务、资产管理业务客户的账户运作
Ⅳ. 主办券商开展做市业务，不得干预挂牌公司日常经营，其业务人员不得在挂牌公司担任除董事、监事之外的其他职务

A. Ⅰ、Ⅲ　　B. Ⅱ、Ⅲ　　C. Ⅰ、Ⅱ　　D. Ⅰ、Ⅱ、Ⅳ

44. 根据《证券期货经营机构参与股票期权交易试点指引》，关于证券公司开展股票期权经纪业务试点应符合的条件，下列说法中，正确的有(　　)。
Ⅰ. 具有证券经纪业务资格
Ⅱ. 股票期权经纪业务制度健全，拟负责股票期权经纪业务的高级管理人员具备股票期权业务知识和相应的专业能力
Ⅲ. 具有满足从事股票期权经纪业务相关要求的营业场所、经营设备、技术系统等软硬

件设施

Ⅳ. 公司及其董事、监事、高级管理人员最近 2 年内未因重大违法违规行为受到行政处罚或刑事处罚

A. Ⅰ、Ⅲ、Ⅳ　　B. Ⅰ、Ⅱ、Ⅲ、Ⅳ

C. Ⅰ、Ⅱ、Ⅲ　　D. Ⅲ、Ⅳ

45. 关于公司的设立和变更，下列说法中正确的有(　　)。

Ⅰ. 设立公司，应当依法向公司登记机关申请设立登记

Ⅱ. 依法设立的公司，由公司登记机关发给公司营业执照

Ⅲ. 公众不得随意向公司登记机关申请查询公司登记事项

Ⅳ. 有限责任公司变更为股份有限公司的，或者股份有限公司变更为有限责任公司的，公司变更前的债权、债务由变更后的公司承继

A. Ⅱ、Ⅲ、Ⅳ　　B. Ⅰ、Ⅱ、Ⅲ

C. Ⅰ、Ⅱ、Ⅲ、Ⅳ　　D. Ⅰ、Ⅱ、Ⅳ

46. 证券金融公司不以营利为目的，履行下列职责(　　)。

Ⅰ. 为证券公司融资融券业务提供资金和证券的转融通服务

Ⅱ. 对证券公司融资融券业务运行情况进行监控

Ⅲ. 遵循审慎原则，审核、选取并确定可充抵保证金证券的名单，并向市场公布

Ⅳ. 为客户融资融券交易进行结算服务

A. Ⅰ、Ⅱ　　B. Ⅰ、Ⅱ、Ⅲ、Ⅳ

C. Ⅲ、Ⅳ　　D. Ⅰ、Ⅱ、Ⅲ

47. 有下列(　　)情形时，不得再次公开发行公司债券。

Ⅰ. 前一次公开发行的公司债券已募足

Ⅱ. 对已公开发行的公司债券或者其他债务有违约或者延迟支付本息的事实，但已结束

Ⅲ. 对已公开发行的公司债券或者其他债务有违约或者延迟支付本息的事实，仍处于继续状态

Ⅳ. 违反《中华人民共和国证券法》规定，改变公开发行公司债券所募资金的用途

A. Ⅲ、Ⅳ　　B. Ⅰ、Ⅱ　　C. Ⅰ、Ⅲ　　D. Ⅱ、Ⅳ

48. 下列关于公司分立的说法中，正确的有(　　)。

Ⅰ. 公司分立，其财产应作相应的分割

Ⅱ. 公司分立，应当编制资产负债表及财产清单

Ⅲ. 公司分立前的债务，必须向债权人提前清偿

Ⅳ. 登记事项发生变更的，应当依法向公司登记机关办理变更登记

A. Ⅰ、Ⅲ、Ⅳ　　B. Ⅰ、Ⅱ、Ⅲ

C. Ⅰ、Ⅱ、Ⅳ　　D. Ⅱ、Ⅲ、Ⅳ

49. 证券投资顾问向客户提供的投资建议服务内容包括(　　)。

Ⅰ. 投资的品种选择　　Ⅱ. 投资组合建议

Ⅲ. 理财规划建议　　Ⅳ. 代客户作投资决策

A. Ⅰ、Ⅱ、Ⅲ、Ⅳ　　B. Ⅰ、Ⅱ、Ⅲ

C. Ⅰ、Ⅲ、Ⅳ　　D. Ⅱ、Ⅳ

50. 证券公司应对信用风险管理各个环节进行严谨、审慎判断，对业务信用风险的管理应贯穿业务全流程，完善风险的识别、评估、监控、应对及全程管理，确保风险（　　），保障可持续经营。

Ⅰ. 可测　　Ⅱ. 可控　　Ⅲ. 可承受　　Ⅳ. 可消除

A. Ⅰ、Ⅱ、Ⅲ　　B. Ⅱ、Ⅲ、Ⅳ　　C. Ⅰ、Ⅲ、Ⅳ　　D. Ⅰ、Ⅱ、Ⅳ

《证券市场基本法律法规》机考题库·真题试卷(四)参考答案及详解

一、选择题(共50题，每题1分，共50分)以下备选项中只有1项符合题目要求，不选、错选均不得分。

1. 【答案】B

【解析】B项，证券公司的控股股东不得超越股东(大)会、董事会任免证券公司的董事、监事和高级管理人员。证券公司的股东、实际控制人不得违反法律、行政法规和公司章程的规定干预证券公司的经营管理活动。

2. 【答案】B

【解析】证券的发行、交易活动，必须实行公开、公平、公正的“三公”原则。证券发行、交易活动的当事人具有平等的法律地位，应当遵守自愿、有偿、诚实信用的原则。

3. 【答案】C

【解析】专业投资者之外的投资者为普通投资者。经营机构应当按照有效维护投资者合法权益的要求，综合考虑收入来源、资产状况、债务、投资知识和经验、风险偏好、诚信状况等因素，确定普通投资者的风险承受能力，对其进行细化分类和管理。

4. 【答案】D

【解析】客户要在证券公司开展融资融券业务，应由客户本人向证券公司营业部提出申请。客户申请时应向证券公司营业部提交证券公司规定的相关材料，一般包括融资融券业务申请表、有效身份证明文件、已在营业部开立的普通资金账户和证券账户、融资融券担保品证明、客户具有支配权的资产证明、住址证明等客户征信所需的相关材料。

5. 【答案】D

【解析】保荐代表人执业证书申请材料存在虚假记载、误导性陈述或者重大遗漏的，协会不予审核；已取得证书的，协会注销其保荐代表人执业证书。有上述情形的，协会自做出不予审核决定之日或注销证书之日起3年之内不再受理该申请人的执业注册申请。

6. 【答案】B

【解析】合伙人以实物、知识产权、土地使用权或者其他财产权利出资，需要评估作价的，可以由全体合伙人协商确定，也可以由全体合伙人委托法定评估机构评估。合伙人以劳务出资的，其评估方法由全体合伙人协商确定，并在合伙协议中载明。

7. 【答案】C

【解析】证券公司的实际控制人是指能够在法律上或事实上支配证券公司股东行使股东权利的法人、其他组织或个人。股东转让所持有的证券公司股权，受让方及其实际控制人也要符合监管部门规定的资格条件。

8. 【答案】B

【解析】证券公司工作人员对以任何方式知悉的敏感信息负有严格的保密义务，不得利用敏感信息为自己或他人谋取不当利益。

9. 【答案】C

【解析】证券经纪业务，是指在证券交易中，接受客户委托，处理交易指令、办理清算交收的经营性活动。证券经纪商，是指接受客户委托、代理客户买卖证券并以此收取佣金的中间人。

10. 【答案】C

【解析】高级管理人员，是指公司的经理、副经理、财务负责人，上市公司董事会秘书和公司章程规定的其他人员。

11. 【答案】C

【解析】被采取证券市场禁入措施的人员，应当在收到中国证监会作出的证券市场禁入决定后立即停止从事证券业务或者停止履行上市公司、非上市公众公司董事、监事、高级管理人员职务，并由其所在机构按规定的程序解除其被禁止担任的职务。

12. 【答案】D

【解析】根据中国证监会《关于证券公司证券自营业务投资范围及有关事项的规定》，证券公司从事证券自营业务，可以买卖此规定附件《证券公司证券自营投资品种清单》所列证券，主要包括：①已经和依法可以在境内证券交易所上市交易和转让的证券；②已经在全国中小企业股份转让系统挂牌转让的证券；③已经和依法可以在符合规定的区域性股权交易市场挂牌转让的私募债券，已经在符合规定的区域性股权交易市场挂牌转让的股票；④已经和依法可以在境内银行间市场交易的证券；⑤经国家金融监管部门或者其授权机构依法批准或备案发行并在境内金融机构柜台交易的证券。

13. 【答案】C

【解析】非公开募集基金财产的证券投资，包括买卖公开发行的股份有限公司股票、债券、基金份额，以及国务院证券监督管理机构规定的其他证券及其衍生品种，如股权、期货、期权以及基金合同约定的其他投资标的。而公开募集基金财产只能用于投资上市交易的股票、债券或国务院证券监督管理机构规定的其他证券及其衍生品种。

14. 【答案】B

【解析】B 项，按照中国证监会的规定，证券公司和销售机构在募集资产管理计划时，资产管理计划的初始募集规模不得低于 1000 万元。

15. 【答案】A

【解析】金融机构前期以摊余成本计量的金融资产的加权平均价格与资产管理产品实际兑付时金融资产的价值的偏离度不得达到 5% 或以上，如果偏离 5% 或以上的产品数超过所发行产品总数的 5%，金融机构不得再发行以摊余成本计量金融资产的资产管理产品。

16. 【答案】D

【解析】首次公开发行股票采用询价方式的，公开发行股票后总股本在 4 亿股（含）以下的，网下初始发行比例不低于本次公开发行股票数量的 60%；公开发行后总股本超过 4 亿股的，网下初始发行比例不低于本次公开发行股票数量的 70%。

17. 【答案】A

【解析】根据《证券法》第四十四条，上市公司、股票在国务院批准的其他全国性证券交易场所交易的公司持有5%以上股份的股东、董事、监事、高级管理人员，将其持有的该公司的股票或者其他具有股权性质的证券在买入后 6 个月内卖出，或者在卖出后 6 个月内又买入，由此所得收益归该公司所有，公司董事会应当收回其所得收益。公司董事会不按照规定执行的，股东有权要求董事会在30日内执行。公司董事会未在上述期限内执行的，股东有权为了公司的利益以自己的名义直接向人民法院提起诉讼。公司董事会不按照规定执行的，负有责任的董事依法承担连带责任。

18. 【答案】C

【解析】证券投资顾问向客户提供投资建议，应当提示潜在的投资风险，禁止以任何方式向客户承诺或者保证投资收益。鼓励证券投资顾问向客户说明与其投资建议不一致的观点，作为辅助客户评估投资风险的参考。

19. 【答案】C

【解析】证券公司不得为身份不明的客户提供服务或者与其进行交易，不得为客户开立匿名账户或者假名账户。客户由他人代理办理业务的，证券机构应当同时对代理人和被代理人的身份证或其他身份证明文件进行核对并登记。

20. 【答案】C

【解析】募集设立，是指由发起人认购公司应发行股份的一部分，其余股份向社会公开募集或者向特定对象募集而设立公司。募集设立只适用于股份有限公司。其中，发起人认购的股份不得少于公司股份总数的35%，但是法律、行政法规另有规定的，从其规定。

21. 【答案】B

【解析】《证券投资基金法》规定，非公开募集基金应当向合格投资者募集，合格投资者累计不得超过200人。

22. 【答案】B

【解析】有下列情形之一的，为公开发行：向不特定对象发行证券；向特定对象发行证券累计超过200人，但依法实施员工持股计划的员工人数不计算在内；法律、行政法规规定的其他发行行为。非公开发行证券，不得采用广告、公开劝诱和变相公开方式。

23. 【答案】A

【解析】根据《证券投资基金法》，基金份额持有人享有下列权利：①分享基金财产收益；②参与分配清算后的剩余基金财产；③依法转让或者申请赎回其持有的基金份额；④按照规定要求召开基金份额持有人大会或者召集基金份额持有人大会；⑤对基金份额持有人大会审议事项行使表决权；⑥对基金管理人、基金托管人、基金服务机构损害其合法权益的行为依法提起诉讼；⑦公开募集基金的基金份额持有人有权查阅或者复制公开披露的基金信息资料；非公开募集基金的基金份额持有人有权对涉及自身利益的情况，查阅基金的财务会计账簿等财务资料。

24. 【答案】A

【解析】根据《证券公司监督管理条例》，对变更业务范围、公司章程中的重要条款或者要求审查高级管理人员任职资格的申请，国务院证券监督管理机构应当自受理之日起45个工作日内，作出批准或者不予批准的书面决定。

25. 【答案】D

【解析】《中华人民共和国证券投资基金法》和《中华人民共和国公司法》属于法律。《期货交易管理条例》是由国务院制定并颁布的行政法规。《证券公司融资融券业务管理办法》属于部门规章，部门规章是指由国务院各组成部门、直属特设机构、直属机构，中国证券监督管理委员会等国务院直属事业单位等具有行政管理职能的机构，根据法律和国务院的行政法规、决定、命令，在本部门的权限范围内制定的各类规范性文件。

26. 【答案】C

【解析】特殊普通合伙企业的特殊之处表现在责任承担的方式上：①1 个合伙人或者数个合伙人在执业活动中因故意或者重大过失造成合伙企业债务的，应当承担无限责任或者无限连带责任，其他合伙人以其在合伙企业中的财产份额为限承担责任；②合伙人在执业活动中非因故意或者重大过失造成的合伙企业债务以及合伙企业的其他债务，由全体合伙人承担无限连带责任；③合伙人执业活动中因故意或者重大过失造成的合伙企业债务，以合伙企业财产对外承担责任后，该合伙人应当按照合伙协议的约定对合伙企业造成的损失承担赔偿责任。

27. 【答案】D

【解析】证券公司另类子公司从事《证券公司证券自营投资品种清单》所列品种以外的金融产品、股权等另类投资业务，应当符合法律法规、监管要求和《证券公司另类投资子公司管理规范》规定。另类子公司不得从事投资业务之外的业务。

28. 【答案】B

【解析】证券公司申请融资融券业务资格应具备的条件：①具有证券经纪业务资格；②公司治理健全，内部控制有效，能有效识别、控制和防范业务经营风险和内部管理风险；③公司最近 2 年内不存在因涉嫌违法违规正被中国证监会立案调查或者正处于整改期间的情形；④财务状况良好，最近 2 年各项风险控制指标持续符合规定，注册资本和净资本符合增加融资融券业务后的规定；⑤客户资产安全、完整，客户交易结算资金第三方存管有效实施，客户资料完整真实；⑥已建立完善的客户投诉处理机制，能够及时、妥善处理与客户之间的纠纷；⑦已建立符合监管规定和自律要求的客户适当性制度，实现客户与产品的适当性匹配管理；⑧信息系统安全稳定运行，最近 1 年未发生因公司管理问题导致的重大事件，融资融券业务技术系统已通过证券交易所、证券登记结算机构组织的测试；⑨有拟负责融资融券业务的高级管理人员和适当数量的专业人员；⑩中国证监会规定的其他条件。

29. 【答案】C

【解析】公司的发起人、股东在公司成立后，抽逃其出资的，由公司登记机关责令改正，处以所抽逃出资金额 5% 以上 15% 以下的罚款。

30. 【答案】B

【解析】合格投资者投资于单只固定收益类产品的金额不低于 30 万元，投资于单只混合类产品的金额不低于 40 万元，投资于单只权益类产品、单只商品及金融衍生品类产品的金额不低于 100 万元。投资者不得使用贷款、发行债券等筹集的非自有资金投资资产管理产品。

31. 【答案】A

【解析】根据《证券期货经营机构及其工作人员廉洁从业规定》，证券期货经营机构应当于每年 4 月 30 日前，向中国证监会有关派出机构报送上年度廉洁从业管理情况报告。有下列情形之一的，证券期货经营机构应当在五个工作日内，向中国证监会有关派出机构报告：①证券期货经营机构在内部检查中，发现存在违反规定行为的；②证券期货经营机构及其工作人员发现监管人员存在应当回避的情形而未进行回避、利用职务之便索取或者收受不正当利益等违反廉洁规定行为的；③证券期货经营机构及其工作人员发现其股东、客户等相关方以不正当手段干扰监管工作的；④证券期货经营机构或者其工作人员因违反廉洁从业规定被纪检监察部门、司法机关立案调查或者被采取纪律处分、行政处罚、刑事处罚等措施的。

32. 【答案】A

【解析】期货交易所办理下列事项，应当经国务院期货监督管理机构批准：①制定或者修改章程、交易规则；②上市、中止、取消或者恢复交易品种；③国务院期货监督管理机构规定的其他事项。国务院期货监督管理机构批准期货交易所上市新的交易品种，应当征求国务院有关部门的意见。

33. 【答案】B

【解析】通过限价申报买卖科创板股票的，单笔申报数量应当不小于 200 股，且不超过 10 万股；通过市价申报买卖的，单笔申报数量应当不小于 200 股，且不超过 5 万股。卖出时，余额不足 200 股的部分，应当一次性申报卖出。

34. 【答案】B

【解析】根据《证券投资基金法》第十九条，公开募集基金的基金管理人应当履行下列职责：①依法募集资金，办理基金份额的发售和登记事宜；②办理基金备案手续；③对所管理的不同基金财产分别管理、分别记账，进行证券投资；④按照基金合同的约定确定基金收益分配方案，及时向基金份额持有人分配收益；⑤进行基金会计核算并编制基金财务会计报告；⑥编制中期和年度基金报告；⑦计算并公告基金资产净值，确定基金份额申购、赎回价格；⑧办理与基金财产管理业务活动有关的信息披露事项；⑨按照规定召集基金份额持有人大会；⑩保存基金财产管理业务活动的记录、账册、报表和其他相关资料；⑪以基金管理人名义，代表基金份额持有人利益行使诉讼权利或者实施其他法律行为；⑫国务院证券监督管理机构规定的其他职责。

35. 【答案】D

【解析】《证券公司监督管理条例》以保护投资者利益和防范证券公司风险为出发点，重点规定了证券经纪业务、证券自营业务、证券资产管理业务和融资融券等主要业务的规则和风险控制措施。

36. 【答案】D

【解析】D 项，采取要约收购方式的，收购人在收购期限内，不得卖出被收购公司的股票，也不得采取要约规定以外的形式和超出要约的条件买入被收购公司的股票。

37. 【答案】A

【解析】根据《证券投资基金法》，非公开募集基金募集完毕，基金管理人应当向中国基金业协会备案。对募集的资金总额或者基金份额持有人的人数达到规定标准的基金，基金行业协会应当向国务院证券监督管理机构报告。

38. 【答案】C

【解析】深股通的股票范围是市值 60 亿元人民币及以上的深证成分指数和深证中小创新指数的成分股，以及深交所上市的 A + H 股公司股票。与沪股通标的偏重大型蓝筹股相比，深股通标的充分展现了深交所新兴行业集中、成长特征鲜明的市场特色。

39. 【答案】C

【解析】C项，子公司是独立的法人，具有独立的法人人格。子公司的独立性主要表现为：①拥有独立的公司名称和公司章程；②拥有独立的组织机构；③拥有独立的财产，能够自负盈亏，独立核算；④以自己的名义开展经营活动，从事各类民事活动；⑤独立承担公司行为所带来的后果和责任。

40. 【答案】D

【解析】代销金融产品，是指接受金融产品发行人的委托，为其销售金融产品或者介绍金融产品购买人的行为。《证券公司代销金融产品管理规定》明确了代销活动中各方的权利、义务和责任，着重强调了证券公司的适当性管理和信息披露义务，对证券公司代销金融产品的行为规范以及监督管理等事项作出了较为全面的规定。

41. 【答案】A

【解析】证券承销业务采取代销或者包销方式。发行人向不特定对象发行的证券，法律、行政法规规定应当由证券公司承销的，发行人应当同证券公司签订承销协议。向不特定对象发行证券聘请承销团承销的，承销团应当由主承销和参与承销的证券公司组成。

42. 【答案】C

【解析】基金财产的债务由基金财产本身承担，基金份额持有人以其出资为限对基金财产的债务承担责任。但基金合同依照《中华人民共和国证券投资基金法》另有约定的，从其约定。

43. 【答案】A

【解析】证券公司在业务经营过程中，必须遵守法律、法规、部门规章及其他规范性法律文件的规定，接受国务院证券监督管理机构的监督管理。

44. 【答案】D

【解析】反洗钱是指为了预防通过各种方式掩饰、隐瞒毒品犯罪、黑社会性质的组织犯罪、恐怖活动犯罪、走私犯罪、贪污贿赂犯罪、破坏金融管理秩序犯罪、金融诈骗犯罪等犯罪所得及其收益的来源和性质的洗钱活动，依照《反洗钱法》等相关法律法规、部门规章、规范性文件以及行业自律规则等规定采取相关措施的行为。

45. 【答案】B

【解析】发行人申请从事下列发行事项，依法采取承销方式的，应当聘请具有保荐业务资格的证券公司履行保荐职责：①首次公开发行股票。②上市公司发行新股、可转换公司债券。③公开发行存托凭证。④中国证监会认定的其他情形。

46. 【答案】A

【解析】根据《证券公司监督管理条例》第十条的规定，有下列情形之一的单位或者个人，不得成为持有证券公司5%以上股权的股东、实际控制人：①因故意犯罪被判处刑罚，刑罚执行完毕未逾3年；②净资产低于实收资本的50%，或者或有负债达到净资产的50%；③不能清偿到期债务。除上述条件以外，具有国务院证券监督管理机构认定的其他情形的单位与个人也不得成为持有证券公司5%以上股权的股东或实际控制人。其他具体情形将由国务院证券监督管理机构根据实际情况进行认定。

47. 【答案】C

【解析】证券公司经营融资融券业务，应当以自己的名义，在商业银行分别开立融资专用资金账户和客户信用交易担保资金账户。融资专用资金账户用于存放证券公司拟向客户融出的资金及客户归还的资金。客户信用交易担保资金账户用于存放客户交存的、担保证券公司因向客户融资融券所生债权的资金。

48. 【答案】B

【解析】证券公司应当为发行与承销业务配备具备相应专业知识和履职能力的内部控制人员，独立开展内部控制工作。其中，投资银行类业务专职内部控制人员数量不得低于投资银行类业务人员总数的1/10。专职内部控制人员是指证券公司中以履行投资银行类业务质量控制、内核、合规、风险管理等内部控制职能为主要职责的从业人员。

49. 【答案】C

【解析】证券公司违反《证券公司和证券投资基金管理公司合规管理办法》规定的，中国证监会可以采取出具警示函、责令定期报告、责令改正、监管谈话等行政监管措施；对直接负责的董事、监事、高级管理人员和其他责任人员，可以采取出具警示函、责令参加培训、责令改正、监管谈话、认定为不适当人选等行政监管措施。

50. 【答案】B

【解析】《证券法》规定，证券公司从事财务顾问业务，需经中国证监会核准，其他证券服务机构从事财务顾问业务，应当报中国证监会备案。

二、组合型选择题(共50题，每题1分，共50分)以下备选项中只有1项最符合题目要求，不选、错选均不得分。

1. 【答案】A

【解析】诚信信息，是指会员、从业人员在经营、执业活动中是否遵纪守法、诚实守信的信息和对评价其诚信状况有影响的其他信息。中国证券业协会诚信管理中的诚信信息包括基本信息、奖励信息、处罚处分信息及协会自律规则规定的其他信息。

2. 【答案】B

【解析】“合规、诚信、专业、稳健”是证券行业文化理念的体现，是资本市场长期稳定健康发展的价值取向，其中，合规是底线、诚信是义务、专业是特色、稳健是保证。

3. 【答案】B

【解析】公开发行公司债券筹集的资金，必须按照公司债券募集办法所列资金用途使用；改变资金用途，必须经债券持有人会议作出决议。公开发行公司债券筹集的资金，不得用于弥补亏损和非生产性支出。

4. 【答案】B

【解析】申请注册为证券投资顾问的人员基本信息表，包括人员姓名、身份证号码、证券投资咨询执业资格证书编号、所在业务部门、工作地点等信息。

5. 【答案】D

【解析】采用封闭式运作方式的基金，简称“封闭式基金”，是指基金份额总额在基金合同期限内固定不变，基金份额持有人不得申请赎回的基金。

6. 【答案】B

【解析】《上市公司证券发行管理办法》规定，上市公司存在下列情形之一的，不得公开发行证券：①本次发行申请文件有虚假记载、误导性陈述或重大遗漏。②擅自改变前次公开发行证券募集资金的用途而未作纠正。③上市公司最近12个月内受到过证券交易所的公开谴责。④上市公司及其控股股东或实际控制人最近12个月内存在未履行向投资者作出的公开承诺的行为。⑤上市公司或其现任董事、高级管理人员因涉嫌犯罪被司法机关立案侦查或涉嫌违法违规被中国证监会立案调查。⑥严重损害投资者的合法权益和社会公共利益的其他情形。

7. 【答案】B

【解析】普通合伙企业和有限合伙企业的主要区别在于：①在合伙人对企业债务的责任方面：普通合伙企业的所有出资人均须对合伙企业的债务承担无限连带责任；而有限合伙企业中有限合伙人对企业债务承担有限责任，普通合伙人对合伙企业的债务承担无限责任或无限连带责任。②合伙人数量方面：普通合伙企业的投资人数为2人以上，无上限规定；而有限合伙企业的投资人数为2人以上50人以下，且至少有1个普通合伙人。③合伙人权利方面：普通合伙企业的合伙人对执行合伙事务享有同等的权利。当然，根据合伙协议约定或经全体合伙人决定，可委托1个或数个合伙人对外代表合伙企业，执行合伙事务；而有限合伙企业中的有限合伙人不得执行合伙企业中的事务。④利润分配方面：普通合伙企业的出资人不得在合伙协议中约定将全部利润分配给部分合伙人，或由部分合伙人承担企业的全部亏损；而有限合伙企业根据合伙协议的约定可以将全部利润分配给部分合伙人，但不得约定企业全部亏损由部分合伙人承担。⑤竞业禁止方面。⑥关联交易方面。⑦出资份额出质方面。

8. 【答案】B

【解析】证券公司违反《证券法》第一百二十条第五款规定提供证券融资融券服务的，没收违法所得，并处以融资融券等值以下的罚款；情节严重的，禁止其在一定期限内从事证券融资融券业务。对直接负责的主管人员和其他直接责任人员给予警告，并处以20万元以上200万元以下的罚款。

9. 【答案】C

【解析】股份有限公司章程应当载明下列事项：①公司名称和住所；②公司经营范围；③公司设立方式；④公司股份总数、每股金额和注册资本；⑤发起人的姓名或者名称、认购的股份数、出资方式和出资时间；⑥董事会的组成、职权和议事规则；⑦公司法定代表人；⑧监事会的组成、职权和议事规则；⑨公司利润分配办法；⑩公司的解散事由与清算办法；⑪公司的通知和公告办法；⑫股东大会会议认为需要规定的其他事项。

10. 【答案】A

【解析】财务顾问及其财务顾问主办人出现下列情形之一的，中国证监会对其采取监管谈话、出具警示函、责令改正等监管措施：①内部控制机制和管理制度、尽职调查制度以及相关业务规则存在重大缺陷或者未得到有效执行的；②未按照相关规定发表专业意见的；③在受托报送申报材料过程中，未切实履行组织、协调义务、申报文件制作质量低下的；④未依法履行持续督导义务的；⑤未按照相关规定向中国证监会报告或者公告的；⑥违反其就上市公司并购重组相关业务活动所作承诺的；⑦违反保密制度或者未履行保密责任的；⑧采取不正当竞争手段进行恶性竞争的；⑨唆使、协助或者伙同委托人干扰中国证监会审核工作的；⑩中国证监会认定的其他情形。甲、乙、丙、丁四人的行为均不符合财务顾问主办人的行为规定，均可能被中国证监会采取监管措施。

11. 【答案】A

【解析】法的规范性是法的基本特征，法的规范性体现在：①规定了人们可以为一定行为或不为一定行为，或者人们可以请求他人为或不为一定行为，体现了人们依法享有的权利。②规定了人们应当为一定行为或不得为一定行为，体现了人们依法应履行的义务。③规定了人们在应当为而不为或不应当为而为的情况下所产生的后果，体现了人们在违反法定义务后应承担的责任。

12. 【答案】A

【解析】符合条件的公募基金、社保基金、保险资金等机构投资者以及参与科创板或创业板发行人首次公开发行的战略投资者，可以作为出借人，通过约定申报和非约定申报方式参与科创板或创业板证券出借。

13. 【答案】B

【解析】证券公司应当在资产管理合同中明确规定，由客户自行承担投资风险。证券公司应当向客户如实披露其业务资质、管理能力和业绩等情况，应在合同和风险揭示书中充分揭示市场风险，证券公司因丧失客户资产管理业务资格给客户带来的法律风险，以及其他投资风险。

14. 【答案】C

【解析】根据《期货交易管理条例》第十六条规定，申请设立期货公司，应当符合《公司法》的规定，并具备下列条件：①注册资本不低于人民币 1 亿元；②具备任职条件的高级管理人员不少于 3 人，具有期货从业资格的人员不少于 15 人；③有符合法律、行政法规规定的公司章程；④主要股东以及实际控制人具有持续盈利能力，信誉良好，最近 3 年无重大违法违规记录；⑤有合格的经营场所和业务设施；⑥有健全的风险管理和内部控制制度；⑦国务院期货监督管理机构规定的其他条件。

15. 【答案】A

【解析】信息公开也称信息披露，主要是指为发行人在发行市场、交易市场依法向证券监督管理机构以及投资者报告自身经营、财产以及财务等状况而设置的一种制度。信息披露义务人披露的信息，应当真实、准确、完整，简明清晰，通俗易懂，不得有虚假记载、误导性陈述或者重大遗漏。

16. 【答案】B

【解析】证券公司应当设立产品准入委员会或者专门小组，对销售产品准入实行集中统一管理。证券公司应当审慎选择代销的金融产品，充分了解金融产品的发行依据、基本性质、投资安排、风险收益特征、管理费用等信息。证券公司确认金融产品依法发行、有明确的投资安排和风险管控措施，风险收益特征清晰且可以对其风险状况作出合理判断的，方可代销。

17. 【答案】D

【解析】基金份额持有人享有下列权利：①分享基金财产收益；②参与分配清算后的剩余基金财产；③依法转让或者申请赎回其持有的基金份额；④按照规定要求召开基金份额持有人大会或者召集基金份额持有人大会；⑤对基金份额持有人大会审议事项行使表决权；⑥对基金管理人、基金托管人、基金服务机构损害其合法权益的行为依法提起诉讼；⑦基金合同约定的其他权利。

18. 【答案】C

【解析】按照募集方式分类，基金可以分为公募基金与非公开募集资金，公募基金的募集对象是广大社会公众，而非公开募集基金募集的对象是少数特定的投资者，包括机构和个人。公开募集基金的基金管理人、基金托管人和其他基金信息披露义务人依法负有公开披露信息的义务。

19. 【答案】C

【解析】根据《证券公司监督管理条例》第六十八条的规定，国务院证券监督管理机构有权采取下列措施，对证券公司的业务活动、财务状况、经营管理情况进行检查：①询问证券公司的董事、监事、工作人员，要求其对有关检查事项作出说明。②进入证券公司的办公场所或者营业场所进行检查。③查阅、复制与检查事项有关的文件、资料，对可能被转移、隐匿或者毁损的文件、资料、电子设备予以封存。④检查证券公司的计算机信息管理系统，复制有关数据资料。

20. 【答案】C

【解析】根据《证券法》第五十二条，证券交易活动中，涉及发行人的经营、财务或者对该发行人证券的市场价格有重大影响的尚未公开的信息，为内幕信息。Ⅱ项，持有公司百分之五以上股份的股东或者实际控制人持有股份或者控制公司的情况发生较大变化属于内幕信息。

21. 【答案】A

【解析】Ⅰ项，欺诈发行证券罪的主体主要是单位。自然人在一定条件下也能成为犯罪的主体。Ⅱ项，欺诈发行证券罪在主观上只能由故意构成，过失不构成本罪。Ⅳ项，欺诈发行证券罪的客体是复杂客体，即国家对证券市场的管理秩序以及投资者(即股东、债权人和公众)的合法权益。

22. 【答案】C

【解析】其他债权类资产被认定为标准化债权类资产的，应当同时符合以下条件：①等分化，可交易。②信息披露充分。③集中登记，独立托管。④公允定价，流动性机制完善。⑤在银行间市场、证券交易所市场等国务院同意设立的交易市场交易。

23. 【答案】A

【解析】中国证监会授权履行相关职责的单位包括中国证券登记结算有限责任公司、中国证券投资者保护基金有限责任公司、中国证券金融股份有限公司、全国中小企业股份转让系统有限责任公司等。

24. 【答案】C

【解析】证券公司应当对自营、另类投资等自有资金投资的业务实施统一管理，管理的尺度和标准应当基本一致。另类子公司应当指定高级管理人员担任合规及风险管理负责人。前述合规及风险管理负责人应当由证券公司推荐，向证券公司合规、风险管理负责人报告并由其考核，且不得兼任与其合规或风险管理职责相冲突的职务。证券公司及其他子公司与另类子公司存在利益冲突的人员不得兼任另类子公司的董事、监事、高级管理人员、投资决策机构成员。另类子公司与证券公司其他子公司之间，应当在人员、机构、资产、经营管理、业务运作、办公场所等方面相互独立、有效隔离。

25. 【答案】B

【解析】根据《证券公司为期货公司提供中间介绍业务试行办法》第九条的规定，证券公司受期货公司委托从事介绍业务，应当提供下列服务：①协助办理开户手续；②提供期货行情信息、交易设施；③中国证监会规定的其他服务。证券公司不得代理客户进行期货交易、结算或者交割，不得代期货公司、客户收付期货保证金，不得利用证券资金账户为客户存取、划转期货保证金。

26. 【答案】A

【解析】根据《证券经纪人管理暂行规定》，证券经纪人是指接受证券公司的委托，代理其从事客户招揽和客户服务等活动的证券公司以外的自然人。

27. 【答案】D

【解析】证券公司向证券金融公司交存保证金，采取设立信托的方式。证券金融公司应当逐日计算证券公司交存的保证金价值与其所欠债务的比例。证券可以充抵保证金，但货币资金的比例不得低于应收取保证金的15%。保证金中的证券应当记入转融通担保证券账户，保证金中的资金应当记入转融通担保资金账户。转融通担保证券账户内的证券和转融通担保资金账户内的资金，均为担保证券金融公司因向证券公司转融通所生债权的信托财产。

28. 【答案】A

【解析】经营机构违反《证券期货投资者适当性管理办法》规定的，中国证监会及其派出机构可以对经营机构及其直接负责的主管人员和其他直接责任人员，采取责令改正、监管谈话、出具警示函、责令参加培训等监督管理措施。

29. 【答案】A

【解析】根据《全国中小企业股份转让业务规则》的规定，主办券商是指在全国股份转让系统从事下列部分或全部业务的证券公司：①推荐业务。推荐申请挂牌公司股票挂牌，持续督导挂牌公司，为挂牌公司股票发行、并购重组等提供相关服务。②经纪业务。代理开立证券账户、代理买卖股票等业务。③做市业务。④全国股份转让系统公司规定的其他业务。从事第①项业务的，应当具有证券承销与保荐业务资格；从事第②项业务的，应当具有证券经纪业务资格；从事第③项业务的，应当具有证券自营业务资格。

30. 【答案】C

【解析】商品期货合约是指以农产品、金属期货、能源和其他商品及其相关指数产品为标的物的期货合约，主要包括农产品期货、金属期货，以及能源期货等合约。农产品期货品种包括大豆、豆油、豆粕、籼稻、小麦、玉米、棉花、白糖、菜籽油、鸡蛋等。金属期货品种包括黄金、白银、铜、铝、锡、铅、锌、镍、螺纹钢、线材等。能源期货品种包括原油、天然气、燃料油等。

31. 【答案】B

【解析】证券公司应当依法向社会公开披露其基本情况、参股及控股情况、负债及或有负债情况、经营管理状况、财务收支状况、高级管理人员薪酬和其他有关信息。具体办法由国务院证券监督管理机构制定。

32. 【答案】D

【解析】内幕交易、泄露内幕信息罪，侵害的客体是证券、期货市场的正常管理秩序和证券、期货投资人的合法利益。在主观方面只能由故意构成。本罪的主体为特定主体，是知悉内幕信息的人，即内幕人员，单位也可以成为该罪的主体。所谓内幕人员，是指证券、期货交易内幕信息的知情人员或者非法获取证券、期货交易内幕信息的人员。

33. 【答案】D

【解析】根据《公司法》第一百三十条，公司发行记名股票的，应当置备股东名册，记载下列事项：①股东的姓名或者名称及住所。②各股东所持股份数。③各股东所持股票的编号。④各股东取得股份的日期。发行无记名股票的，公司应当记载其股票数量、编号及发行日期。

34. 【答案】C

【解析】根据《证券法》，证券的发行、交易活动，必须实行公开、公平、公正的原则。证券的发行、交易活动，必须遵守法律、行政法规；禁止欺诈、内幕交易和操纵证券市场的行为。

35. 【答案】B

【解析】证券公司应当将信息技术运用情况纳入合规与风险管理体系，为合规管理部门和风险管理部门配备与业务活动规模、复杂程度相适应的信息技术资源，并建立相应的审查、监测和检查机制，确保合规与风险管理覆盖信息技术运用的各个环节。

36. 【答案】C

【解析】收购要约约定的收购期限不得少于 30 日，并不得超过 60 日；但是出现竞争要约的除外。

37. 【答案】B

【解析】根据《证券公司监督管理条例》第十七条，证券公司停止全部证券业务、解散、破产或者撤销境内分支机构的，应当在国务院证券监督管理机构指定的报刊上公告，并按照规定将经营证券业务许可证交国务院证券监督管理机构注销。

38. 【答案】D

【解析】证券公司应当根据法律法规、证监会的规定及合同约定，以信函、电子邮件、手机短信、网上查询或者与客户约定的其他方式，保证客户至少在证券公司营业时间内能够查询其委托、交易记录、证券和资金余额等信息。

39. 【答案】D

【解析】《合伙企业法》是为规范合伙企业的行为，保护合伙企业及其合伙人、债权人的合法权益，维护社会经济秩序，促进社会主义市场经济的发展而制定的。合伙企业是指由自然人、法人和其他组织依照《合伙企业法》订立合伙协议，共同出资，共担风险，共享收益，对合伙企业债务承担责任的经营性组织。

40. 【答案】D

【解析】经营机构发布证券研究报告，应当遵守法律、行政法规和其他相关规定，遵循独立、客观、公平、审慎原则，有效防范利益冲突，公平对待发布对象，禁止传播虚假、不实、误导性信息，禁止从事或者参与内幕交易、操纵证券市场活动。从事发布证券研究报告业务的相关人员，不得同时从事证券自营、证券资产管理等存在利益冲突的业务。经营机构应当公平对待证券研究报告的发布对象，不得将证券研究报告的内容或者观点，优先提供给公司内部部门、人员或者特定对象。

41. 【答案】B

【解析】公司董事、监事、高级管理人员应当向公司申报所持有的本公司的股份及其变动情况，在任职期间每年转让的股份不得超过其所持有本公司股份总数的25%；所持本公司股份自公司股票上市交易之日起1年内不得转让。

42. 【答案】D

【解析】《证券公司信息隔离墙制度指引》规定，证券公司开展保密侧业务时，应当在与客户发生实质性接触后的适当时点，将相关项目所涉公司或证券列入观察名单。前述所称适当时点，以与客户签署保密协议、对项目立项、进场开展工作和实际获知项目内幕信息中较早者为准。

43. 【答案】C

【解析】主办券商可以根据申请挂牌公司委托，组织编制挂牌申请文件。主办券商接受客户股票买卖委托时，应当查验客户股票和资金是否足额，法律、行政法规、部门规章另有规定的除外。主办券商开展做市业务，应通过专用证券账户、专用交易单元进行。主办券商开展做市业务，不得干预挂牌公司日常经营，其业务人员不得在挂牌公司兼职。

44. 【答案】C

【解析】《证券期货经营机构参与股票期权交易试点指引》规定，证券公司从事股票期权经纪业务试点，应当符合下列基本条件：①具有证券经纪业务资格。②股票期权经纪业务制度健全，拟负责股票期权经纪业务的高级管理人员具备股票期权业务知识和相应的专业能力，配备3名具备相应专业能力的专业人员。③具有满足从事股票期权经纪业务相关要求的营业场所、经营设备、技术系统等软硬件设施；业务设施和技术系统符合相关技术规范且运行状况良好，股票期权经纪业务技术系统已通过相关证券交易所、中国证券登记结算有限公司组织的测试。④公司及其董事、监事、高级管理人员最近1年内未因重大违法违规行为受到行政处罚或刑事处罚。具有金融期货经纪业务资格的期货公司可以从事股票期权经纪业务，并开展与股票期权备兑开仓以及行权相关的证券现货经纪业务。

45. 【答案】D

【解析】Ⅲ项，公众可以向公司登记机关申请查询公司登记事项，公司登记机关应当提供查询服务。

46. 【答案】A

【解析】转融通业务，是指证券金融公司将自有或者依法筹集的资金和证券出借给证券公司，以供其办理融资融券业务的经营活动。证券金融公司是中国证监会根据国务院的决定，批准设立专司转融通业务的股份有限公司，证券金融公司不以营利为目的，履行下列职责：①为证券公司融资融券业务提供资金和证券的转融通服务。②对证券公司融资融券业务运行情况进行监控。③监测分析全市场融资融券交易情况，运用市场化手段防控风险。④中国证监会确定的其他职责。

47. 【答案】A

【解析】有下列情形之一的，不得再次公开发行公司债券：①对已公开发行的公司债券或者其他债务有违约或者延迟支付本息的事实，仍处于继续状态。②违反《中华人民共和国证券法》规定，改变公开发行公司债券所募资金的用途。

48.【答案】C

【解析】公司分立，其财产作相应的分割，应当编制资产负债表及财产清单。公司分立前的债务由分立后的公司承担连带责任。但是，公司在分立前与债权人就债务清偿达成的书面协议另有约定的除外。

49.【答案】B

【解析】证券投资顾问业务，是证券投资咨询业务的一种基本形式，指证券公司、证券投资咨询机构接受客户委托，按照约定向客户提供涉及证券及证券相关产品的投资建议服务，辅助客户作出投资决策，并直接或者间接获取经济利益的经营活动。投资建议服务内容包括投资的品种选择、投资组合以及理财规划建议等。

50.【答案】A

【解析】证券公司的信用风险管理应遵循“全面性、内部制衡、全流程风控”的原则组织进行相关业务。其中全流程风控原则是指证券公司应对信用风险管理各个环节进行严谨、审慎判断，对业务信用风险的管理应贯穿业务全流程，完善风险的识别、评估、监控、应对及全程管理，确保风险可测、可控、可承受，保障可持续经营。

《证券市场基本法律法规》机考题库·真题试卷(五)

一、选择题(共50题，每题1分，共50分)以下备选项中只有1项符合题目要求，不选、错选均不得分。

1. 深交所对创业板股票竞价交易实行价格涨跌幅限制，涨跌幅限制比例为(　　)。
   A. 40%　　B. 10%　　C. 30%　　D. 20%
2. 根据《证券公司为期货公司提供中间介绍业务试行办法》，下列有关证券公司中间介绍业务的说法，错误的是(　　)。
   A. 证券公司从事介绍业务，应当与期货公司签订书面委托协议
   B. 证券公司与期货公司签订、变更或者终止委托协议的，双方应当在3个工作日内报各自所在地的中国证监会派出机构备案
   C. 基于期货经纪合同的责任由期货公司直接对客户承担
   D. 证券公司不得代理客户进行期货交易、结算或者交割，不得代期货公司收付期货保证金
3. 下列关于证券公司内部控制基本要求的说法中错误的是(　　)。
   A. 证券公司业务授权可以采用书面或口头形式
   B. 证券公司与业务合同直接接触的岗位可选择实行双人负责制
   C. 证券公司应建立自有资金运用的决策、审核、批准、监控相分离的管理体系
   D. 证券公司的公章应当集中统一保管，由专人专岗独立负责公章的保管、审批、使用
4. 为证券发行出具审计报告或者法律意见书等文件的证券服务机构和人员，在该证券承销期内和期满后(　　)个月内，不得买卖该证券。
   A. 18　　B. 24　　C. 12　　D. 6
5. 证券公司应于每月结束后(　　)个工作日内，按照要求向中国证券业协会报送柜台交易月度报表。
   A. 7　　B. 5　　C. 10　　D. 15
6. 下列属于全国人民代表大会或全国人民代表大会常务委员会制定并颁布的法律的是(　　)。
   A.《期货公司监督管理办法》　　B.《上市公司收购管理办法》
   C.《行政和解试点实施办法》　　D.《中华人民共和国公司法》
7. 下列属于证券公司证券经纪业务涉及的法律法规是(　　)。
   A.《证券发行与承销管理办法》
   B.《股票质押式回购交易及登记结算业务办法》
   C.《发行证券研究报告暂行规定》
   D.《证券公司监督管理条例》
8. 股份有限公司为公司股东、实际控制人提供担保，必须经(　　)决议。
   A. 股东大会　　B. 董事会　　C. 监事会　　D. 董事长
9. 下列有关公积金的说法，错误的是(　　)。

A. 公司的公积金可以用于扩大公司生产经营

B. 公司的法定公积金不足弥补以前年度亏损的，在提取法定公积金之前，应当先用当年利润弥补亏损

C. 资本公积金可以用于弥补亏损

D. 公司的公积金可以转增资本

10. 下列关于分类监管制度对证券公司正向激励作用的说法，错误的是(　　)。

A. 培育核心竞争力　　B. 提升风险控制能力

C. 加强合规管理　　D. 便于证券公司广告宣传

11. 根据《中华人民共和国证券投资基金法》，违反法律、行政法规或者国务院证券监督管理机构的有关规定，情节严重的，国务院证券监督管理机构可以对有关责任人员采取(　　)的措施。

A. 羁押　　B. 证券市场禁入　　C. 治安管理处罚　　D. 行政拘留

12. 根据《证券公司全面风险管理规范》，证券公司子公司的风险管理工作负责人向证券公司(　　)履行风险报告义务。

A. 首席风险官　　B. 监事会　　C. 全体股东　　D. 董事会

13. 甲公司出资20万元、乙公司出资10万元共同设立丙有限责任公司。丁公司系甲公司的子公司。在丙公司经营过程中，甲公司多次利用其股东地位通过公司决议让丙公司以高于市场同等水平的价格从丁公司进货，致使丙公司产品因成本过高而严重滞销，造成公司亏损。下列说法中，正确的是(　　)。

A. 甲公司应当对乙公司的债务承担连带责任

B. 甲公司、乙公司共同对丙公司承担赔偿责任

C. 丙公司应当对甲公司的债务承担连带责任

D. 甲公司应当对丙公司承担赔偿责任

14. 根据《证券、期货投资咨询管理暂行办法》，从事证券、期货投资咨询业务，必须取得(　　)的业务许可。

A. 中国证券业协会　　B. 中国证券投资基金业协会

C. 中国人民银行　　D. 中国证监会

15. 证券的发行、交易活动，必须遵守法律、行政法规，禁止(　　)。

A. 客户电话委托下单　　B. 为客户开通融资融券业务

C. 欺诈、内幕交易和操纵证券市场　　D. 客户自行买卖股票

16. 财务顾问从事上市公司并购重组财务顾问业务，应当指定(　　)名财务顾问主办人负责。

A. 3　　B. 1　　C. 2　　D. 4

17. 下列说法不符合证券公司内部控制要求的是(　　)。

A. 证券公司电脑部门人员可以兼任资金清算人员

B. 内部控制应当做到事前、事中、事后控制相统一

C. 前台业务运作与后台管理支持应当分离

D. 证券公司应根据经营环境的变化，建立动态的净资本监控机制

18. 证券投资咨询机构开展“荐股软件”销售，应将营销宣传资料报(　　)备案。

A. 住所地证监局和中国证券业协会　　B. 住所地证监局
C. 证券交易所　　D. 中国证监会

19. 证券公司净资本指标与上月相比发生(　　)以上不利变化的，证券公司应当及时向全体董事、股东报告。
A. 20%　　B. 10%　　C. 30%　　D. 50%

20. 根据《中华人民共和国公司法》规定，下列说法正确的是(　　)。
A. 有限责任公司董事会每年度至少召开一次会议
B. 有限责任公司监事会每年度至少召开一次会议
C. 股份公司的监事会每年度至少召开一次
D. 股份公司的董事会每年度至少召开一次

21. 下列关于证券市场法律法规的说法中，正确的是(　　)。
A.《证券发行与承销管理办法》属于自律性规则
B.《证券公司监督管理条例》和《证券公司风险处置条例》属于部门规章
C.《中华人民共和国证券投资基金法》属于法律
D.《中华人民共和国证券法》属于行政法规

22. 应当按照业务规则，对与融资融券交易有关的证券划转和证券公司信用交易资金交收账户内的资金划转情况进行监督的是(　　)。
A. 证券登记结算机构　　B. 证券交易所
C. 中国证监会　　D. 存管银行

23. 发行人出现以下(　　)情形，中国证监会将暂停保荐机构的保荐业务资格 3 个月。
A. 证券上市当年累计 50% 以上的募集资金用途与承诺不符
B. 首次发行证券上市之日起 12 个月内累计 50% 以上的资产发生重组
C. 首次发行证券并上市之日起 12 个月内控股股东或实际控制人变更
D. 公开发行证券上市当年即亏损

24. 公司应当自作出合并决议之日起(　　)日内通知债权人，并于 30 日内在报纸上公告。
A. 10　　B. 20　　C. 15　　D. 30

25. 公开募集基金的基金管理人同时管理 A、B 两只公开募集基金，下列说法中，正确的是(　　)。
A. 基金管理人应当公平对待 A、B 两只基金
B. 基金管理人可以将其自身财产混同于 A 基金财产进行管理
C. 基金管理人可以将其自身财产混同于 B 基金财产进行管理
D. 基金管理人可以将 A 基金的部分财产转移至 B 基金运作

26. 公司作出合并决议，按照规定通知债权人并予以公告后，债权人自接到通知书之日起(　　)日内有权要求公司清偿债务或者提供相应担保。
A. 90　　B. 30　　C. 45　　D. 60

27. 证券市场误导性陈述是指虚假陈述行为人在信息披露文件中或者通过媒体，作出使投资人对其投资行为发生(　　)的陈述。
A. 错误判断并产生重大影响　　B. 错误判断并产生特别重大影响
C. 错误判断　　D. 错误判断并产生一般影响

28. 下列关于不得担任证券交易所负责人的说法，正确的是(　　)。
A. 因违法行为被取消资格的律师，不得担任证券交易所负责人
B. 因违法行为被开除的证券公司从业人员，不得担任证券交易所负责人
C. 因违纪行为被取消资格的注册会计师，不得担任证券交易所负责人
D. 因违纪行为被解除职务的证券登记结算机构负责人，不得担任证券交易所负责人

29. 担任非公开募集基金的(　　)，应当按照规定向基金行业协会履行登记手续，报送基本情况。
A. 基金管理人　　B. 基金销售机构
C. 基金份额登记机构　　D. 基金托管人

30. 根据《中华人民共和国合伙企业法》，合伙企业的出资方式不包括(　　)。
A. 健康权　　B. 劳务　　C. 知识产权　　D. 土地使用权

31. 在融资融券交易中，客户融入证券后、归还证券前，证券发行人派发现金红利的，(　　)。
A. 证券公司将直接从证券发行人处获得该现金红利
B. 融券客户应当向证券公司支付等值的融出证券
C. 由证券公司和融券客户根据双方约定处理
D. 融券客户应当向证券公司补偿对应金额的现金红利

32. 下列行为可能涉嫌构成利用未公开信息交易罪的是(　　)。
A. 上市公司董事泄露该公司重组信息
B. 投资者甲利用非法获取的内幕信息买卖股票
C. 某注册会计师利用上市公司财务信息买卖股票
D. 基金经理利用所掌握的基金持仓信息买卖股票且情节严重

33. 下列情形中，公司不得收购本公司股份的是(　　)。
A. 与持有本公司股份的其他公司合并　　B. 股东对股东大会的收购存在异议
C. 拟向控股股东发行股份　　D. 减少公司注册资本

34. 根据《证券业从业人员资格管理办法》，从业人员拒绝协会调查或者检查，协会责令其改正但却拒不改正，情节严重的，由中国证监会给予从业人员暂停执业(　　)，或者吊销其执业证书的处罚。
A. 3 个月至 12 个月　　B. 1 个月至 3 个月
C. 6 个月至 12 个月　　D. 3 个月至 6 个月

35. 在股票质押式回购业务中，集合资产管理计划或定向资产管理客户作为融出方的，单一集合资产管理计划或定向资产管理客户接受单只 A 股股票质押的数量不得超过该股票 A 股股本的(　　)。
A. 10%　　B. 15%　　C. 20%　　D. 30%

36. 证券公司代销金融产品，应当采取适当方式，向客户披露(　　)金融产品合同当事人情况介绍、金融产品说明书等材料。
A. 中国证监会发布的　　B. 证券公司根据委托人材料制作的
C. 证券公司独立收集分析的　　D. 委托人提供的

37. 首次公开发行股票发行公告应披露的内容不包括(　　)。

A. 发行额度、面值与价格　　B. 发行人律师及审计机构
C. 发行方式、发行对象　　D. 承销机构

38. 财务顾问不再符合《上市公司并购重组财务顾问业务管理办法》规定条件的，应当在(　　)个工作日内向中国证监会报告并依法进行公告，由中国证监会责令改正。
A. 20　　B. 5　　C. 10　　D. 15

39. 下列关于欺诈发行证券罪的立案追诉标准的表述，正确的是(　　)。
A. 发行数额在 100 万元以上的　　B. 发行数额在 500 万元以上的
C. 发行数额在 200 万元以上的　　D. 发行数额在 300 万元以上的

40. 期货交易所实行(　　)结算制度。
A. 即时无负债　　B. 当日无负债
C. T+2 日无负债　　D. T+1 日无负债

41. 下列关于合伙企业设立条件的说法中，错误的是(　　)。
A. 有 2 个以上合伙人
B. 有合伙人认缴或者实际缴付的出资
C. 有书面合伙协议
D. 有合伙企业的名称，但不必有生产经营场所

42. 用于记录投资者委托证券公司持有、担保证券公司因向投资者融资融券所生债权的证券的账户是(　　)。
A. 融券专用证券账户　　B. 客户信用交易担保证券账户
C. 信用交易证券交收账户　　D. 客户信用交易担保资金账户

43. 有限责任公司的监事会决议应当经(　　)监事通过。
A. 1/3 以上　　B. 全部　　C. 1/2 以上　　D. 2/3 以上

44. 应当按照章程、业务规则对证券公司通过证券自营等业务进行的证券交易实施监督管理的机构是(　　)。
A. 中国证券投资者保护基金有限责任公司
B. 证券交易所
C. 中国证券业协会
D. 中国证券登记结算有限公司

45. 证券公司设(　　)，对证券公司经营管理行为的合法合规性进行审查、监督或检查。
A. 监察专员　　B. 监事　　C. 董事会秘书　　D. 合规负责人

46. 小明向其朋友介绍证券账户的开立过程，下列说法有误的是(　　)。
A. 小明在网上开户时，通过开户代理机构提供的第三方网站办理
B. 小明分别通过现场开户和见证开户申请开立了 2 个 A 股账户
C. 办理见证开户时，证券公司委派了 2 名工作人员为其办理手续，其中 1 名为见证人员
D. 小明目前只申请开立了 1 个信用账户

47. 下列关于证券公司变更章程重要条款规定的说法，错误的是(　　)。
A. 甲证券公司名称变更需经国务院证券监督管理机构批准
B. 乙证券公司住所变更需经国务院证券监督管理机构批准

C. 丁证券公司客户证券交易信息系统变更需经国务院证券监督管理机构批准

D. 丙证券公司对外投资的内部审批程序变更需经国务院证券监督管理机构批准

48. 根据《证券业从业人员资格管理办法》，从事证券业务的专业人员不包括(　　)。

A. 证券资信评估机构中从事证券资信评估业务的专业人员及其管理人员

B. 证券投资咨询机构中从事证券投资咨询业务的专业人员及其管理人员

C. 证券公司从事证券经纪业务部门的管理人员

D. 信托机构业务部门的管理人员

49. 证券公司应当建立独立于生产环境的(　　)，避免风险传导。

A. 专用开发测试环境　　B. 压力测试和评估分析系统

C. 信息系统安全监测机制　　D. 日志留痕机制

50. 下列关于风险管理的政策和机制的说法，错误的是(　　)。

A. 证券公司应当健全授权管理体系，严禁越权从事经营活动

B. 证券公司应当制定包括风险容忍度和风险限额等的风险指标体系

C. 证券公司保证风险管理制度贯彻落实的手段主要为评估、检查，不含绩效考核

D. 证券公司应当关注风险的关联性，审慎评估公司面临的总体风险水平

二、组合型选择题(共50题，每题1分，共50分)以下备选项中只有1项最符合题目要求，不选、错选均不得分。

1. 根据《金融机构大额交易和可疑交易报告管理办法》，下列关于证券公司向其所在地中国人民银行或者其分支机构报告形式的说法，正确的有(　　)。

Ⅰ. 口头形式　　Ⅱ. 书面形式　　Ⅲ. 电子形式　　Ⅳ. 现场汇报

A. Ⅱ、Ⅲ　　B. Ⅰ、Ⅲ、Ⅳ　　C. Ⅱ、Ⅲ、Ⅳ　　D. Ⅰ、Ⅱ

2. 下列行为可以构成内幕交易罪的有(　　)。

Ⅰ. 内幕信息知情人在内幕信息公开后从事交易

Ⅱ. 内幕信息知情人过失泄露内幕信息

Ⅲ. 非内幕信息知情人根据其获取的内幕信息买卖证券

Ⅳ. 内幕信息知情人利用掌握的内幕信息，建议他人交易

A. Ⅰ、Ⅲ　　B. Ⅰ、Ⅱ、Ⅲ　　C. Ⅲ、Ⅳ　　D. Ⅰ、Ⅳ

3. 根据《证券公司及基金管理公司子公司资产证券化业务管理规定》，资产支持证券可按规定在(　　)进行挂牌、转让。

Ⅰ. 证券交易所　　Ⅱ. 全国中小企业股份转让系统

Ⅲ. 机构间私募产品报价与服务系统　　Ⅳ. 证券公司柜台市场

A. Ⅰ、Ⅱ、Ⅲ、Ⅳ　　B. Ⅰ、Ⅲ、Ⅳ

C. Ⅰ、Ⅱ、Ⅳ　　D. Ⅱ、Ⅲ

4. 根据《证券发行上市保荐业务管理办法》，下列关于保荐机构更换相应要求的说法，正确的有(　　)。

Ⅰ. 刊登证券发行募集文件前拟终止保荐协议的，保荐机构和发行人应当先向中国证监会报告，获得中国证监会许可

Ⅱ. 刊登证券发行募集文件以后直至持续督导工作结束，发行人再次申请发行证券的，可以另行聘请保荐机构

Ⅲ. 持续督导期内，保荐机构被撤销保荐机构资格的，发行人应当在 1 个月内另行聘请保荐机构，未在规定期限内另行聘请的，中国证监会可以为其指定保荐机构

Ⅳ. 持续督导期内，另行聘请保荐机构的，原保荐机构在履行保荐职责期间未勤勉尽责的，其责任不因保荐机构的更换而免除或者终止

A. Ⅰ、Ⅱ、Ⅳ　　B. Ⅰ、Ⅱ、Ⅲ　　C. Ⅰ、Ⅲ、Ⅳ　　D. Ⅱ、Ⅲ、Ⅳ

5. 客户交易结算资金第三方存管制度要求，(　　)通过签订合同的形式，明确具体的客户交易结算资金存取、划转、查询等事项。

Ⅰ. 客户　　Ⅱ. 指定的商业银行

Ⅲ. 证券登记结算公司　　Ⅳ. 证券公司

A. Ⅰ、Ⅲ　　B. Ⅰ、Ⅱ、Ⅲ、Ⅳ

C. Ⅰ、Ⅱ、Ⅳ　　D. Ⅱ、Ⅲ、Ⅳ

6. 下列关于资产管理计划投资者权利的说法正确的是(　　)。

Ⅰ. 安全保管资产管理计划财产

Ⅱ. 对于集合资产管理计划按照合同约定参与、退出和转让资产管理计划份额

Ⅲ. 取得分配清算后的剩余资产管理计划财产

Ⅳ. 按照法律法规及合同约定的时间和方式获得资产管理计划的信息披露资料

A. Ⅰ、Ⅱ、Ⅲ　　B. Ⅰ、Ⅱ、Ⅳ　　C. Ⅰ、Ⅲ、Ⅳ　　D. Ⅱ、Ⅲ、Ⅳ

7. 下列属于我国现有期货品种的有(　　)。

Ⅰ. 黄金　　Ⅱ. 铜　　Ⅲ. 可燃冰　　Ⅳ. 咖啡

A. Ⅰ、Ⅳ　　B. Ⅱ、Ⅳ　　C. Ⅱ、Ⅲ　　D. Ⅰ、Ⅱ

8. 证券经纪业务营销人员不得(　　)。

Ⅰ. 以所服务证券公司或证券营业部的名义，与客户或他人签订任何合同、协议

Ⅱ. 代客户在相关合同、协议、文件等资料上签字

Ⅲ. 在执业过程中索取或收受客户款项和财物

Ⅳ. 向客户提供由所服务证券公司统一提供的研究报告及与证券投资有关的信息、证券类金融产品宣传推介材料及有关信息

A. Ⅰ、Ⅱ、Ⅲ　　B. Ⅱ、Ⅲ、Ⅳ　　C. Ⅰ、Ⅱ、Ⅳ　　D. Ⅰ、Ⅲ、Ⅳ

9. 证券公司应当采取保密措施，防止(　　)。

Ⅰ. 公司工作人员签署保密文件，要求工作人员对工作中获取的敏感信息严格保密

Ⅱ. 加强对涉及敏感信息的信息系统、通讯及办公自动化等信息设施、设备的管理，保障敏感信息安全

Ⅲ. 对可能知悉敏感信息的工作人员使用公司的信息系统或配发的设备形成的电子邮件、即时通讯信息和其他通讯信息进行监测

Ⅳ. 建立内幕信息知情人管理制度

A. Ⅰ、Ⅱ、Ⅳ　　B. Ⅰ、Ⅱ、Ⅲ

C. Ⅰ、Ⅱ、Ⅲ、Ⅳ　　D. Ⅲ、Ⅳ

10. 证券行业文化建设具有重要意义，健康良好的行业文化是(　　)。

Ⅰ. 行稳致远的立身之本

Ⅱ. 服务实体经济的内在要求

Ⅲ. 全面深化资本市场改革的重要保障

Ⅳ. 防范金融风险的有力抓手

A. Ⅰ、Ⅱ、Ⅲ　B. Ⅱ、Ⅲ、Ⅳ　C. Ⅰ、Ⅱ、Ⅳ　D. Ⅰ、Ⅱ、Ⅲ、Ⅳ

11. 证券公司洗钱工作风险管理基本原则有(　　)。

Ⅰ. 风险相当原则　Ⅱ. 信息共享原则

Ⅲ. 动态管理原则　Ⅳ. 自主管理原则

A. Ⅰ、Ⅱ、Ⅲ、Ⅳ　B. Ⅲ、Ⅳ

C. Ⅰ、Ⅱ　D. Ⅰ、Ⅲ、Ⅳ

12.《证券公司监督管理条例》《证券市场禁入规定》分别属于(　　)层级的规定。

Ⅰ. 法律　Ⅱ. 行政法规

Ⅲ. 部门规章　Ⅳ. 自律管理业务规则

A. Ⅰ、Ⅲ　B. Ⅱ、Ⅲ　C. Ⅱ、Ⅳ　D. Ⅰ、Ⅳ

13. 证券公司向客户融资融券可以使用(　　)。

Ⅰ. 融资专用资金账户内的资金　Ⅱ. 融资专用资金账户内的证券

Ⅲ. 融券专用证券账户内的证券　Ⅳ. 融券专用证券账户内的资金

A. Ⅰ、Ⅲ　B. Ⅱ、Ⅳ　C. Ⅰ、Ⅳ　D. Ⅱ、Ⅲ

14. 金融机构将本机构的资产管理产品资金委托给其他机构进行投资的，该受托机构应当(　　)。

Ⅰ. 具有专业投资能力和资质

Ⅱ. 接受金融监督管理部门监管

Ⅲ. 切实履行主动管理职责，不具备条件的情况下再进行转委托

Ⅳ. 可以再投资公募证券投资基金以外的资产管理产品

A. Ⅲ、Ⅳ　B. Ⅰ、Ⅳ　C. Ⅰ、Ⅱ　D. Ⅱ、Ⅲ

15. 下列有限合伙企业对企业债务责任的承担方面，错误的有(　　)。

Ⅰ. 全体合伙人无须承担责任　Ⅱ. 普通合伙人应当承担补充责任

Ⅲ. 有限合伙人无须承担责任　Ⅳ. 普通合伙人应当承担无限连带责任

A. Ⅰ、Ⅱ、Ⅲ　B. Ⅰ、Ⅳ

C. Ⅰ、Ⅱ、Ⅲ、Ⅳ　D. Ⅱ、Ⅲ

16. 证券公司受期货公司委托从事中间介绍业务，应当提供的服务包括(　　)。

Ⅰ. 协助办理开户手续　Ⅱ. 代理收付期货保证金

Ⅲ. 提供期货行情信息、交易设施　Ⅳ. 中国证监会规定的其他情形

A. Ⅰ、Ⅱ、Ⅲ、Ⅳ　B. Ⅰ、Ⅱ、Ⅲ

C. Ⅰ、Ⅲ、Ⅳ　D. Ⅱ、Ⅲ、Ⅳ

17. 国务院证券监督管理机构可以要求下列(　　)单位，在指定的期限内提供与证券公司经营管理和财务状况有关的资料、信息。

Ⅰ. 证券公司的开户银行、指定商业银行、资产托管机构

Ⅱ. 证券交易所

Ⅲ. 证券登记结算机构

Ⅳ. 为证券公司提供服务的证券服务机构

A. Ⅱ、Ⅲ、Ⅳ　B. Ⅰ、Ⅳ　C. Ⅰ、Ⅱ、Ⅲ　D. Ⅰ、Ⅱ、Ⅲ、Ⅳ

18. 证券公司自营业务的投资决策机构负责确定(　　)。

Ⅰ. 自营业务规模　Ⅱ. 资产配置策略

Ⅲ. 可承受的风险限额　Ⅳ. 投资品种

A. Ⅱ、Ⅲ、Ⅳ　B. Ⅰ、Ⅲ　C. Ⅰ、Ⅱ、Ⅲ　D. Ⅱ、Ⅳ

19. 下列人员买卖股票属于违法买卖股票并应当承担法律责任的有(　　)。

Ⅰ. 在上海证券交易所工作的张某　Ⅱ. 在中国证监会工作的王某

Ⅲ. 某证券公司经纪人李某　Ⅳ. 为某证券公司提供物业服务的赵某

A. Ⅰ、Ⅱ、Ⅲ　B. Ⅰ、Ⅱ　C. Ⅱ、Ⅲ　D. Ⅰ、Ⅲ、Ⅳ

20. 为防范敏感信息的不当流动和使用，证券公司可以根据公司实际需要，在公开侧业务之间或保密侧业务之间采取(　　)措施。

Ⅰ. 信息隔离　Ⅱ. 跨墙　Ⅲ. 观察名单　Ⅳ. 限制名单

A. Ⅰ、Ⅱ、Ⅲ、Ⅳ　B. Ⅱ、Ⅳ

C. Ⅰ、Ⅲ、Ⅳ　D. Ⅰ、Ⅱ、Ⅲ

21. 下列关于沪股通和港股通的说法，正确的有(　　)。

Ⅰ. 沪股通是指香港投资者委托香港经纪商，经由联交所设立的证券交易服务公司，向上交所进行申报，买卖规定范围内的上交所上市的股票

Ⅱ. 港股通是指内地投资者委托内地证券公司，经由上交所设立的证券交易服务公司，向联交所进行申报，买卖规定范围内的联交所上市的股票

Ⅲ. 港股通是指内地投资者委托内地证券公司，经由联交所设立的证券交易服务公司，向上交所进行申报，买卖规定范围内的上交所上市的股票

Ⅳ. 沪股通是指香港投资者委托香港经纪商，经由上交所设立的证券交易服务公司，向联交所进行申报，买卖规定范围内的联交所上市的股票

A. Ⅰ、Ⅱ　B. Ⅲ、Ⅳ　C. Ⅱ、Ⅳ　D. Ⅰ、Ⅲ

22. 下列属于证券公司操纵市场行为的有(　　)。

Ⅰ. 证券公司利用其资金、信息等优势，影响证券交易价格或交易量

Ⅱ. 与他人串通，以约定的时间、价格和方式相互交易，影响证券交易价格或交易量

Ⅲ. 在自己实际控制的账户间进行证券交易，影响证券交易价格或交易量

Ⅳ. 利用非公开信息买卖证券

A. Ⅱ、Ⅲ、Ⅳ　B. Ⅰ、Ⅲ、Ⅳ　C. Ⅰ、Ⅱ、Ⅲ　D. Ⅰ、Ⅱ

23. 甲是A有限责任公司的股东之一，股东会通过决议连续5年不向股东分配利润，而A公司该5年连续盈利，且符合《中华人民共和国公司法》规定的利润分配条件，甲对该项决议投了反对票，下列说法中，正确的有(　　)。

Ⅰ. 甲可以请求公司其他股东按照合理的价格收购其股权

Ⅱ. 甲可以请求公司按照合理的价格收购其股权

Ⅲ. 甲与公司不能达成股权收购协议的，可以在法定期限内向人民法院提起诉讼

Ⅳ. 公司收购甲的股权后，应注销甲的出资证明书

A. Ⅱ、Ⅲ、Ⅳ　B. Ⅰ、Ⅱ、Ⅲ　C. Ⅰ、Ⅳ　D. Ⅰ、Ⅱ、Ⅲ、Ⅳ

24. 证券公司违反《中华人民共和国证券法》规定，提供证券融资融券服务的，没收违法所

得，并处以融资融券等值以下的罚款，对直接负责的主管人员和其他直接责任人员给予(　　)。

Ⅰ. 警告　　Ⅱ. 并处20万元以上200万元以下的罚款

Ⅲ. 降职　　Ⅳ. 通报批评

A. Ⅰ、Ⅲ　　B. Ⅱ、Ⅳ　　C. Ⅰ、Ⅳ　　D. Ⅰ、Ⅱ

25. 公开披露基金信息，不得有下列(　　)行为。

Ⅰ. 对证券投资业绩进行预测

Ⅱ. 违规承诺收益或承担损失

Ⅲ. 虚假记载、误导性陈述或者重大遗漏

Ⅳ. 诋毁基金销售机构

A. Ⅰ、Ⅱ、Ⅲ　　B. Ⅱ、Ⅲ

C. Ⅰ、Ⅱ、Ⅲ、Ⅳ　　D. Ⅱ、Ⅲ、Ⅳ

26. 公司违反《公司法》的行为中，由公司登记机关责令改正的有(　　)。

Ⅰ. 虚报注册资本、提交虚假材料取得公司登记

Ⅱ. 公司的发起人、股东虚假出资

Ⅲ. 在法定的会计账簿以外另立会计账簿

Ⅳ. 公司在依法向有关主管部门提供的财务会计报告等材料上作虚假记载或者隐瞒重要事实

A. Ⅰ、Ⅱ　　B. Ⅰ、Ⅱ、Ⅲ　　C. Ⅰ、Ⅱ、Ⅳ　　D. Ⅲ、Ⅳ

27. 根据《场外证券业务备案管理办法》的规定，备案机构开展场外证券业务应当符合的要求包括(　　)。

Ⅰ. 公司治理制度健全，决策与授权体系清晰，相关内部管理制度完整

Ⅱ. 具备与相关场外证券业务相适应的盈利水平、专业人员和技术系统

Ⅲ. 具有能够有效防范利益输送、不公平交易、市场操纵等行为的风险控制机制

Ⅳ. 具有完善的投资者教育和投资者权益保护措施

A. Ⅰ、Ⅲ、Ⅳ　　B. Ⅰ、Ⅱ

C. Ⅰ、Ⅱ、Ⅲ、Ⅳ　　D. Ⅲ、Ⅳ

28. 关于证券投资顾问服务和发布证券研究报告的区别，下列说法正确的有(　　)。

Ⅰ. 证券投资顾问强调针对客户类型提供适当的服务

Ⅱ. 证券研究报告强调公平对待证券研究报告接收人

Ⅲ. 证券投资顾问通常不会显著影响证券定价

Ⅳ. 证券研究报告对证券价格可能产生较大影响

A. Ⅰ、Ⅱ、Ⅲ　　B. Ⅲ、Ⅳ

C. Ⅰ、Ⅱ、Ⅲ、Ⅳ　　D. Ⅰ、Ⅱ

29. 证券公司在经营过程中，经其申请，国务院证券监督管理机构可以根据其(　　)，对其业务范围进行调整。

Ⅰ. 财务状况　　Ⅱ. 内部控制水平、合规程度

Ⅲ. 高级管理人员业务管理能力　　Ⅳ. 专业人员数量

A. Ⅲ、Ⅳ　　B. Ⅰ、Ⅱ、Ⅲ　　C. Ⅰ、Ⅱ　　D. Ⅰ、Ⅱ、Ⅲ、Ⅳ

30. 根据《证券期货经营机构参与股票期权交易试点指引》，证券公司从事股票期权经纪业务试点，应当符合的基本条件包括(　　)。

Ⅰ. 具有证券自营业务资格

Ⅱ. 股票期权经纪业务制度健全

Ⅲ. 配备5名同时取得证券和期货从业人员资格的专业人员

Ⅳ. 公司及其董事、监事、高级管理人员最近1年内未因重大违法违规行为受到行政处罚或刑事处罚

A. Ⅰ、Ⅱ、Ⅳ　　B. Ⅰ、Ⅱ、Ⅲ、Ⅳ

C. Ⅱ、Ⅳ　　D. Ⅰ、Ⅲ

31. 被采取证券市场禁入措施的人员，在禁入期间内不得(　　)。

Ⅰ. 担任上市公司董事　　Ⅱ. 担任上市公司监事

Ⅲ. 担任上市公司高级管理人员　　Ⅳ. 从事证券业务

A. Ⅰ、Ⅱ　　B. Ⅰ、Ⅱ、Ⅲ、Ⅳ

C. Ⅰ、Ⅲ、Ⅳ　　D. Ⅱ、Ⅲ、Ⅳ

32. 境内符合条件的股份公司均可通过主办券商申请在全国股份转让系统挂牌，公开转让股份，进行(　　)等活动。

Ⅰ. 股权融资　　Ⅱ. 债权融资　　Ⅲ. 债务重组　　Ⅳ. 资产重组

A. Ⅰ、Ⅱ、Ⅲ　　B. Ⅱ、Ⅳ　　C. Ⅲ、Ⅳ　　D. Ⅰ、Ⅱ、Ⅳ

33. 证券公司在报送可疑交易报告后，应根据相关规定采取相应的后续风险控制措施，正确的有(　　)。

Ⅰ. 对可疑交易所涉客户及交易开展持续监控

Ⅱ. 降低客户风险等级

Ⅲ. 限制客户交易

Ⅳ. 终止业务关系

A. Ⅰ、Ⅱ、Ⅲ、Ⅳ　　B. Ⅰ、Ⅱ

C. Ⅰ、Ⅲ、Ⅳ　　D. Ⅱ、Ⅲ

34. 发生影响或者可能影响证券公司(　　)的重大事件的，证券公司应当立即向国务院证券监督管理机构报送临时报告，说明事件的起因、目前的状态、可能产生的后果和拟采取的相应措施。

Ⅰ. 经营管理　　Ⅱ. 财务状况　　Ⅲ. 风险控制指标　　Ⅳ. 客户资产安全

A. Ⅰ、Ⅱ、Ⅲ、Ⅳ　　B. Ⅰ、Ⅲ

C. Ⅱ、Ⅲ、Ⅳ　　D. Ⅰ、Ⅱ、Ⅳ

35. 根据《证券公司风险控制指标管理办法》，证券公司未按期完成整改的，自整改期限到期的次日起，中国证监会派出机构应当区别情形，可对其采取的措施有(　　)。

Ⅰ. 限制业务活动

Ⅱ. 限制向董事、监事、高级管理人员支付报酬、提供福利

Ⅲ. 责令更换董事、监事、高级管理人员或者限制其权利

Ⅳ. 认定负有责任的董事、监事、高级管理人员为不适当人选

A. Ⅰ、Ⅲ、Ⅳ　　B. Ⅱ、Ⅳ

C. Ⅰ、Ⅱ、Ⅲ、Ⅳ　　D. Ⅰ、Ⅱ、Ⅲ

36. 证券公司业务创新应当重点防范的风险包含(　　)。

Ⅰ. 违法违规　Ⅱ. 规模失控　Ⅲ. 决策失误　Ⅳ. 盈利未达预期

A. Ⅱ、Ⅲ　B. Ⅰ、Ⅳ　C. Ⅰ、Ⅱ、Ⅲ　D. Ⅰ、Ⅱ、Ⅳ

37. 下列属于证券经纪业务管理风险防范措施的有(　　)。

Ⅰ. 严格执行经纪业务操作规程

Ⅱ. 加强经纪业务营销管理

Ⅲ. 建立经纪业务营销和账户管理操作信息管理系统

Ⅳ. 建立健全各项规章制度

A. Ⅱ、Ⅲ、Ⅳ　B. Ⅰ、Ⅲ、Ⅳ　C. Ⅰ、Ⅱ、Ⅳ　D. Ⅰ、Ⅱ、Ⅲ

38. 证券公司按《证券公司融资融券业务管理办法》制定的选择客户的具体标准应当包括(　　)。

Ⅰ. 从事证券交易时间　Ⅱ. 信誉状况

Ⅲ. 投资风格　Ⅳ. 资产状况

A. Ⅱ、Ⅲ、Ⅳ　B. Ⅰ、Ⅲ

C. Ⅰ、Ⅱ、Ⅲ、Ⅳ　D. Ⅰ、Ⅱ、Ⅳ

39. 关于违规披露、不披露重要信息罪，下列表述正确的有(　　)。

Ⅰ. 本罪侵犯的客体是国家有关公司、企业的信息公开披露制度和股东、社会公众和其他利害关系人的合法权益

Ⅱ. 本罪在客观方面表现为公司向股东和社会公众提供虚假的或者隐瞒重要事实的财务会计报告，或者对依法应当披露的其他重要信息不披露或者不按规定披露，严重损害股东或者其他人的利益，或者有其他严重情节的行为

Ⅲ. 本罪在主观方面一般表现为故意，特殊情况下表现为过失

Ⅳ. 本罪的主体是一般主体

A. Ⅲ、Ⅳ　B. Ⅰ、Ⅱ　C. Ⅰ、Ⅳ　D. Ⅱ、Ⅲ

40. 证券公司违反《证券公司监督管理条例》规定，出现(　　)情形的，对直接负责的主管人员和其他直接责任人员单处或者并处警告、3 万元以上 10 万元以下的罚款；情节严重的，撤销任职资格或者证券从业资格。

Ⅰ. 未按照规定程序了解客户的身份、财产与收入状况、证券投资经验和风险偏好

Ⅱ. 推荐的产品或者服务与所了解的客户情况不相适应

Ⅲ. 未按照规定与客户签订业务合同，或者未在与客户签订的业务合同中载入规定的必备条款

Ⅳ. 未按照规定存放、管理客户担保账户内的资金、证券

A. Ⅰ、Ⅱ、Ⅲ、Ⅳ　B. Ⅱ、Ⅲ、Ⅳ　C. Ⅰ、Ⅱ　D. Ⅰ、Ⅲ、Ⅳ

41. 证券公司开展定向资产管理业务应遵循的原则包括(　　)。

Ⅰ. 公平公正，诚实守信　Ⅱ. 集中管理，保值增值

Ⅲ. 健全内控，规范运作　Ⅳ. 投资风险客户自担

A. Ⅰ、Ⅱ、Ⅲ、Ⅳ　B. Ⅰ、Ⅲ、Ⅳ

C. Ⅱ、Ⅲ　D. Ⅰ、Ⅱ、Ⅳ

42. 根据《中华人民共和国证券法》，下列说法中，正确的有(　　)。

Ⅰ. 股票发行失败的，发行人应当按照发行价并加算银行同期存款利息返还股票认购人

Ⅱ. 股票发行采取溢价发行的，其发行价格由发行人与承销的证券公司协商确定

Ⅲ. 股票发行采用代销方式，代销期限届满，向投资者出售的股票数量未达到拟公开发行股票数量60%的，为发行失败

Ⅳ. 股票发行采用代销方式，代销期限届满，向投资者出售的股票数量未达到拟公开发行股票数量70%的，为发行失败

A. Ⅰ、Ⅲ、Ⅳ　　B. Ⅰ、Ⅱ、Ⅳ　　C. Ⅰ、Ⅳ　　D. Ⅰ、Ⅱ、Ⅲ

43. 下列关于有限合伙企业注销后债务承担的说法中，正确的有(　　)。

Ⅰ. 合伙企业按照法定程序注销的，合伙人无需承担责任

Ⅱ. 合伙企业不能清偿到期债务的，债权人可以要求普通合伙人清偿

Ⅲ. 合伙企业注销后，原有限合伙人仍需承担无限连带责任

Ⅳ. 合伙企业注销后，原普通合伙人对合伙企业存续期间的债务仍应承担无限连带责任

A. Ⅱ、Ⅳ　　B. Ⅱ、Ⅲ　　C. Ⅰ、Ⅲ　　D. Ⅰ、Ⅱ

44. 下列关于约定购回式证券交易的说法，不正确的有(　　)。

Ⅰ. 证券公司根据与客户签署的协议，应当将待购回期间标的证券产生的相关孳息返还给客户

Ⅱ. 证券公司与客户之间的纠纷，将影响中国结算根据交易所成交结果正在办理的证券登记和资金划付等业务

Ⅲ. 中国结算根据证券公司确认的成交结果为约定购回式证券交易提供证券登记和资金划付服务

Ⅳ. 证券公司应当基于客户的真实委托向交易所交易系统进行申报，由中国结算系统予以确认

A. Ⅰ、Ⅲ　　B. Ⅱ、Ⅳ

C. Ⅰ、Ⅱ、Ⅲ、Ⅳ　　D. Ⅱ、Ⅲ、Ⅳ

45. 证券公司向客户融资、融券，应当向客户收取一定比例的保证金，关于保证金比例及计算公式，下列说法中，正确的有(　　)。

Ⅰ. 客户融资买入证券时，融资保证金比例不得低于100%

Ⅱ. 客户融券卖出证券时，融券保证金比例不得低于100%

Ⅲ. 融资保证金比例 = (保证金 − 利息及费用)/(融资买入证券数量 × 买入价格) × 100%

Ⅳ. 融券保证金比例 = 保证金/(融券卖出证券数量 × 卖出价格) × 100%

A. Ⅰ、Ⅱ、Ⅲ、Ⅳ　　B. Ⅲ、Ⅳ　　C. Ⅰ、Ⅳ　　D. Ⅰ、Ⅱ

46. 下列关于普通合伙企业与有限合伙企业主要区别的说法中，正确的有(　　)。

Ⅰ. 合伙人对企业债务的责任方面不同

Ⅱ. 关联交易方面不同

Ⅲ. 利润分配方面不同

Ⅳ. 合伙人拥有的权利方面不同

A. Ⅰ、Ⅱ、Ⅲ、Ⅳ　　B. Ⅱ、Ⅳ　　C. Ⅰ、Ⅲ、Ⅳ　　D. Ⅰ、Ⅱ、Ⅲ

47. 下列关于上市公司、公司债券上市交易的公司编制定期报告的说法中，正确的有(　　)。

Ⅰ. 公司债券上市交易的公司应当按照国务院证券监督管理机构和证券交易场所规定的内容和格式编制定期报告

Ⅱ. 上市公司应当按照国务院证券监督管理机构和证券交易场所规定的内容和格式编制定期报告

Ⅲ. 在每一会计年度结束之日起 4 个月内，报送并公告年度报告

Ⅳ. 在每一会计年度的上半年结束之日起 2 个月内，报送并公告中期报告

A. Ⅰ、Ⅱ、Ⅲ、Ⅳ　B. Ⅱ、Ⅲ、Ⅳ　C. Ⅰ、Ⅲ、Ⅳ　D. Ⅰ、Ⅱ、Ⅲ

48. 申请境内机构投资者资格，应当具备的条件包括(　　)。

Ⅰ. 基金管理公司净资产不少于 2 亿元人民币，经营证券投资基金管理业务达 2 年以上，在最近一个季度末资产管理规模不少于 200 亿元人民币或等值外汇资产

Ⅱ. 证券公司各项风险控制指标符合规定标准：净资本不低于 5 亿元人民币，净资本与净资产比例不低于 70%，经营集合资产管理计划业务达 2 年以上，在最近一个季度末资产管理规模不少于 100 亿元人民币或等值外汇资产

Ⅲ. 具有 5 年以上境外证券市场投资管理经验和相关专业资质的中级以上管理人员不少 1 名

Ⅳ. 具有 3 年以上境外证券市场投资管理相关经验的人员不少于 3 名

A. Ⅰ、Ⅱ　B. Ⅰ、Ⅱ、Ⅲ、Ⅳ　C. Ⅲ、Ⅳ　D. Ⅰ、Ⅲ、Ⅳ

49. 下列属于有权提议召开董事会临时会议的有(　　)。

Ⅰ. 代表 1/10 以上表决权的股东　Ⅱ. 1/3 以上董事

Ⅲ. 监事会　Ⅳ. 高级管理人员

A. Ⅰ、Ⅱ、Ⅳ　B. Ⅱ、Ⅲ、Ⅳ　C. Ⅰ、Ⅱ、Ⅲ　D. Ⅰ、Ⅲ、Ⅳ

50. 根据《首次公开发行股票承销业务规范》，承销商应当保留承销过程中的相关资料，包括但不限于(　　)。

Ⅰ. 路演推介活动及询价过程中的推介或宣传材料、投资价值研究报告、路演记录、路演录音等

Ⅱ. 定价与配售过程中的投资者报价信息、申购信息、获配信息。获配信息包括但不限于投资者名称、获配数量、证券账户号码和身份证明文件等

Ⅲ. 确定网下投资者条件、发行价格或发行价格区间、配售结果等的决策文件

Ⅳ. 信息披露文件与申报备案文件

A. Ⅰ、Ⅱ、Ⅲ、Ⅳ　B. Ⅰ、Ⅲ　C. Ⅰ、Ⅱ、Ⅳ　D. Ⅱ、Ⅲ、Ⅳ

《证券市场基本法律法规》机考题库·真题试卷(五)
参考答案及详解

一、**选择题**(共50题,每题1分,共50分)以下备选项中只有1项符合题目要求,不选、错选均不得分。

1. **【答案】**D

【解析】考虑到科创企业具有投入大、迭代快等特点,在总结现有股票交易涨跌幅制度实施中的利弊得失基础上,将科创板股票的涨跌幅限制放宽至20%。

2. **【答案】**B

【解析】B项,证券公司按照委托协议对期货公司承担介绍业务受托责任。基于期货经纪合同的责任由期货公司直接对客户承担。证券公司与期货公司签订、变更或者终止委托协议的,双方应当在5个工作日内报各自所在地的中国证监会派出机构备案。

3. **【答案】**A

【解析】A项,证券公司业务授权应当采取书面形式。

4. **【答案】**D

【解析】《证券法》规定,为证券发行出具审计报告或者法律意见书等文件的证券服务机构和人员,在该证券承销期内和期满后6个月内,不得买卖该证券。为发行人及其控股股东、实际控制人,或者收购人、重大资产交易方出具审计报告或者法律意见书等文件的证券服务机构和人员,自接受委托之日起至上述文件公开后5日内,不得买卖该证券。

5. **【答案】**B

【解析】证券公司应于每月结束后5个工作日内按要求向协会报送柜台交易月度报表,每年结束后规定时间向协会报送柜台交易年度报告,内容包括但不限于:柜台市场业务总体情况、交易、登记结算、投资者适当性管理、风险及合规管理等。

6. **【答案】**D

【解析】法律是指由全国人民代表大会及全国人民代表大会常务委员会制定的规范性法律文件。全国人民代表大会制定和修改刑事、民事、国家机构的和其他的基本法律。证券市场的法律主要包括《证券法》《公司法》《刑法》《证券投资基金法》《信托法》等。《民法典》《反洗钱法》等也与证券资本市场有着密切联系。

7. **【答案】**D

【解析】《证券法》对证券公司的证券经纪业务做出了原则性规定,《证券公司监督管理条例》对证券经纪业务做出了一般规定。上述法律及行政法规是中国证监会等监管机构制定证券经纪业务相关监管政策、实施监督管理的重要法律依据。

8. **【答案】**A

【解析】公司向其他企业投资或者为他人提供担保,依照公司章程的规定,由董事会或者股东会、股东大会决议;公司章程对投资或者担保的总额及单项投资或者担保的数额有限额规定的,不得超过规定的限额。公司为公司股东或者实际控制人提供担保的,必须经股东会或者股东大会决议。

9. 【答案】C

【解析】公司的公积金用于弥补公司的亏损、扩大公司生产经营或者转为增加公司资本。但是，资本公积金不得用于弥补公司的亏损。

10. 【答案】D

【解析】证券公司分类监管制度是证券行业的一项基础性制度，对促进证券公司加强合规管理、提升风险控制能力、培育核心竞争力，发挥了正向激励作用。

11. 【答案】B

【解析】根据《中华人民共和国证券投资基金法》第一百四十八条的规定，违反法律、行政法规或者国务院证券监督管理机构的有关规定，情节严重的，国务院证券监督管理机构可以对有关责任人员采取证券市场禁入的措施。

12. 【答案】A

【解析】《证券公司全面风险管理规范》第十八条规定，子公司风险管理工作负责人应在首席风险官指导下开展风险管理工作，并向首席风险官履行风险报告义务。子公司风险管理工作负责人应由证券公司首席风险官考核，考核权重不低于50%。

13. 【答案】D

【解析】《中华人民共和国公司法》规定，公司的控股股东、实际控制人、董事、监事、高级管理人员不得利用其关联关系损害公司利益。违反前述规定，给公司造成损失的，应当承担赔偿责任。本题中，甲公司持股达到丙公司总股本的2/3，是丙公司的控股股东，甲公司多次利用其股东地位，通过公司决议让丙公司以高于市场同等水平的价格从其子公司——丁公司进货，构成关联交易。此类关联交易造成丙公司亏损，严重损害了丙公司的利益，甲公司应当对丙公司承担赔偿责任。

14. 【答案】D

【解析】为了加强对证券投资咨询活动的管理，保障投资者的合法权益和社会公共利益，根据《证券、期货投资咨询管理暂行办法》《证券投资咨询机构执业规范(试行)》，从事证券投资咨询业务，必须取得中国证监会的业务许可。未经中国证监会许可，任何机构和个人均不得从事各种形式证券投资咨询业务。

15. 【答案】C

【解析】证券的发行、交易活动，必须遵守法律、行政法规；禁止欺诈、内幕交易和操纵证券市场的行为。

16. 【答案】C

【解析】财务顾问应当与委托人签订委托协议，明确双方的权利和义务，就委托人配合财务顾问履行其职责的义务、应提供的材料和责任划分、双方的保密责任等事项作出约定。财务顾问接受上市公司并购重组多方当事人委托的，不得存在利益冲突或者潜在的利益冲突。接受委托的，财务顾问应当指定2名财务顾问主办人负责，同时可安排1名项目协办人参与。

17. 【答案】A

【解析】内部控制制度机制要求主要业务部门之间建立健全隔离墙制度，确保经纪、自营、受托投资管理、投资银行、研究咨询等业务相对独立。电脑部门、财务部门、监督检查部门与业务部门的人员不得相互兼任，资金清算人员不得由电脑部门人员和交易部门人员兼任。

18. 【答案】A

【解析】证券投资咨询机构利用"荐股软件"从事证券投资咨询业务，应将"荐股软件"销售(服务)协议格式、营销宣传、产品推介等材料报住所地证监局和中国证券业协会备案。

19. 【答案】A

【解析】净资本指标与上月相比发生 20% 以上不利变化或不符合规定标准时，证券公司应当在 5 个工作日内向公司全体董事报告，10 个工作日内向公司全体股东报告。证券公司应当在每月结束之日起 7 个工作日内，向中国证监会及其派出机构报送月度风险控制指标监管报表。

20. 【答案】B

【解析】根据《公司法》的相关规定，有限责任公司的监事会每年度至少召开一次会议，股份有限公司的监事会每六个月至少召开一次会议。

21. 【答案】C

【解析】我国证券法法律体系以《证券法》为核心，由相关法律、行政法规、部门规章及规范性文件和自律性规则共同组成。法律包括《证券法》《中华人民共和国证券投资基金法》等；行政法规包括《证券公司风险处置条例》《证券公司监督管理条例》等；部门规章及规范性文件包括《证券发行与承销管理办法》；证券交易所、中国证券业协会等制定的自律性规则包括《上海证券所交易规则》《深圳证券交易所交易规则》《上海证券交易所科创板股票发行上市审核规则》等。

22. 【答案】A

【解析】证券登记结算机构为证券交易提供集中登记、存管与结算服务，不以营利为目的，依法登记，取得法人资格。证券登记结算机构应当按照业务规则，对与融资融券交易有关的证券划转和证券公司信用交易资金交收账户内的资金划转情况进行监督。

23. 【答案】D

【解析】《证券发行上市保荐业务管理办法》规定，发行人公开发行证券上市当年即亏损的，中国证监会可以暂停保荐机构的保荐业务资格 3 个月，对保荐代表人采取认定为不适当人选的监管措施，尚未盈利的企业或者已在证券发行募集文件中充分分析并揭示相关风险的除外。亏损或盈利涉及的净利润，以扣除非经常性损益前后孰低者为计算依据。

24. 【答案】A

【解析】公司应当自作出合并、分立决议之日起 10 日内通知债权人，并于 30 日内在报纸上公告。公司合并的，债权人自接到通知书之日起 30 日内，未接到通知书的自公告之日起 45 日内，可以要求公司清偿债务或者提供相应的担保。公司合并时，合并各方的债权、债务，应当由合并后存续的公司或者新设的公司继承。

25. 【答案】A

【解析】公开募集基金的基金管理人不得有下列行为：①将其固有财产或者他人财产混同于基金财产从事证券投资；②不公平地对待其管理的不同基金财产；③利用基金财产或者职务之便为基金份额持有人以外的人牟取利益；④向基金份额持有人违规承诺收益

或者承担损失；⑤侵占、挪用基金财产；⑥泄露因职务便利获取的未公开信息，利用该信息从事或者明示、暗示他人从事相关的交易活动；⑦玩忽职守，不按照规定履行职责。BCD 三项均为基金管理人的禁止行为。

26.【答案】B

【解析】公司合并，应当由合并各方签订合并协议，并编制资产负债表及财产清单。公司应当自作出合并决议之日起 10 日内通知债权人，并于 30 日内在报纸上公告。债权人自接到通知书之日起30 日内，未接到通知书的自公告之日起 45 日内，可以要求公司清偿债务或者提供相应的担保。

27.【答案】A

【解析】误导性陈述是虚假陈述的表现形式之一，是指虚假陈述行为人在信息披露文件中或者通过媒体，作出使投资人对其投资行为发生错误判断并产生重大影响的陈述。

28.【答案】B

【解析】有《中华人民共和国公司法》第一百四十六条规定的情形或者下列情形之一的，不得担任证券交易所的负责人：①因违法行为或者违纪行为被解除职务的证券交易所、证券登记结算机构的负责人或者证券公司的董事、监事、高级管理人员，自被解除职务之日起未逾 5 年。②因违法行为或者违纪行为被吊销执业证书或者被取消资格的律师、注册会计师或者其他证券服务机构的专业人员，自被吊销执业证书或者被取消资格之日起未逾 5 年。因违法行为或者违纪行为被开除的证券交易场所、证券公司、证券登记结算机构、证券服务机构的从业人员和被开除的国家机关工作人员，不得招聘为证券交易所的从业人员。

29.【答案】A

【解析】根据《证券投资基金法》第八十九条，担任非公开募集基金的基金管理人，应当按照规定向基金行业协会履行登记手续，报送基本情况。

30.【答案】A

【解析】根据《中华人民共和国合伙企业法》第十一条规定：合伙人可以用货币、实物、土地使用权、知识产权或者其他财产权利出资；上述出资应当是合伙人的合法财产及财产权利。对货币以外的出资需要评估作价的，可以由全体合伙人协商确定，也可以由全体合伙人委托法定评估机构进行评估。经全体合伙人协商一致，合伙人也可以用劳务出资，其评估办法由全体合伙人协商确定。

31.【答案】D

【解析】客户融入证券后、归还证券前，在下列情形下应当按照融券数量对证券公司进行补偿：①证券发行人派发现金红利的，融券客户应当向证券公司补偿对应金额的现金红利；②证券发行人派发股票红利或权证等证券的，融券客户应当根据双方约定向证券公司补偿对应数量的股票红利或权证等证券，或以现金结算方式予以补偿；③证券发行人向原股东配售股份的，或者证券发行人增发新股以及发行权证、可转债等证券时原股东有优先认购权的，由证券公司和融券客户根据双方约定处理。

32.【答案】D

【解析】利用未公开信息交易，是指证券交易所、期货交易所、证券公司、期货经纪公司、基金管理公司、商业银行、保险公司等金融机构的从业人员以及有关监管部门或者行业协会的工作人员，利用因职务便利获取的内幕信息以外的其他未公开的信息，违反规定，从事与该信息相关的证券、期货交易活动，或者明示、暗示他人从事相关交易活动，情节严重的行为。

33. 【答案】C

【解析】我国《公司法》规定，公司不得收购本公司股份，但是，有下列情形之一的除外：①减少公司注册资本；②与持有本公司股份的其他公司合并；③将股份用于员工持股计划或者股权激励；④股东因对股东大会作出的公司合并、分立决议持异议，要求公司收购其股份；⑤将股份用于转换上市公司发行的可转换为股票的公司债券；⑥上市公司为维护公司价值及股东权益所必需。

34. 【答案】A

【解析】从业人员拒绝协会调查或者检查的，或者所聘用机构拒绝配合调查的，由协会责令改正；拒不改正的，给予纪律处分；情节严重的，由中国证监会给予从业人员暂停执业 3 个月至 12 个月，或者吊销其执业证书的处罚；对机构单处或者并处警告、3 万元以下罚款。

35. 【答案】B

【解析】在股票质押式回购业务中，证券公司作为融出方的，单一证券公司接受单只 A 股股票质押的数量不得超过该股票 A 股股本的 30%。集合资产管理计划或定向资产管理客户作为融出方的，单一集合资产管理计划或定向资产管理客户接受单只 A 股股票质押的数量不得超过该股票 A 股股本的 15%。

36. 【答案】D

【解析】证券公司应当采取适当方式，向客户披露由委托人提供的金融产品合同当事人情况介绍、金融产品说明书等材料，全面、公正、准确地介绍金融产品有关信息，并披露其与金融合同当事人之间是否存在关联关系。

37. 【答案】B

【解析】发行公告是承销商对公众投资人作出的事实通知，其内容主要包括提示、发行额度、面值与价格、发行方式、发行对象、发行时间和范围、认购股数的规定、认购原则、认购程序、承销机构等。

38. 【答案】B

【解析】《上市公司并购重组财务顾问业务管理办法》第四十一条规定，财务顾问不再符合本办法规定条件的，应当在 5 个工作日内向中国证监会报告并依法进行公告，由中国证监会责令改正。责令改正期满后，仍不符合本办法规定条件的，中国证监会撤销其从事上市公司并购重组财务顾问业务资格。

39. 【答案】B

【解析】根据《最高人民检察院、公安部关于公安机关管辖的刑事案件立案追诉标准的规定(二)》第五条，在招股说明书、认股书、公司、企业债券募集办法中隐瞒重要事实或者编造重大虚假内容，发行股票或者公司、企业债券，发行数额在五百万元以上的，应予立案追诉。

40. 【答案】B

【解析】期货交易的结算，由期货交易所统一组织进行。期货交易所实行当日无负债结算制度。期货交易所应当在当日及时将结算结果通知会员。期货公司根据期货交易所的结算结果对客户进行结算，并应当将结算结果按照与客户约定的方式及时通知客户。客户应当及时查询并妥善处理自己的交易持仓。

41. 【答案】D

【解析】设立合伙企业，应当具备下列条件：①有 2 个以上合伙人，合伙人为自然人的，应当具有完全民事行为能力；②有书面合伙协议；③有合伙人认缴或者实际缴付的出资；④有合伙企业的名称和生产经营场所；⑤法律、行政法规规定的其他条件。

42. 【答案】B

【解析】证券公司经营融资融券业务，应当以自己的名义，在证券登记结算机构分别开立融券专用证券账户、客户信用交易担保证券账户、信用交易证券交收账户和信用交易资金交收账户。其中客户信用交易担保证券账户用于记录客户委托证券公司持有、担保证券公司因向客户融资融券所生债权的证券。

43. 【答案】C

【解析】《公司法》第五十五条规定：①监事会每年度至少召开一次会议，监事可以提议召开临时监事会会议。②监事会的议事方式和表决程序，除本法有规定的外，由公司章程规定。③监事会决议应当经半数以上监事通过。④监事会应当对所议事项的决定作成会议记录，出席会议的监事应当在会议记录上签名。

44. 【答案】B

【解析】证券交易所应当按照章程、业务规则对证券公司通过证券自营等业务进行的证券交易实施监督管理。证券交易所应当按照章程、业务规则要求证券公司报备其通过自营账户开展产品业务创新的具体情况以及账户实际控制人的有关文件资料。

45. 【答案】D

【解析】证券公司设合规负责人，对证券公司经营管理行为的合法合规性进行审查、监督或者检查。合规负责人为证券公司高级管理人员，由董事会决定聘任，并应当经国务院证券监督管理机构认可。合规负责人不得在证券公司兼任负责经营管理的职务。

46. 【答案】A

【解析】A 项，开户代理机构应通过其公司网站或移动终端为投资者办理网上开户业务，不得委托第三方为投资者办理网上开户业务。自然人投资者通过网上方式开户的，应持中国居民身份证、港澳台居民居住证等可通过公安部身份信息核查系统核验的证件，并由本人亲自办理。

47. 【答案】C

【解析】证券公司增加注册资本且股权结构发生重大调整，减少注册资本，变更业务范围或者公司章程中的重要条款，合并、分立，设立、收购或者撤销境内分支机构，在境外设立、收购、参股证券经营机构，应当经国务院证券监督管理机构批准。上述所称公司章程中的重要条款，是指规定下列事项的条款：①证券公司的名称、住所。②证券公司的组织机构及其产生办法、职权、议事规则。③证券公司对外投资、对外提供担保的类型、金额和内部审批程序。④证券公司的解散事由与清算办法。⑤国务院证券监督管理机构要求证券公司章程规定的其他事项。

48. 【答案】D

【解析】根据《证券业从业人员资格管理办法》，从事证券业务的专业人员是指：①证券公司中从事自营、经纪、承销、投资咨询、受托投资管理等业务的专业人员，包括相关业务部门的管理人员。②基金管理公司、基金托管机构中从事基金销售、研究分析、投资管理、交易、监察稽核等业务的专业人员，包括相关业务部门的管理人员；基金销售机构中从事基金宣传、推销、咨询等业务的专业人员，包括相关业务部门的管理人员。③证券投资咨询机构中从事证券投资咨询业务的专业人员及其管理人员。④证券资信评级机构中从事证券资信评级业务的专业人员及其管理人员。⑤中国证监会规定的其他人员。

49. 【答案】A

【解析】证券公司应当建立独立于生产环境的专用开发测试环境，避免风险传导；开发测试环境使用未脱敏数据的，应当采取与生产环境同等的安全控制措施。证券公司在生产环境开展重要信息系统技术或业务测试的，应对测试流程及结果进行审查。

50. 【答案】C

【解析】C 项，证券公司应当通过评估、稽核、检查和绩效考核等手段保证风险管理制度的贯彻落实。

二、组合型选择题(共 50 题，每题 1 分，共 50 分)以下备选项中只有 1 项最符合题目要求，不选、错选均不得分。

1. 【答案】A

【解析】金融机构应当在向中国反洗钱监测分析中心提交可疑交易报告的同时，以电子形式或书面形式向所在地中国人民银行或者其分支机构报告。

2. 【答案】C

【解析】证券、期货交易内幕信息的知情人员或者非法获取证券、期货交易内幕信息的人员，在涉及证券的发行，证券、期货交易或者其他对证券、期货交易价格有重大影响的信息尚未公开前，买入或者卖出该证券，或者从事与该内幕信息有关的期货交易，或者泄露该信息，或者明示、暗示他人从事上述交易活动，情节严重的行为，处 5 年以下有期徒刑或者拘役，并处或者单处违法所得 1 倍以上 5 倍以下罚金；情节特别严重的，处 5 年以上 10 年以下有期徒刑，并处违法所得 1 倍以上 5 倍以下罚金。

3. 【答案】A

【解析】资产支持证券可以按照规定在证券交易所、全国中小企业股份转让系统、机构间私募产品报价与服务系统、证券公司柜台市场以及中国证监会认可的其他证券交易场所进行挂牌、转让。资产支持证券仅限于在合格投资者范围内转让。

4. 【答案】D

【解析】I 项，刊登证券发行募集文件前终止保荐协议的，保荐机构和发行人应当自终止之日起 5 个工作日内分别向中国证监会报告，说明原因。在实施证券发行注册制的板块出现上述情形的，保荐机构应同时向证券交易所报告。

5. 【答案】C

【解析】证券公司从事证券经纪业务，其客户的交易结算资金应当存放在指定商业银行，以每个客户的名义单独立户管理。指定商业银行应当与证券公司及其客户签订客户的交易结算资金存管合同，约定客户的交易结算资金存取、划转、查询等事项，并按照证券交易净额结算、货银对付的要求，为证券公司开立客户的交易结算资金汇总账户。

6. 【答案】D

【解析】资产管理计划的投资者主要享有的权利包括：①分享资产管理计划财产收益；②取得分配清算后的剩余资产管理计划财产；③对于单一资产管理计划按照合同的约定追加、提取委托财产，对于集合资产管理计划按照合同约定参与、退出和转让资产管理计划份额；④根据合同的规定，参加或申请召集资产管理计划份额持有人大会，行使相关职权；⑤按照法律法规及合同约定的时间和方式获得资产管理计划的信息披露资料；⑥监督管理人、托管人履行投资管理及托管义务的情况；⑦法律法规、中国证监会及中国证券投资基金业协会规定的和资产管理合同约定的其他权利。

7. 【答案】D

【解析】目前中国境内的期货交易场所分别为郑州商品交易所(ZCE)、上海期货交易所(SHFE)、大连商品交易所(DCE)、中国金融期货交易所(CFFEX)。郑州商品交易所是我国第一家期货交易所，也是中国中西部地区唯一一家期货交易所，交易的品种有强筋小麦、白糖、甲醇等期货品种。上海期货交易所目前上市交易的有黄金、白银、铜等期货品种。由上海期货交易所2013年设立的上海国际能源交易中心(INE)，目前的交易品种为原油期货等能源类衍生品。大连商品交易所是中国东北地区唯一一家期货交易所。上市交易的有玉米、塑料、焦炭、鸡蛋等期货品种。

8. 【答案】A

【解析】根据《证券经纪人执业规范(试行)》，证券经纪人应在《证券经纪人管理暂行规定》和所服务证券公司授权的范围内执业，除不得有《证券经纪人管理暂行规定》禁止的行为外，也不得有以下行为：①以所服务证券公司或证券营业部的名义，与客户或他人签订任何合同、协议；②代客户在相关合同、协议、文件等资料上签字；③在执业过程中索取或收受客户款项和财物；④向客户提供非由所服务证券公司统一提供的研究报告及与证券投资有关的信息、证券类金融产品宣传推介材料及有关信息；⑤违背职业道德的其他行为。

9. 【答案】C

【解析】证券公司应当采取保密措施，防止敏感信息的不当流动和使用，包括但不限于：①与公司工作人员签署保密文件，要求工作人员对工作中获取的敏感信息严格保密；②加强对涉及敏感信息的信息系统、通讯及办公自动化等信息设施、设备的管理，保障敏感信息安全；③对可能知悉敏感信息的工作人员使用公司的信息系统或配发的设备形成的电子邮件、即时通讯信息和其他通讯信息进行监测；④建立内幕信息知情人管理制度。

10. 【答案】D

【解析】证券行业文化建设的重要意义包括：①健康良好的行业文化是行稳致远的立身之本；②健康良好的行业文化是服务实体经济的内在要求；③健康良好的行业文化是全面深化资本市场改革的重要保障；④健康良好的行业文化是防范金融风险的有力抓手。

11. 【答案】D

【解析】洗钱工作风险管理的基本原则包括风险相当原则、全面性原则、同一性原则、动态管理原则、自主管理原则、保密原则。

12.【答案】B

【解析】行政法规是指国务院根据宪法规定的权限，为执行法律的规定或行使职权的需要，按照法定程序所制定的各类规范性文件。部门规章是指由国务院各组成部门、直属特设机构、直属机构，中国证券监督管理委员会等国务院直属事业单位等具有行政管理职能的机构，根据法律和国务院的行政法规、决定、命令，在本部门的权限范围内制定的各类规范性文件。《证券公司监督管理条例》属于行政法规，《证券市场禁入规定》属于部门规章。

13.【答案】A

【解析】证券公司向客户融资，只能使用融资专用资金账户内的资金；向客户融券，只能使用融券专用证券账户内的证券。客户融资买入、融券卖出的证券，不得超出证券交易所规定的范围。

14.【答案】C

【解析】金融机构将资产管理产品投资于其他机构发行的资产管理产品，从而将本机构的资产管理产品资金委托给其他机构进行投资的，该受托机构应当为具有专业投资能力和资质的受金融监督管理部门监管的机构。

15.【答案】A

【解析】普通合伙企业的所有出资人均须对合伙企业的债务承担无限连带责任；而有限合伙企业中有限合伙人对企业债务承担有限责任，普通合伙人对合伙企业的债务承担无限责任或无限连带责任。

16.【答案】C

【解析】Ⅱ项，证券公司不得代理客户进行期货交易、结算或者交割，不得代期货公司、客户收付期货保证金，不得利用证券资金账户为客户存取、划转期货保证金。

17.【答案】D

【解析】根据《证券公司监督管理条例》第六十七条，国务院证券监督管理机构可以要求下列单位或者个人，在指定的期限内提供与证券公司经营管理和财务状况有关的资料、信息：①证券公司的董事、监事、工作人员；②证券公司控股或者实际控制的企业；③证券公司的开户银行、指定商业银行、资产托管机构、证券交易所、证券登记结算机构；④为证券公司提供服务的证券服务机构。

18.【答案】D

【解析】投资决策机构是自营业务投资运作的最高管理机构，负责确定具体的资产配置策略、投资事项和投资品种等。

19.【答案】A

【解析】根据《中华人民共和国证券法》第四十条，证券交易场所、证券公司和证券登记结算机构的从业人员、证券监督管理机构的工作人员以及法律、行政法规规定禁止参与股票交易的其他人员，在任期或者法定限期内，不得直接或者以化名、借他人名义持有、买卖股票或者其他具有股权性质的证券，也不得收受他人赠送的股票或者其他具有股权性质的证券。

20.【答案】A

【解析】证券公司可以根据公司实际需要，在公开侧业务之间或保密侧业务之间采取信息隔离、跨墙、观察名单、限制名单等措施，防范敏感信息的不当流动和使用。对因保密侧业务而列入限制名单的公司或证券，证券公司应当禁止与其有关的发布证券研究报告、证券自营买卖、另类投资等业务。

21. 【答案】A

【解析】沪港通，即“沪港股票市场交易互联互通机制”，指内地和香港投资者委托上交所会员或者联交所参与者，通过上交所或者联交所在对方所在地设立的证券交易服务公司，买卖规定范围内的对方交易所上市股票。沪股通，是指香港投资者委托香港经纪商，经由联交所设立的证券交易服务公司，向上交所进行申报，买卖规定范围内的上交所上市的股票。而港股通则是指内地投资者委托内地证券公司，经由上交所设立的证券交易服务公司，向联交所进行申报，买卖规定范围内的联交所上市的股票。

22. 【答案】C

【解析】Ⅳ项，属于内幕交易行为。

23. 【答案】A

【解析】有下列情形之一的，对股东会回购股权决议投反对票的股东可以请求公司按照合理的价格收购其股权：①公司连续5年不向股东分配利润，而公司该5年连续盈利，并且符合《公司法》规定的分配利润条件的；②公司合并、分立、转让主要财产的；③公司章程规定的营业期限届满或者章程规定的其他解散事由出现，股东会会议通过决议修改章程使公司存续的。自股东会会议决议通过之日起60日内，股东与公司不能达成股权收购协议的，股东可以自股东会会议决议通过之日起90日内向人民法院提起诉讼。

24. 【答案】D

【解析】证券公司违反《证券法》第一百二十条第五款规定提供证券融资融券服务的，没收违法所得，并处以融资融券等值以下的罚款；情节严重的，禁止其在一定期限内从事证券融资融券业务。对直接负责的主管人员和其他直接责任人员给予警告，并处以20万元以上200万元以下的罚款。

25. 【答案】C

【解析】公开披露基金信息，不得有下列行为：①虚假记载、误导性陈述或者重大遗漏；②对证券投资业绩进行预测；③违规承诺收益或者承担损失；④诋毁其他基金管理人、基金托管人或者基金销售机构；⑤法律、行政法规和国务院证券监督管理机构规定禁止的其他行为。

26. 【答案】A

【解析】Ⅲ项，在法定的会计账簿以外另立会计账簿的，由县级以上人民政府财政部门责令改正。Ⅳ项，公司在依法向有关主管部门提供的财务会计报告等材料上作虚假记载或者隐瞒重要事实的，由有关主管部门对直接负责的主管人员和其他直接责任人员处以3万元以上30万元以下的罚款。

27. 【答案】A

【解析】备案机构开展场外证券业务应当符合下述要求：①公司治理制度健全，决策与授权体系清晰，相关内部管理制度完整；②具备与相关场外证券业务相适应的资本实力、专业人员和技术系统；③具有能够有效防范利益输送、不公平交易、市场操纵等行为的风险控制机制；④具有完善的投资者教育和投资者权益保护措施；⑤协会的其他要求。

28. 【答案】C

【解析】证券投资顾问业务和发布证券研究报告的区别包括：①立场不同；②服务方式和内容不同；③服务对象有所不同，证券研究报告一般以 QFII、基金等能够理解研究报告和有效处理有关信息的专业投资者为服务对象，强调公平对待证券研究报告接收人，证券投资顾问一般以普通投资者为服务对象，强调针对客户类型、风险偏好等提供适当的服务；④市场影响有所不同，证券研究报告向多个机构客户同时发布，对证券价格可能产生较大影响，证券投资顾问服务与特定客户的证券投资及其利益密切相关，但通常不会显著影响证券定价。

29. 【答案】D

【解析】根据《证券公司监督管理条例》第十二条的规定，证券公司在经营过程中，经其申请，国务院证券监督管理机构可以根据其财务状况、内部控制水平、合规程度、高级管理人员业务管理能力、专业人员数量，对其业务范围进行调整。

30. 【答案】C

【解析】Ⅰ项，应当具有证券经纪业务资格；Ⅲ项，应当配备3名具备相应专业能力的专业人员。

31. 【答案】B

【解析】被采取证券市场禁入措施的人员，应当在收到中国证监会作出的证券市场禁入决定后立即停止从事证券业务或者停止履行上市公司、非上市公众公司董事、监事、高级管理人员职务，并由其所在机构按规定的程序解除其被禁止担任的职务。

32. 【答案】D

【解析】全国股份转让系统主要为创新型、创业型、成长型中小微企业发展服务。境内符合条件的股份公司均可通过主办券商申请在全国股份转让系统挂牌，公开转让股份进行股权融资、债权融资、资产重组等。

33. 【答案】C

【解析】证券公司在报送可疑交易报告后，应当根据中国人民银行的相关规定采取相应的后续风险控制措施，包括：①对可疑交易所涉客户及交易开展持续监控；②提升客户风险等级；③限制客户交易；④拒绝提供服务；⑤终止业务关系；⑥向相关金融监管部门报告；⑦向相关侦查机关报案等。

34. 【答案】A

【解析】发生影响或者可能影响证券公司经营管理、财务状况、风险控制指标或者客户资产安全的重大事件的，证券公司应当立即向国务院证券监督管理机构报送临时报告。临时报告中，应当说明事件的起因、目前的状态、可能产生的后果和拟采取的相应措施。

35. 【答案】C

【解析】证券公司未按期完成整改的，自整改期限到期的次日起，派出机构应当区别情形，对其采取下列措施：①限制业务活动；②责令暂停部分业务；③限制向董事、监事、高级管理人员支付报酬、提供福利；④责令更换董事、监事、高级管理人员或者限制其权利；⑤责令负有责任的股东转让股权，限制负有责任的股东行使股东权利；⑥认定负有责任的董事、监事、高级管理人员为不适当人选；⑦中国证监会及其派出机构认为有必要采取的其他措施。

36. 【答案】C

【解析】证券公司对业务创新应重点防范违法违规、规模失控、决策失误等风险，始终坚持合法合规、审慎经营的原则，加强集中管理和风险控制。

37. 【答案】D

【解析】Ⅳ项属于合规风险的防范措施。

38. 【答案】C

【解析】证券公司应当按《证券公司融资融券业务管理办法》规定的有关条件和征信的要求制定选择客户的具体标准，一般主要包括以下几方面：①从事证券交易的时间；②账户状态；③信誉状况；④资产状况；⑤投资风格；⑥关联关系。

39. 【答案】B

【解析】违规披露、不披露重要信息罪具有以下构成特征：①本罪侵犯的客体是国家有关公司、企业的信息公开披露制度和股东、社会公众和其他利害关系人的合法权益。②本罪在客观方面表现为公司向股东和社会公众提供虚假的或者隐瞒重要事实的财务会计报告，或者对依法应当披露的其他重要信息不披露或者不按规定披露，严重损害股东或者其他人的利益，或者有其他严重情节的行为。③本罪在主观方面只能由故意构成，过失不构成本罪。④本罪的主体是特殊主体，即依法负有信息披露义务的公司、企业及相关责任人员。

40. 【答案】A

【解析】根据《证券公司监督管理条例》第八十四条的规定，证券公司未按照规定程序了解客户的身份、财产与收入状况、证券投资经验和风险偏好，或推荐的产品或者服务与所了解的客户情况不相适应的，或证券公司未指定专人向客户讲解有关业务规则和合同内容，并以书面方式向其揭示投资风险或未按照规定与客户签订业务合同，或者未在与客户签订的业务合同中载入规定的必备条款的，对直接负责的主管人员和其他直接责任人员单处或者并处警告、3 万元以上 10 万元以下的罚款。

41. 【答案】B

【解析】证券公司开展定向资产管理业务应遵循以下基本原则：公平公正、诚实守信；健全内控、规范运作；投资风险客户自担。

42. 【答案】B

【解析】Ⅲ项，股票发行采用代销方式，代销期限届满，向投资者出售的股票数量未达到拟公开发行股票数量 70% 的，为发行失败。

43. 【答案】A

【解析】合伙企业注销后，原普通合伙人对合伙企业存续期间的债务仍应承担无限连带责任。合伙企业不能清偿到期债务的，债权人可以依法向人民法院提出破产清算申请，也可以要求普通合伙人清偿。合伙企业依法被宣告破产的，普通合伙人对合伙企业债务仍应承担无限连带责任。

44. 【答案】D

【解析】Ⅱ项，证券公司与客户之间的纠纷，不影响中国结算依据交易所成交结果已经办理或正在办理的证券登记和资金划付等业务。Ⅲ、Ⅳ两项，证券公司应当按照相关规定和与客户的协议约定基于客户的真实委托向交易所交易系统进行申报，由交易系统予以确认。中国结算依据交易所确认的成交结果为约定购回式证券交易提供证券登记和资金划付服务。

45. 【答案】C

【解析】投资者融资买入证券时，融资保证金比例不得低于100%。融资保证金比例是指投资者融资买入时交付的保证金与融资交易金额的比例，计算公式为：融资保证金比例＝保证金/(融资买入证券数量×买入价格)×100%。投资者融券卖出时，融券保证金比例不得低于50%。融券保证金比例是指投资者融券卖出时交付的保证金与融券交易金额的比例，计算公式为：融券保证金比例＝保证金/(融券卖出证券数量×卖出价格)×100%。

46. 【答案】A

【解析】普通合伙企业和有限合伙企业的主要区别在于：①合伙人对企业债务的责任方面；②合伙人数量方面；③合伙人权利方面；④利润分配方面；⑤竞业禁止方面；⑥关联交易方面；⑦出资份额出质方面。

47. 【答案】A

【解析】上市公司、公司债券上市交易的公司、股票在国务院批准的其他全国性证券交易场所交易的公司，应当按照国务院证券监督管理机构和证券交易场所规定的内容和格式编制定期报告，并按照以下规定报送和公告：①在每一会计年度结束之日起4个月内，报送并公告年度报告，其中的年度财务会计报告应当经符合本法规定的会计师事务所审计。②在每一会计年度的上半年结束之日起2个月内，报送并公告中期报告。

48. 【答案】D

【解析】Ⅱ项，证券公司应满足净资本不低于8亿元人民币；净资本与净资产比例不低于70%；经营集合资产管理计划业务达1年以上；在最近一个季度末资产管理规模不少于20亿元人民币或等值外汇资产。

49. 【答案】C

【解析】董事会每年至少召开两次会议，每次会议应当于会议召开10日前通知全体董事和监事。代表1/10以上表决权的股东、1/3以上董事或者监事会，可以提议召开董事会临时会议。

50. 【答案】A

【解析】《首次公开发行股票承销业务规范》第五十条规定，承销商应当保留承销过程中的相关资料并存档备查，相关资料至少保存3年。承销过程中的相关资料包括但不限于以下资料：①路演推介活动及询价过程中的推介或宣传材料、投资价值研究报告、路演记录、路演录音等。②定价与配售过程中的投资者报价信息、申购信息、获配信息。获配信息包括但不限于投资者名称、获配数量、证券账户号码及身份证明文件等。③确定网下投资者条件、发行价格或发行价格区间、配售结果等的决策文件。④信息披露文件与申报备案文件。⑤其他和发行与承销过程相关的文件或承销商认为有必要保留的文件。

《证券市场基本法律法规》机考题库·真题试卷(六)

一、**选择题**(共50题，每题1分，共50分)以下备选项中只有1项符合题目要求，不选、错选均不得分。

1. 保荐工作底稿应当真实、准确、完整地反映整个保荐工作的全过程，保存期不少于(　　)年。

   A. 1　　B. 5　　C. 20　　D. 3

2. 证券公司不得向其股东融资融券，但不包括(　　)。

   A. 持有证券公司10%以下股份的股东

   B. 持有上市证券公司5%以下流通股份的股东

   C. 持有上市证券公司10%以下流通股份的股东

   D. 持有证券公司5%以下股份的股东

3. 下列部门规章及规范性文件中，不涉及证券经纪业务具体规范要求的是(　　)。

   A.《发布证券研究报告暂行规定》

   B.《证券登记结算管理办法》

   C.《内地与香港股票市场交易互联互通机制若干规定》

   D.《证券经纪人管理暂行规定》

4. 在全国股份转让系统从事推荐业务的主办券商，应当具备(　　)。

   A. 证券投资咨询业务资格　　B. 证券经纪业务资格

   C. 证券自营业务资格　　D. 证券承销与保荐业务资格

5. 根据《上市公司并购重组财务顾问业务管理办法》，证券公司有下列(　　)情形的，不得担任财务顾问。

   A. 2年前因执业行为违反行业规范而受到行业自律组织的纪律处分

   B. 5年前曾因违法违规经营受到处罚

   C. 3年前因涉嫌违法违规经营被调查

   D. 2年内存在违反诚信的不良记录

6. 经营机构向普通投资者销售公司资产管理产品前，应当告知的下列信息中错误的是(　　)。

   A. 利益保证承诺

   B. 因经营机构的业务或者财产状况变化，影响客户判断的重要事由

   C. 限制销售对象权利行使期限或者可解除合同期限等全部限制内容

   D. 投资者适当性匹配意见

7. 上市公司收购过渡期内，收购人确有充分理由改选董事会的，来自收购方的董事不得超过董事会成员的(　　)。

   A. 1/5　　B. 1/4　　C. 1/3　　D. 1/2

8. 基金管理人、基金托管人因依法解散、被依法撤销或者被依法宣告破产等原因进行清算的，基金财产不属于其清算财产，前述说法体现了基金财产的(　　)。

A. 独立性　　B. 盈利性　　C. 契约性　　D. 确定性

9. 证券公司的(　　)应当对证券公司年度合规报告签署确认意见。

A. 业务负责人　　B. 经营管理的主要负责人

C. 财务负责人　　D. 董事、高级管理人员

10. 任何情况下，公司董事、高级管理人员均不得有的行为是(　　)。

A. 将公司资金借贷给他人或者以公司财产为他人提供担保

B. 与本公司订立合同或者进行交易

C. 自营或者为他人经营与其所任职公司同类的业务

D. 挪用公司资金

11. 由于股票期权交易实行(　　)制度，证券登记结算机构应当在当日及时将结算结果通知结算参与人，结算参与人据此对投资者进行结算，并应当将结算结果按照与投资者约定的方式及时通知投资者。

A. 套期保值　　B. 当日无负债结算

C. 强制平仓　　D. 保证金

12. (　　)是约定基金管理人，托管人和投资人权利义务的重要法律文件。

A. 基金合同　　B. 基金代销协议

C. 基金招募说明书　　D. 基金托管协议

13. 在(　　)，与内幕信息知情人员联络、接触，从事或明示、暗示他人从事与该内幕信息相关的证券、期货交易，相关交易行为明显异常，且无正当理由或者正当信息来源的人员，属于非法获取证券、期货交易内幕信息的人员。

A. 内幕信息尚未形成时

B. 内幕信息敏感期内

C. 内幕信息在证监会指定报刊披露后

D. 内幕信息在证监会指定网站披露后

14. 下列属于中国证监会制定的部门规章的是(　　)。

A.《期货公司监督管理办法》

B.《中华人民共和国证券法》

C.《质押式报价回购交易及登记结算业务办法》

D.《中华人民共和国公司法》

15. 投资者保护机构受(　　)名以上投资者委托，可以作为代表人参加诉讼，并为经证券登记结算机构确认的权利人依照相关规定向人民法院登记，但投资者明确表示不愿意参加该诉讼的除外。

A. 50　　B. 20　　C. 30　　D. 10

16. 根据《中华人民共和国公司法》规定，上市公司属于(　　)。

A. 国有投资公司

B. 有限责任公司

C. 既可以是有限责任公司也可以是股份有限公司

D. 股份有限公司

17. 根据《中华人民共和国证券投资基金法》，公开募集基金的基金管理人的董事、监事和

高级管理人员，应当熟悉证券投资方面的法律、行政法规，具有(　　)年以上与其所任职务相关的工作经历。

A. 2　　B. 3　　C. 5　　D. 1

18. 证券发行、交易活动的当事人具有平等的法律地位，应当遵守(　　)的原则。

A. 自愿、有偿、诚实信用　　B. 自愿、无偿、诚实信用
C. 公平、自愿、诚实信用　　D. 公平、有偿、诚实信用

19. 期货交易所不以营利为目的，按照其章程的规定实行(　　)。

A. 人民银行管理　　B. 证监会管理
C. 政府管理　　D. 自律管理

20. 资产管理产品的合格投资者投资于单只固定收益类产品的金额不低于(　　)万元。

A. 30　　B. 50　　C. 100　　D. 10

21. 股份有限公司发起人、认股人缴纳股款或者交付抵作股款的出资后，下列表述的情形中，发起人和认股人不得抽回其股本的是(　　)。

A. 创立大会决议不设立公司
B. 未按期募足股份
C. 发起人未按期召开创立大会
D. 作为设立公司出资的非货币财产的实际价额显著低于公司章程所定价额

22. 下列各项中，证券公司的股东可以用(　　)出资。

A. 特许经营权　　B. 货币　　C. 信用　　D. 劳务

23. 证券基金投资咨询机构应当妥善保存客户委托文件、核查和验证资料、工作底稿以及与内部管理、业务经营有关的信息和资料，上述信息和资料的保存期限不得少于(　　)年。

A. 12　　B. 18　　C. 14　　D. 10

24. 根据《科创板转融通证券出借和转融券业务实施细则》，证券公司保证金中货币资金占应收取保证金的比例不得低于(　　)。

A. 5%　　B. 8%　　C. 15%　　D. 10%

25. 对转融通担保证券账户内记录的证券，由(　　)以自己的名义，行使对证券发行人的权利。

A. 证券金融公司　　B. 证券公司
C. 证券登记结算机构　　D. 商业银行

26. 下列关于客户身份识别基本要求的说法，错误的是(　　)。

A. 对于国外政要、国际组织高级管理人员等特定自然人客户及其特定关系人，证券公司应采取相应强化的身份识别措施
B. 考虑客户的特殊需求，证券公司可以为客户开立匿名账户
C. 客户由他人代理办理业务的，证券公司应当同时对代理人和被代理人的身份证件或者其他身份证明文件进行核对并登记
D. 证券公司不得为身份不明的客户提供服务或与其进行交易

27. 根据《证券公司监督管理条例》，下列做法错误的是(　　)。

A. 丙证券公司按规定提取一般风险准备金，用于弥补经营亏损

B. 丁证券公司委托具有证券从业资格的公司以外人员作为证券经纪人

C. 乙证券公司向客户提供投资建议，对证券价格的涨跌做确定性的判断

D. 甲证券公司经批准委托他人管理该证券公司的股权

28. 合规负责人违反法律法规，证监会可以采取的措施不包括(　　)。

A. 出具警示函　　B. 责令参加培训　　C. 监管谈话　　D. 处以罚款3 000元

29. 根据《中华人民共和国合伙企业法》规定，下列关于设立合伙企业应具备的条件的说法，正确的是(　　)。

A. 有书面或口头合伙协议　　B. 有2个以上合伙人

C. 由过半数以上合伙人协商一致　　D. 有合伙人认缴且实际缴付的出资

30. 资产管理产品可以再投资一层资产管理产品，所投资的资产管理产品(　　)。

A. 可投资公募证券投资基金　　B. 可投资集合信托资金计划

C. 可投资单一信托资金计划　　D. 可投资私募证券投资产品管理产品

31. 下列选项中，不属于证券登记结算机构职能的是(　　)。

A. 证券的存管和过户　　B. 公布证券交易即时行情

C. 证券持有人名册登记　　D. 证券账户、结算账户的设立

32. 法是调整人们的行为或社会关系的规范，具有规范性。下列关于法的规范性的体现，错误的是(　　)。

A. 规定了人们可以为一定行为或不为一定行为或者人们可以请求他人为或不为一定行为，体现了人们依法享有的权利

B. 规定了人们在应当为而为或不应当为而不为的情况下所产生的结果，体现了人们在遵守法定义务后依法享有的收益

C. 规定了人们应当为一定行为或不得为一定行为，体现了人们依法应履行的义务

D. 规定了人们在应当为而不为或不应当为而为的情况下所产生的后果，体现了人们在违反法定义务后应承担的责任

33. 下列可以成为背信运用受托财产罪犯罪主体的是(　　)。

A. 自然人　　B. 期货经纪公司　　C. 会计师事务所　　D. 律师事务所

34. 证券公司内部董事人数占董事人数1/5以上时，独立董事人数不得少于董事人数的(　　)。

A. 1/5　　B. 1/4　　C. 1/2　　D. 1/3

35. 证券公司年度报告应当附有(　　)出具的内部控制评审报告。

A. 资产评估事务所　　B. 会计师事务所

C. 律师事务所　　D. 审计事务所

36. 下列行为可认定为诱骗投资者买卖证券、期货合约罪的是(　　)。

A. 过失损毁交易记录，致使投资者买卖证券

B. 伪造交易记录，诱骗投资者买卖期货合约，造成严重后果

C. 过失传播虚假信息，致使投资者买卖证券，造成严重后果

D. 变造交易记录，诱骗投资者买卖期货合约，未造成严重后果

37. 根据《证券公司和证券投资基金管理公司合规管理办法》，证券公司开展各项业务，应当遵循(　　)。

A. 控制风险、保障经营，坚持公司利益至上原则
B. 稳健经营、控制规模，坚持股东利益至上原则
C. 合规经营、勤勉尽责，坚持客户利益至上原则
D. 规范管理、执行到位，坚持各方利益均衡发展原则

38. 证券公司应当建立健全(　　)，指定人员定期通过面谈、电话、信函或者其他方式对证券经纪人招揽和服务的客户进行回访，了解证券经纪业务营销人员的执业情况，并作出完整记录。
A. 客户回访制度　　B. 操作监控制度
C. 客户投诉制度　　D. 异常交易监控制度

39. 客户对证券经纪商发出的委托指令不能以(　　)的形式出现。
A. 电话委托　　B. 柜台委托　　C. 口头委托　　D. 热键委托

40. 下列关于证券公司建立的场内及场外融资渠道的做法，错误的是(　　)。
A. 运用同业拆借　　B. 发行短期融资券
C. 发行收益凭证　　D. 使用客户资金

41. 有限责任公司变更为股份有限公司时，折合的实收股本总额不得高于公司(　　)。
A. 股东实缴的出资额　　B. 净资产额
C. 总资产额　　D. 注册资本

42. 公司分配当年税后利润时，应当提取利润的10%列入公司法定公积金；公司法定公积金累计额为公司注册资本的(　　)以上的，可以不再提取。
A. 80%　　B. 50%　　C. 100%　　D. 10%

43. 证券公司办理证券客户交易结算资金存放的指定商业银行名单，应由(　　)确定并公告。
A. 国务院证券监督管理机构会同国务院银行保险监督管理机构
B. 中国人民银行
C. 国务院证券监督管理机构
D. 国务院银行保险监督管理机构

44. 根据《上海证券交易所融资融券交易实施细则》，仅计算现金及信用证券账户内证券市值总和的维持担保比例超过(　　)时，从事融资融券交易的客户可以提取保证金可用余额中的现金或充抵保证金的有价证券。
A. 100%　　B. 200%　　C. 150%　　D. 300%

45. 根据《关于证券业从业人员登记管理有关事项的通知》，从业人员受到刑事处罚、被证券市场禁入或受到协会“终止执业”纪律处分的，协会予以(　　)。
A. 中止登记　　B. 注销登记　　C. 联合惩戒　　D. 变更登记

46. 下列关于恐怖活动资产冻结工作的说法，正确的是(　　)。
A. 证券公司可以解除冻结措施
B. 证券公司应当严格按照公安部发布的恐怖活动组织名单，依法对相关资产进行查封
C. 证券公司发现恐怖活动组织及恐怖活动人员拥有或者控制的资产，应立即采取冻结措施
D. 没有规定的，参照公安机关的相关规定对被采取冻结措施的资产进行管理及处置

47. 期货交易所实行(　　)结算制度。

A. T+2 日无负债　　B. 即时无负债

C. 当日无负债　　D. T+1 日无负债

48. 根据《中国证券业协会诚信管理办法》的规定，诚信信息中的基本信息的效力期限为(　　)。

A. 10 年　　B. 5 年　　C. 3 年　　D. 长期有效

49. 根据《证券公司另类投资子公司管理规范》，下列关于另类投资子公司设立条件的说法正确的是(　　)。

A. 具有健全的公司治理结构，完善有效的内部控制机制、风险管理制度和合规管理制度，防范与另类子公司之间出现风险传递和利益冲突

B. 具备中国证券监督管理委员会核准的证券资产管理业务资格

C. 最近六个月内各项风险控制指标符合中国证监会的相关要求，且设立另类子公司后，各项风险控制指标仍持续符合规定

D. 以自有资金全资设立另类子公司，可以采用股份代持等其他方式变相与其他投资者共同出资设立另类子公司

50. 信息披露义务人披露的信息，应当真实、准确、完整，简明清晰，通俗易懂，不得有(　　)。

A. 虚假记载、误导性陈述或者重大遗漏

B. 盈利预测、误导性陈述或者遗漏

C. 盈利预测、误导性陈述或者重大遗漏

D. 虚假记载、误导性陈述或者遗漏

二、组合型选择题(共 50 题，每题 1 分，共 50 分)以下备选项中只有 1 项最符合题目要求，不选、错选均不得分。

1. 下列说法中，正确的有(　　)。

Ⅰ. 债券持有人会议无权决议变更债券受托管理人

Ⅱ. 公开发行公司债券的，应当设立债券持有人会议

Ⅲ. 债券发行人未能按期兑付债券本息的，债券受托管理人不可以接受全部或者部分债券持有人的委托

Ⅳ. 公开发行公司债券的，发行人应当为债券持有人聘请债券受托管理人

A. Ⅱ、Ⅳ　　B. Ⅰ、Ⅳ　　C. Ⅲ、Ⅳ　　D. Ⅱ、Ⅲ

2. 融资融券业务中，在以证券公司名义开立的(　　)内，应当为每一客户单独开立信用账户。

Ⅰ. 客户信用交易担保证券账户　　Ⅱ. 客户信用交易担保资金账户

Ⅲ. 信用交易证券交收账户　　Ⅳ. 信用交易资金交收账户

A. Ⅰ、Ⅳ　　B. Ⅰ、Ⅱ　　C. Ⅰ、Ⅲ、Ⅳ　　D. Ⅲ、Ⅳ

3. 法律关系由(　　)要素构成。

Ⅰ. 法律关系主体　　Ⅱ. 法律关系客体

Ⅲ. 法律关系行为　　Ⅳ. 法律关系内容

A. Ⅰ、Ⅱ、Ⅲ、Ⅳ　　B. Ⅱ、Ⅲ、Ⅳ

C. Ⅰ、Ⅱ、Ⅳ　　D. Ⅰ、Ⅲ

4. 下列人员不得担任上市公司独立董事的有(　　)。

Ⅰ. 在上市公司或者其附属企业任职的人员

Ⅱ. 直接或间接持有上市公司已发行股份1%以上的股东

Ⅲ. 上市公司前10名股东中的自然人股东及其直系亲属

Ⅳ. 为上市公司或者其附属企业提供财务、法律、咨询等服务的人员

A. Ⅰ、Ⅳ　　B. Ⅱ、Ⅲ

C. Ⅰ、Ⅱ、Ⅲ、Ⅳ　　D. Ⅱ、Ⅲ、Ⅳ

5. 下列事项中，需要经国务院证券监督管理机构批准的有(　　)。

Ⅰ. 证券公司合并　　Ⅱ. 证券公司撤销境内分支机构

Ⅲ. 证券公司减少注册资本　　Ⅳ. 证券公司在境外参股证券经营机构

A. Ⅲ、Ⅳ　　B. Ⅰ、Ⅱ、Ⅳ

C. Ⅰ、Ⅱ、Ⅲ、Ⅳ　　D. Ⅰ、Ⅱ、Ⅲ

6. 当期货市场出现异常情况时，期货交易所可以按照其章程规定的权限和程序，决定采取下列(　　)措施。

Ⅰ. 提高保证金　　Ⅱ. 调整涨跌停板幅度

Ⅲ. 责令客户买入或卖出　　Ⅳ. 暂时停止交易

A. Ⅱ、Ⅲ、Ⅳ　　B. Ⅰ、Ⅲ、Ⅳ　　C. Ⅰ、Ⅱ、Ⅲ　　D. Ⅰ、Ⅱ、Ⅳ

7. 下列关于证券发行的说法，正确的有(　　)。

Ⅰ. 非公开发行证券，不得采用广告、公开劝诱和变相公开方式

Ⅱ. 发行人将公司发行信息提前告知给现有所有股东

Ⅲ. 向不特定对象发行证券，必须经过注册

Ⅳ. 公开发行证券，报经国务院证券监督管理机构或者国务院授权的部门核准

A. Ⅱ、Ⅳ　　B. Ⅱ、Ⅲ　　C. Ⅰ、Ⅳ　　D. Ⅰ、Ⅲ

8. 下列情形中，违反证券经纪业务有关管理规定的有(　　)。

Ⅰ. 采取诋毁其他营业部的竞争手段开展业务

Ⅱ. 向客户说明公司的服务职责、范围

Ⅲ. 向无风险承受能力的投资者推销公司资产管理产品

Ⅳ. 将掌握的客户交易信息，提供给他人暗示其从事相关交易活动

A. Ⅰ、Ⅱ、Ⅲ、Ⅳ　　B. Ⅰ、Ⅲ、Ⅳ

C. Ⅰ、Ⅳ　　D. Ⅱ、Ⅲ

9. 根据《证券公司另类投资子公司管理规范》，另类投资子公司不得存在下列(　　)行为。

Ⅰ. 向投资者募集资金开展基金业务　　Ⅱ. 除财务投资外，从事实体业务

Ⅲ. 从事融资类收益互换业务　　Ⅳ. 投资于非结构化的资产管理产品

A. Ⅰ、Ⅱ、Ⅲ、Ⅳ　　B. Ⅱ、Ⅲ、Ⅳ

C. Ⅰ、Ⅳ　　D. Ⅰ、Ⅱ、Ⅲ

10. 下列关于有限合伙企业解散事由的说法，正确的有(　　)。

Ⅰ. 依法吊销营业执照，应当解散　　Ⅱ. 依法被责令关闭，应当解散

Ⅲ. 依法被撤销，应当解散　　Ⅳ. 合伙期限届满，应当解散

A. Ⅰ、Ⅱ、Ⅳ　B. Ⅰ、Ⅲ、Ⅳ　C. Ⅱ、Ⅲ、Ⅳ　D. Ⅰ、Ⅱ、Ⅲ

11. 根据《证券市场禁入规定》，以下说法正确的是(　　)。

Ⅰ. 违反法律、行政法规或者中国证监会有关规定，情节严重的，可以单独对有关责任人员采取证券市场禁入措施，或者一并依法进行行政处罚

Ⅱ. 共同违反法律、行政法规或者中国证监会有关规定，需要采取证券市场禁入措施的，对负次要责任的人员，可以比照应负主要责任的人员，适当从轻、减轻或者免予采取证券市场禁入措施

Ⅲ. 中国证监会采取证券市场禁入措施前，应当告知当事人采取证券市场禁入措施的事实、理由及依据，并告知当事人有陈述、申辩和要求举行听证的权利

Ⅳ. 被中国证监会采取证券市场禁入措施的人员，中国证监会将通过中国证监会网站或指定媒体向社会公布，并记入被认定为证券市场禁入者的诚信档案

A. Ⅰ、Ⅱ、Ⅲ、Ⅳ　B. Ⅰ、Ⅳ

C. Ⅰ、Ⅱ、Ⅲ　D. Ⅱ、Ⅲ、Ⅳ

12. 证券期货经营机构及其工作人员在开展期货业务及相关活动中，不得以(　　)方式向公职人员、客户、正在洽谈的潜在客户或者其他利益关系人输送不正当利益。

Ⅰ. 提供礼金、礼品、房产、汽车、有价证券、股权、佣金返还等财物

Ⅱ. 提供旅游、宴请、娱乐健身、工作安排等利益

Ⅲ. 安排显著偏离公允价格的结构化、高收益、保本理财产品等交易

Ⅳ. 直接或者间接向他人提供内幕信息、未公开信息、商业秘密和客户信息，明示或者暗示他人从事相关交易活动

A. Ⅱ、Ⅲ、Ⅳ　B. Ⅰ、Ⅱ、Ⅲ　C. Ⅰ、Ⅱ、Ⅳ　D. Ⅰ、Ⅱ、Ⅲ、Ⅳ

13. 下列选项中，属于股东会职权的有(　　)。

Ⅰ. 决定公司的经营计划和投资方案　Ⅱ. 选举和更换全部董事

Ⅲ. 审议批准董事会的报告　Ⅳ. 对发行公司债券作出决议

A. Ⅲ、Ⅳ　B. Ⅱ、Ⅲ　C. Ⅰ、Ⅳ　D. Ⅱ、Ⅳ

14. 根据证券公司证券自营业务涉及的法律及行政法规，下列说法中正确的有(　　)。

Ⅰ.《中华人民共和国证券法》对证券公司的证券自营业务作出了原则性规定

Ⅱ.《证券公司监督管理条例》专门对证券公司证券自营业务作出一般或基本规定

Ⅲ.《中华人民共和国证券法》《证券公司监督管理条例》是监管机构制定证券自营业务相关监管政策、实施监督管理的重要法律法规依据

Ⅳ. 证券公司证券自营业务涉及的部门规章及规范性文件不包括《证券公司内部控制指引》

A. Ⅰ、Ⅳ　B. Ⅰ、Ⅱ、Ⅲ、Ⅳ

C. Ⅱ、Ⅲ、Ⅳ　D. Ⅰ、Ⅱ、Ⅲ

15. 下列关于证券行业文化建设基本要求的说法，正确的有(　　)。

Ⅰ. 坚持依法合规，筑牢发展基础　Ⅱ. 坚持专业精神，提升服务能力

Ⅲ. 坚持快速高效，促进稳步增长　Ⅳ. 牢记社会责任，展现良好形象

A. Ⅰ、Ⅳ　B. Ⅱ、Ⅲ　C. Ⅰ、Ⅱ、Ⅳ　D. Ⅱ、Ⅲ、Ⅳ

16. 一般情况下，上市公司董事、监事和高级管理人员在任职期间，每年通过(　　)方式

转让所持本公司股份不得超过总数的25%。

Ⅰ. 大宗交易　Ⅱ. 集中竞价　Ⅲ. 司法强制执行　Ⅳ. 协议转让

A. Ⅰ、Ⅳ　B. Ⅰ、Ⅱ、Ⅲ　C. Ⅰ、Ⅱ、Ⅳ　D. Ⅲ、Ⅳ

17. 证券公司证券自营业务中涉及自营规模、风险限额等方面的重大决策应当(　　)，由相关人员签字确认后存档。

Ⅰ. 经过负责人批准　Ⅱ. 经过集体决策

Ⅲ. 采取书面形式　Ⅳ. 采取电子形式

A. Ⅰ、Ⅳ　B. Ⅱ、Ⅲ　C. Ⅰ、Ⅲ　D. Ⅱ、Ⅳ

18. 证券公司、证券投资咨询机构发布证券研究报告，以下符合独立、客观、公平、审慎原则要求的有(　　)。

Ⅰ. 采取有效措施，保证制作发布研究报告不受利益相关者的干涉和影响

Ⅱ. 可以将证券研究报告的内容或者观点，优先提供给公司内部部门

Ⅲ. 证券研究报告可以对证券估值，投资评级做出审慎的保证

Ⅳ. 从组织设置、人员职责上，将证券研究报告制作发布环节与销售服务环节分开管理

A. Ⅰ、Ⅳ　B. Ⅱ、Ⅲ

C. Ⅰ、Ⅱ、Ⅲ、Ⅳ　D. Ⅰ、Ⅲ、Ⅳ

19. 证券公司开展经纪业务时，与客户权益变动相关业务的经办人员之间，应当建立制衡机制，关于应当一人操作，一人复核，复核应当留痕的业务种类，下列说法中，正确的有(　　)。

Ⅰ. 客户资金账户及证券账户的开立

Ⅱ. 客户资金账户及证券账户的信息修改

Ⅲ. 建立及变更客户资金存管关系

Ⅳ. 客户证券账户转托管和撤销指定交易

A. Ⅱ、Ⅲ　B. Ⅰ、Ⅳ

C. Ⅰ、Ⅱ、Ⅲ、Ⅳ　D. Ⅰ、Ⅲ、Ⅳ

20. 下列关于风险管理的说法，正确的有(　　)。

Ⅰ. 证券公司应当保障首席风险官的独立性

Ⅱ. 公司董事不得违反规定程序，直接向首席风险官下达指令或者干涉其工作

Ⅲ. 证券公司应当配备充足的专业人员从事风险管理工作，并提供相应的工作支持和保障。风险管理人员应当熟悉证券业务并具备相应的风险管理技能

Ⅳ. 证券公司风险管理部门具备3年以上相关工作经历的人员占公司总部员工比例应不低于2%

A. Ⅰ、Ⅱ、Ⅲ、Ⅳ　B. Ⅰ、Ⅱ、Ⅳ

C. Ⅰ、Ⅲ　D. Ⅱ、Ⅲ、Ⅳ

21. 根据相关规定，期货公司不得接受(　　)委托为其进行期货交易。

Ⅰ. 国家机关和事业单位

Ⅱ. 国务院期货监督管理机构、期货交易所、期货保证金安全存管监控机构和期货业协会的工作人员

Ⅲ. 证券、期货市场禁止进入者

Ⅳ. 未能提供开户证明材料的单位和个人

A. Ⅰ、Ⅲ　　B. Ⅰ、Ⅱ、Ⅲ、Ⅳ

C. Ⅰ、Ⅱ　　D. Ⅱ、Ⅲ、Ⅳ

22. 除符合一定政策支持的创业投资基金及其他上交所认可的情形外，下列不得成为股票质押式回购业务融入方的有(　　)。

Ⅰ. 金融机构

Ⅱ. 证券公司及其资产管理子公司管理的公开募集集合资产管理计划

Ⅲ. 信托公司发行的信托产品

Ⅳ. 私募证券投资机构

A. Ⅰ、Ⅲ、Ⅳ　　B. Ⅱ、Ⅲ　　C. Ⅰ、Ⅱ　　D. Ⅰ、Ⅱ、Ⅲ、Ⅳ

23. 保荐人出具有虚假记载、误导性陈述或者重大遗漏的保荐书，或者不履行其他法定职责，有可能受到监管机构(　　)的监督、处罚措施。

Ⅰ. 责令改正、给予警告

Ⅱ. 暂停或者撤销相关业务许可

Ⅲ. 对直接负责的主管人员和其他直接责任人员给予记过处分

Ⅳ. 没收业务收入，并处罚款

A. Ⅰ、Ⅱ、Ⅳ　　B. Ⅰ、Ⅲ、Ⅳ　　C. Ⅱ、Ⅳ　　D. Ⅱ、Ⅲ

24. 下列属于私募基金管理人、私募基金托管人、私募基金销售机构及其他私募服务机构及其从业人员从事私募基金业务禁止行为的有(　　)。

Ⅰ. 将其固有财产或者他人财产混同于基金财产从事投资活动

Ⅱ. 利用基金财产或者职务之便，为本人或者投资者以外的人牟取利益，进行利益输送

Ⅲ. 玩忽职守，不按照规定履行职责

Ⅳ. 泄露因职务便利获取的未公开信息，利用信息从事或者明示、暗示他人从事相关交易活动

A. Ⅰ、Ⅱ、Ⅳ　　B. Ⅰ、Ⅱ、Ⅲ、Ⅳ

C. Ⅱ、Ⅲ、Ⅳ　　D. Ⅲ、Ⅳ

25. 下列关于有限责任公司监事会的说法中，错误的有(　　)。

Ⅰ. 有限责任公司设监事会的，其成员不得少于 2 人

Ⅱ. 股东人数较少或者规模较小的，可以不设监事会

Ⅲ. 监事会应当包括不高于总人数的 1/3 的公司职工代表

Ⅳ. 董事、高级管理人员不可以兼任监事

A. Ⅰ、Ⅱ　　B. Ⅰ、Ⅱ、Ⅳ　　C. Ⅰ、Ⅲ　　D. Ⅲ、Ⅳ

26. 下列关于证券自营业务的说法中，正确的有(　　)。

Ⅰ. 证券公司可以设立子公司开展自营业务

Ⅱ. 证券公司可以委托具备资产管理业务资格的其他证券公司进行证券投资

Ⅲ. 证券公司可以委托基金管理公司进行证券投资

Ⅳ. 具备证券自营业务资格的证券公司可以参与股指期货交易

A. Ⅲ、Ⅳ　　B. Ⅰ、Ⅱ、Ⅲ

C. Ⅰ、Ⅱ、Ⅲ、Ⅳ　　D. Ⅰ、Ⅱ、Ⅳ

27. 公司需要变更登记的行为有(　　)。

Ⅰ. 修改公司章程　　Ⅱ. 公司解散

Ⅲ. 改变经营范围　　Ⅳ. 变更法定代表人

A. Ⅱ、Ⅲ、Ⅳ　B. Ⅰ、Ⅱ、Ⅳ　C. Ⅰ、Ⅲ、Ⅳ　D. Ⅰ、Ⅱ、Ⅲ

28. 证券经纪人在执业过程中不得(　　)。

Ⅰ. 以所服务证券营业部的名义，与客户签订合同

Ⅱ. 代客户在相关合同上签字

Ⅲ. 向客户提供非由所服务证券公司统一提供的研究报告

Ⅳ. 通过互联网络、新闻媒体从事客户招揽和客户服务活动

A. Ⅰ、Ⅳ　B. Ⅱ、Ⅲ、Ⅳ　C. Ⅰ、Ⅱ、Ⅲ　D. Ⅰ、Ⅱ、Ⅲ、Ⅳ

29. 下列有关保荐业务的表述中，正确的有(　　)。

Ⅰ. 证券公司从事证券发行上市保荐业务，应依照规定向中国证监会申请保荐机构资格

Ⅱ. 保荐代表人应当维护发行人的合法利益，对从事保荐业务过程中获知的发行人信息保密

Ⅲ. 同次发行的证券，其发行保荐和上市保荐应当由不同保荐机构承担

Ⅳ. 保荐机构持有发行人的股份合计超过7%时，保荐机构在推荐发行人证券发行上市时，应联合一家无关联保荐机构作为第二保荐机构共同履行保荐职责

A. Ⅰ、Ⅱ、Ⅳ　B. Ⅰ、Ⅳ　C. Ⅰ、Ⅱ　D. Ⅲ、Ⅳ

30. 证券公司应当建立合理的内部控制(　　)机制，确保内部控制的有效性。

Ⅰ. 决策　Ⅱ. 监督　Ⅲ. 检查　Ⅳ. 评价

A. Ⅰ、Ⅳ　B. Ⅱ、Ⅲ、Ⅳ

C. Ⅰ、Ⅱ、Ⅲ、Ⅳ　D. Ⅰ、Ⅱ、Ⅲ

31. 根据合伙人对合伙企业债务承担的责任不同，合伙企业可分为(　　)。

Ⅰ. 个人合伙　　Ⅱ. 普通合伙企业

Ⅲ. 特殊普通合伙企业　　Ⅳ. 有限合伙企业

A. Ⅰ、Ⅱ、Ⅳ　B. Ⅱ、Ⅲ、Ⅳ

C. Ⅰ、Ⅱ、Ⅲ、Ⅳ　D. Ⅱ、Ⅳ

32. 根据《证券、期货投资咨询管理暂行办法》，证券、期货投资咨询人员在报刊、电台、电视台或者其他传播媒体上发表投资咨询文章、报告或者意见时，必须(　　)。

Ⅰ. 注明所在证券、期货投资咨询机构的名称

Ⅱ. 注明个人真实姓名

Ⅲ. 注明联系电话

Ⅳ. 对投资风险作充分说明

A. Ⅰ、Ⅱ　B. Ⅰ、Ⅱ、Ⅳ　C. Ⅲ、Ⅳ　D. Ⅰ、Ⅱ、Ⅲ、Ⅳ

33. 证券公司向客户推介金融产品，应当评估客户购买金融产品的适当性，这包括了解(　　)。

Ⅰ. 客户的身份　　Ⅱ. 客户的财产和收入状况

Ⅲ. 客户的金融知识　　Ⅳ. 客户的投资目标

A. Ⅰ、Ⅱ、Ⅳ　B. Ⅱ、Ⅲ、Ⅳ　C. Ⅰ、Ⅲ　D. Ⅰ、Ⅱ、Ⅲ、Ⅳ

34. 按照《证券公司内部控制指引》的要求，证券公司应当建立的机制和制度包括(　　)。

Ⅰ. 动态的净资本监控机制　　Ⅱ. 逐级问责制度

Ⅲ. 隔离墙制度　　Ⅳ. 危机处理机制

A. Ⅰ、Ⅱ、Ⅳ　　B. Ⅱ、Ⅲ　　C. Ⅰ、Ⅲ　　D. Ⅰ、Ⅱ、Ⅲ、Ⅳ

35. 下列关于证券公司柜台市场发行、销售与转让产品的说法，正确的有(　　)。

Ⅰ. 除金融监管部门明确规定事后备案的私募产品外，在柜台市场发行、销售与转让的产品必须事前审批、备案

Ⅱ. 证券公司不得采取做市、拍卖竞价等方式销售与转让私募产品

Ⅲ. 证券公司在柜台市场发行、销售与转让的产品包括但不限于以非公开募集方式承销的公司债务融资工具

Ⅳ. 证券公司在柜台市场发行、销售与转让的产品包括但不限于银行、保险公司、信托公司等其他机构设立并通过证券公司发行、销售与转让的产品

A. Ⅲ、Ⅳ　　B. Ⅱ、Ⅲ　　C. Ⅰ、Ⅱ　　D. Ⅰ、Ⅳ

36. 证券公司与其股东(或者股东的关联方)之间不得有的行为包括(　　)。

Ⅰ. 持有股东的股权，但法律、行政法规或者中国证监会另有规定的除外

Ⅱ. 通过购买股东持有的证券等方式向股东输送不当利益

Ⅲ. 股东违规占用公司资产

Ⅳ. 法律、行政法规或者中国证监会禁止的其他行为

A. Ⅰ、Ⅲ　　B. Ⅱ、Ⅳ　　C. Ⅰ、Ⅱ、Ⅲ　　D. Ⅰ、Ⅱ、Ⅲ、Ⅳ

37. 下列关于分公司法律地位的说法，正确的有(　　)。

Ⅰ. 分公司具有独立的法人资格

Ⅱ. 分公司独立承担民事责任

Ⅲ. 分公司可以依法独立从事生产经营活动

Ⅳ. 分公司从事经营活动的民事责任由总公司承担

A. Ⅰ、Ⅲ　　B. Ⅱ、Ⅲ　　C. Ⅲ、Ⅳ　　D. Ⅰ、Ⅱ

38. 金融机构应当按照(　　)的原则，妥善保存客户身份资料和交易记录，确保能足以重现每项交易，以提供识别客户身份、监测分析交易情况、调查可疑交易活动和查处洗钱案件所需的信息。

Ⅰ. 安全　　Ⅱ. 准确　　Ⅲ. 完整　　Ⅳ. 保密

A. Ⅰ、Ⅱ、Ⅲ　　B. Ⅱ、Ⅳ

C. Ⅰ、Ⅱ、Ⅲ、Ⅳ　　D. Ⅰ、Ⅲ、Ⅳ

39. 甲、乙、丙、丁均为证券业财务与会计人员，甲在下班后兼职与主业有冲突的岗位，乙经公司授权动用了单位的资金 200 万元，丙为更方便使用公司资金，擅自修改了财务系统，丁丢弃了公司部分财务凭证。以上(　　)的行为是证券业财务与会计人员的禁止性行为。

Ⅰ. 甲　　Ⅱ. 乙　　Ⅲ. 丙　　Ⅳ. 丁

A. Ⅰ、Ⅱ、Ⅲ　　B. Ⅰ、Ⅱ、Ⅳ　　C. Ⅰ、Ⅲ、Ⅳ　　D. Ⅱ、Ⅲ、Ⅳ

40. 下列属于证券公司从事证券经纪业务的禁止性行为的有(　　)。

Ⅰ. 挪用客户所委托买卖的证券或者客户账户上的资金

Ⅱ. 假借客户的名义买卖证券
Ⅲ. 违背客户的委托为其买卖证券
Ⅳ. 接受客户的全权委托而决定证券买卖、选择证券种类、决定买卖数量或者买卖价格

A. Ⅰ、Ⅱ、Ⅳ　　B. Ⅰ、Ⅱ、Ⅲ、Ⅳ
C. Ⅰ、Ⅱ、Ⅲ　　D. Ⅲ、Ⅳ

41. 证券公司从事上市公司并购重组财务顾问业务，应当具备的条件包括(　　)。
Ⅰ. 具有健全且运行良好的内部控制机制和管理制度，严格执行风险控制和内部隔离制度
Ⅱ. 公司控股股东、实际控制人信誉良好且最近3年无重大违法违规记录
Ⅲ. 公司净资本符合中国证券业协会的规定
Ⅳ. 财务顾问主办人不少于5人

A. Ⅰ、Ⅱ、Ⅳ　　B. Ⅰ、Ⅲ、Ⅳ　　C. Ⅱ、Ⅳ　　D. Ⅰ、Ⅱ

42. 设立股份有限公司，发起人不可以用(　　)出资。
Ⅰ. 知识产权　　Ⅱ. 劳务　　Ⅲ. 土地使用权　　Ⅳ. 设定担保的财产

A. Ⅱ、Ⅳ　　B. Ⅱ、Ⅲ　　C. Ⅰ、Ⅲ　　D. Ⅰ、Ⅱ

43. 有下列情形(　　)之一的，证券公司资产管理集合计划应当终止。
Ⅰ. 计划存续期间，客户少于200人
Ⅱ. 计划存续期满且不展期
Ⅲ. 计划说明书约定的终止情形
Ⅳ. 计划存续期间，集合计划总资产规模少于1亿元人民币

A. Ⅱ、Ⅲ　　B. Ⅰ、Ⅱ　　C. Ⅱ、Ⅳ　　D. Ⅰ、Ⅲ

44. 下列关于欺诈发行证券罪的构成要件表述正确的有(　　)。
Ⅰ. 行为人必须在招股说明书、认股书、公司、企业债券募集办法中隐瞒重要事实或者编造重大虚假内容
Ⅱ. 行为人必须实施了发行股票或公司、企业债券的行为
Ⅲ. 行为人制作虚假的招股说明书、认股书、公司债券募集办法发行股票或者公司、企业债券的行为，必须达到一定的严重程度
Ⅳ. 犯罪主体只能为单位

A. Ⅰ、Ⅱ、Ⅲ　　B. Ⅰ、Ⅱ、Ⅲ、Ⅳ
C. Ⅱ、Ⅲ、Ⅳ　　D. Ⅰ、Ⅳ

45. 根据《中华人民共和国合伙企业法》，普通合伙企业合伙人的出资方式中，正确的做法有(　　)。
Ⅰ. 以实物出资的，可以由全体合伙人协商确定评估作价
Ⅱ. 以知识产权出资的，必须由全体合伙人委托法定评估机构评估
Ⅲ. 以劳务出资的，其评估办法由全体合伙人协商确定，并在合伙协议中载明
Ⅳ. 以土地使用权出资的，可以由全体合伙人协商确定评估作价

A. Ⅱ、Ⅳ　　B. Ⅰ、Ⅲ、Ⅳ
C. Ⅰ、Ⅱ、Ⅲ、Ⅳ　　D. Ⅰ、Ⅱ、Ⅲ

46. 证券公司在交易所从事融资融券交易，应按照有关规定开立(　　)，并在开户后3个

交易日内报交易所备案。

Ⅰ. 融券专用证券账户

Ⅱ. 客户信用交易担保证券账户

Ⅲ. 融资专用资金账户

Ⅳ. 客户信用交易担保资金账户

A. Ⅰ、Ⅱ、Ⅲ、Ⅳ

B. Ⅰ、Ⅱ、Ⅲ

C. Ⅰ、Ⅲ、Ⅳ

D. Ⅱ、Ⅲ、Ⅳ

47. 证券期货经营机构及其工作人员违反《证券期货经营机构及其工作人员廉洁从业规定》，有下列(　　)情形的，中国证监会应当从重处理。

Ⅰ. 直接、间接或唆使、协助他人向监管人员输送利益

Ⅱ. 连续或者多次违反该规定

Ⅲ. 曾为公职人员特别是监管人员，以及曾任证券期货经营机构合规风控职务的人员违反本规定

Ⅳ. 涉及金额较大或涉及人员较多、产生恶劣社会影响

A. Ⅰ、Ⅲ、Ⅳ

B. Ⅰ、Ⅱ

C. Ⅰ、Ⅱ、Ⅲ、Ⅳ

D. Ⅱ、Ⅲ

48. 期货公司办理下列(　　)事项，应当经国务院期货监督管理机构批准。

Ⅰ. 合并、分立、停业、解散或者破产

Ⅱ. 变更业务范围

Ⅲ. 变更注册资本且调整股权结构

Ⅳ. 新增持有5%以上股权的股东或者控股股东发生变化

A. Ⅰ、Ⅱ、Ⅳ

B. Ⅰ、Ⅱ、Ⅲ、Ⅳ

C. Ⅰ、Ⅲ、Ⅳ

D. Ⅱ、Ⅲ

49. 保荐机构的持续督导内容有(　　)。

Ⅰ. 关注发行人为他人提供担保事项，并发表意见

Ⅱ. 防止大股东和其他关联方违规占用发行人资源

Ⅲ. 防止公司高管人员利用职务之便损害发行人利益

Ⅳ. 保障关联交易的公允性和合规性，并对关联交易发表意见

A. Ⅰ、Ⅱ、Ⅲ　　B. Ⅲ、Ⅳ　　C. Ⅰ、Ⅱ、Ⅳ　　D. Ⅰ、Ⅱ、Ⅲ、Ⅳ

50. 在收购上市公司的业务中，以下有关独立财务顾问说法正确的有(　　)。

Ⅰ. 独立财务顾问一般由收购人聘请

Ⅱ. 独立财务顾问由上市公司董事会或者独立董事聘请

Ⅲ. 独立财务顾问不得同时担任收购人的财务顾问或者与收购人的财务顾问存在关联关系

Ⅳ. 独立财务顾问应对收购人是否具备主体资格发表明确意见

A. Ⅱ、Ⅲ、Ⅳ　　B. Ⅰ、Ⅱ、Ⅳ　　C. Ⅰ、Ⅱ、Ⅲ　　D. Ⅰ、Ⅲ、Ⅳ

《证券市场基本法律法规》机考题库·真题试卷(六)
参考答案及详解

一、选择题(共50题，每题1分，共50分)以下备选项中只有1项符合题目要求，不选、错选均不得分。

1. **【答案】**C

【解析】保荐代表人必须为其具体负责的每一项目建立尽职调查工作日志，作为保荐工作底稿的一部分存档备查；保荐机构应当定期对尽职调查工作日志进行检查。保荐工作底稿应当真实、准确、完整地反映整个保荐工作的全过程，保存期不少于20年。

2. **【答案】**B

【解析】证券公司不得为客户开立信用业务账户的情形：①未按照要求提供有关情况；②从事证券交易时间不足半年；③缺乏风险承担能力；④最近20个交易日日均证券类资产低于50万元或者有重大违约记录的；⑤本公司的股东(不包括仅持有上市证券公司5%以下流通股份的股东)、关联人。

3. **【答案】**A

【解析】《发布证券研究报告暂行规定》是证券公司、证券投资咨询机构发布证券研究报告的规范。证券公司经纪业务涉及的主要部门规章及规范性文件包括《客户交易结算资金管理办法》《证券登记结算管理办法》《关于加强证券经纪业务管理的规定》《证券经纪人管理暂行规定》《中国证券业协会证券经纪人执业规范(试行)》《证券公司开立客户账户规范》《中国证券登记结算有限责任公司证券账户管理规则》《中国证券登记结算有限责任公司证券账户非现场开户实施细则》《内地与香港股票市场交易互联互通机制若干规定》等。

4. **【答案】**D

【解析】根据《证券法》相关规定，证券公司申请在全国股份转让系统从事推荐业务应具备下列条件：①具备证券承销与保荐业务资格。②设立推荐业务专门部门，配备合格专业人员；建立尽职调查制度、工作底稿制度、内核工作制度、持续督导制度及其他推荐业务管理制度。③全国股份转让系统公司规定的其他条件。

5. **【答案】**D

【解析】证券公司、证券投资咨询机构和其他财务顾问机构有下列情形之一的，不得担任财务顾问：①最近24个月内存在违反诚信的不良记录；②最近24个月内因执业行为违反行业规范而受到行业自律组织的纪律处分；③最近36个月内因违法违规经营受到处罚或者因涉嫌违法违规经营正在被调查。

6. **【答案】**A

【解析】经营机构向普通投资者销售产品或者提供服务前，应当告知下列信息：①可能直接导致本金亏损的事项；②可能直接导致超过原始本金损失的事项；③因经营机构的业务或者财产状况变化，可能导致本金或者原始本金亏损的事项；④因经营机构的业务或者财产状况变化，影响客户判断的重要事由；⑤限制销售对象权利行使期限或者可解除合同期限等全部限制内容；⑥投资者适当性匹配意见。

7. 【答案】C

【解析】在过渡期内，收购人不得通过控股股东提议改选公众公司董事会，确有充分理由改选董事会的，来自收购人的董事不得超过董事会成员总数的1/3；被收购公司不得为收购人及其关联方提供担保；被收购公司不得发行股份募集资金。

8. 【答案】A

【解析】基金财产的独立性包括基金财产本身的独立性以及基金财产债权债务的独立性，其中，基金财产本身的独立性包括：①基金财产独立于基金管理人、基金托管人的固有财产；②基金管理人、基金托管人因基金财产的管理、运用或者其他情形而取得的财产和收益，归入基金财产；③基金管理人、基金托管人因依法解散、被依法撤销或者被依法宣告破产等原因进行清算的，基金财产不属于其清算财产。

9. 【答案】D

【解析】证券公司的董事、高级管理人员应当对证券公司年度合规报告签署确认意见，保证报告的内容真实、准确、完整；对报告内容有异议的，应当注明意见和理由。

10. 【答案】D

【解析】董事和高级管理人员负责公司的经营决策和日常管理，董事和高级管理人员不得有下列行为：①挪用公司资金；②将公司资金以其个人名义或者以其他个人名义开立账户存储；③违反公司章程的规定，未经股东会、股东大会或者董事会同意，将公司资金借贷给他人或者以公司财产为他人提供担保；④违反公司章程的规定或者未经股东会、股东大会同意，与本公司订立合同或者进行交易；⑤未经股东会或者股东大会同意，利用职务便利为自己或者他人谋取属于公司的商业机会，自营或者为他人经营与所任职公司同类的业务；接受他人与公司交易的佣金归为己有；⑥擅自披露公司秘密；⑦违反对公司忠实义务的其他行为。董事、高级管理人员违反前述规定所得的收入应当归公司所有。

11. 【答案】B

【解析】股票期权交易实行当日无负债结算制度要求证券登记结算机构应当在当日及时将结算结果通知结算参与人，结算参与人据此对投资者进行结算，并应当将结算结果按照与投资者约定的方式及时通知投资者。投资者应当及时查询并妥善处理自己的交易持仓。

12. 【答案】A

【解析】基金合同一经依法订立，即对基金合同当事人各方产生约束力。基金份额持有人、基金管理人和基金托管人既是基金合同的主体，也是基金法律关系的主体。

13. 【答案】B

【解析】在内幕信息敏感期内，与内幕信息知情人员联络、接触，从事或者明示、暗示他人从事，或者泄露内幕信息导致他人从事与该内幕信息有关的证券、期货交易，相关交易行为明显异常，且无正当理由或者正当信息来源的人员，属于非法获取证券、期货交易内幕信息的人员。

14. 【答案】A

【解析】证券市场部门规章文件由中国证监会根据法律和国务院行政法规制定，其法律效力次于法律和行政法规。《期货公司监督管理办法》属于部门规章。

15. 【答案】A

【解析】投资者保护机构受50名以上投资者委托，可以作为代表人参加诉讼，并为经证券登记结算机构确认的权利人依照规定向人民法院登记，但投资者明确表示不愿意参加该诉讼的除外。

16. 【答案】D

【解析】《公司法》中所称的上市公司，是指其股票在证券交易所上市交易的股份有限公司。

17. 【答案】B

【解析】公开募集基金的基金管理人的董事、监事和高级管理人员，应当熟悉证券投资方面的法律、行政法规，具有三年以上与其所任职务相关的工作经历；高级管理人员还应当具备基金从业资格。

18. 【答案】A

【解析】根据《证券法》，证券的发行、交易活动，必须遵循公开、公平、公正的原则。证券发行、交易活动的当事人具有平等的法律地位，应当遵守自愿、有偿、诚实信用的原则。

19. 【答案】D

【解析】期货交易所不以营利为目的，按照其章程的规定实行自律管理。期货交易所以其全部财产承担民事责任。期货交易所的负责人由国务院期货监督管理机构任免。

20. 【答案】A

【解析】合格投资者投资于单只固定收益类产品的金额不低于30万元，投资于单只混合类产品的金额不低于40万元，投资于单只权益类产品、单只商品及金融衍生品类产品的金额不低于100万元。

21. 【答案】D

【解析】根据《公司法》，发起人、认股人缴纳股款或者交付抵作股款的出资后，除未按期募足股份、发起人未按期召开创立大会或者创立大会决议不设立公司的情形外，不得抽回其股本。

22. 【答案】B

【解析】根据《证券公司监督管理条例》，证券公司的股东应当用货币或者证券公司经营必需的非货币财产出资。证券公司股东的非货币财产出资总额不得超过证券公司注册资本的30%。但是，在证券公司经营过程中，证券公司的债权人将其债权转为证券公司股权的，不受前述规定的限制。

23. 【答案】D

【解析】证券基金投资咨询机构应当妥善保存客户委托文件、核查和验证资料、工作底稿以及与内部管理、业务经营有关的信息和资料，不得泄露、隐匿、伪造、篡改或者毁损。上述信息和资料的保存期限不得少于10年，自业务委托结束之日起算。

24. 【答案】C

【解析】证券金融公司开展转融通业务，应当向证券公司收取一定比例的保证金。保证金可以证券充抵，但货币资金占应收取保证金的比例不得低于15%。可充抵保证金证券的种类和折算率由证券金融公司确定并公布。

25. 【答案】A

【解析】证券发行人的权利，是指请求召开证券持有人会议、参加证券持有人会议、提案、表决、配售股份的认购、请求分配投资收益等因持有证券而产生的权利。对转融通担保证券账户内记录的证券，由证券金融公司以自己的名义，行使对证券发行人的权利。

26. 【答案】B

【解析】B 项，证券公司不得为身份不明的客户提供服务或者与其进行交易，不得为客户开立匿名账户或者假名账户。

27. 【答案】C

【解析】根据《证券公司监督管理条例》第三十四条，证券公司向客户提供投资建议，不得对证券价格的涨跌或者市场走势做出确定性的判断。

28. 【答案】D

【解析】合规负责人违反《证券公司和证券投资基金管理公司合规管理办法》规定的，中国证监会可以采取出具警示函、责令参加培训、责令改正、监管谈话、认定为不适当人选等行政监管措施。

29. 【答案】B

【解析】根据《合伙企业法》，设立合伙企业应当具备下列条件：①有 2 个以上合伙人；合伙人为自然人的，应当具有完全民事行为能力；②有书面合伙协议；③有合伙人认缴或者实际缴付的出资；④有合伙企业的名称和生产经营场所；⑤法律、行政法规规定的其他条件。

30. 【答案】A

【解析】资产管理产品可以再投资一层资产管理产品，但所投资的资产管理产品不得再投资公募证券投资基金以外的资产管理产品。金融机构将资产管理产品投资于其他机构发行的资产管理产品，从而将本机构的资产管理产品资金委托给其他机构进行投资的，该受托机构应当为具有专业投资能力和资质的受金融监督管理部门监管的机构。

31. 【答案】B

【解析】证券登记结算机构应履行下列职能：①证券账户、结算账户的设立；②证券的存管和过户；③证券持有人名册登记；④证券交易的清算和交收；⑤受发行人的委托派发证券权益；⑥办理与上述业务有关的查询、信息服务；⑦国务院证券监督管理机构批准的其他业务。

32. 【答案】B

【解析】从法的表现形态上看，法是一种社会规范，对人们的行为或社会关系确定了规则及标准，并具有普遍的约束力。法的规范性体现在：①规定了人们可以为一定行为或不为一定行为，或者人们可以请求他人为或不为一定行为，体现了人们依法享有的权利；②规定了人们应当为一定行为或不得为一定行为，体现了人们依法应履行的义务；③规定了人们在应当为而不为或不应当为而为的情况下所产生的后果，体现了人们在违反法定义务后应承担的责任。

33. 【答案】B

【解析】背信运用受托财产，是指商业银行、证券交易所、期货交易所、证券公司、期货经纪公司、保险公司或者其他金融机构，违背受托义务，擅自运用客户资金或者其他委托、信托的财产，情节严重的行为。该罪的主体是特殊主体，为商业银行、证券交易所、期货交易所、证券公司、期货经纪公司、保险公司或者其他金融机构。

34. 【答案】B

【解析】证券公司有下列情形之一的，独立董事人数不得少于董事人数的1/4：①董事长、经营管理的主要负责人由同一人担任；②内部董事人数占董事人数1/5以上；③中国证监会认定的其他情形。

35. 【答案】B

【解析】证券公司年度报告中的财务会计报告、风险控制指标报告以及国务院证券监督管理机构规定的其他专项报告，应当经具有证券、期货相关业务资格的会计师事务所审计。证券公司年度报告应当附有该会计师事务所出具的内部控制评审报告。

36. 【答案】B

【解析】诱骗投资者买卖证券、期货合约，是指证券交易所、期货交易所、证券公司、期货经纪公司的从业人员，证券业协会、期货业协会或者证券期货监督管理部门的工作人员，故意提供虚假信息或者伪造、变造、销毁交易记录，诱骗投资者买卖证券、期货合约，造成严重后果的行为。

37. 【答案】C

【解析】根据《证券公司和证券投资基金管理公司合规管理办法》，证券公司开展各项业务，应当遵循合规经营、勤勉尽责，坚持客户利益至上原则。证券公司的合规应当覆盖所有业务，各部门、各分支机构、各层级子公司和全体工作人员，贯穿决策、执行、监督、反馈等各个环节。

38. 【答案】A

【解析】根据《证券经纪人管理暂行规定》，证券公司应当建立健全客户回访制度，指定人员定期通过面谈、电话、信函或者其他方式对证券经纪人招揽和服务的客户进行回访，了解证券业务营销人员的执业情况，并作出完整记录。负责客户回访的人员不得从事客户招揽和客户服务活动。

39. 【答案】C

【解析】客户向证券公司下达委托指令的方式由双方约定，其中客户委托指令的下达方式包括柜台委托、自助委托以及证券公司认可的其他合法委托方式，自助委托包括网上委托、电话委托、热键委托等。

40. 【答案】D

【解析】证券公司应建立并完善融资策略，提高融资来源的多元化和稳定程度，建立包括但不限于银行借款、同业拆借、债券、收益凭证、短期融资券、证券回购等灵活的场内及场外融资渠道。证券公司动用客户资金是违规行为，并需要三方存管制度来进行管理客户资金。

41. 【答案】B

【解析】根据《公司法》的相关规定，有限责任公司变更为股份有限公司时，折合的实收股本总额不得高于公司净资产额。有限责任公司变更为股份有限公司，为增加资本公开发行股份时，应当依法办理。

42. 【答案】B

【解析】根据《公司法》，公司分配当年税后利润时，应当提取利润的百分之十列入公司法定公积金。公司法定公积金累计额为公司注册资本的百分之五十以上的，可以不再提取。

43. 【答案】A

【解析】客户交易结算资金的存取，应当通过指定商业银行办理。指定商业银行应当保证客户能够随时查询客户的交易结算资金的余额及变动情况。指定商业银行的名单，由国务院证券监督管理机构会同国务院银行保险监督管理机构确定并公告。

44. 【答案】D

【解析】根据《上海证券交易所融资融券交易实施细则》，证券公司可以与客户自行约定追加担保物后的维持担保比例要求，仅计算现金及信用证券账户内证券市值总和的维持担保比例超过300%时，客户可以提取保证金可用余额中的现金、充抵保证金的证券，但提取后仅计算现金及信用证券账户内证券市值总和的维持担保比例不得低于300%。

45. 【答案】B

【解析】从业人员受到协会“暂停执业”纪律处分的，协会予以中止登记。从业人员受到刑事处罚、被证券市场禁入或受到协会“终止执业”纪律处分的，协会予以注销登记。

46. 【答案】C

【解析】A项，非依法律规定，证券公司不得擅自解除冻结措施。BD两项，证券公司对根据《涉及恐怖活动资产冻结管理办法》被采取冻结措施的资产的管理及处置，应当按照中国人民银行、中国证监会等相关规定执行；没有规定的，参照公安机关、国家安全机关、检察机关的相关规定执行。

47. 【答案】C

【解析】根据《期货交易管理条例》，期货交易的结算，由期货交易所统一组织进行。期货交易所实行当日无负债结算制度。期货交易所应当在当日及时将结算结果通知会员。

48. 【答案】D

【解析】诚信信息的效力期限为：①基本信息长期有效。②奖励信息、处罚处分信息效力期限为3年，但因证券期货违法行为被行政处罚、市场禁入的信息，效力期限为5年。

49. 【答案】A

【解析】证券公司设立另类子公司，应当符合以下要求：①具有健全的公司治理结构，完善有效的内部控制机制、风险管理制度和合规管理制度，防范与另类子公司之间出现风险传递和利益冲突；②具备中国证监会核准的证券自营业务资格；③最近6个月内各项风险控制指标符合中国证监会及中国证券业协会的相关要求，且设立另类子公司后，各项风险控制指标仍持续符合规定；④最近1年未因重大违法违规行为受到刑事或行政处罚，且不存在因涉嫌重大违法违规正受到监管部门和有关机关调查的情形；⑤公司章程有关条款中明确规定公司可以设立另类子公司，并经注册地中国证监会派出机构审批；⑥以自有资金全资设立另类子公司，不得采用股份代持等其他方式变相与其他投资者共同出资设立另类子公司；⑦中国证监会及中国证券业协会规定的其他条件。

50. 【答案】A

【解析】发行人及法律、行政法规和国务院证券监督管理机构规定的其他信息披露义务人，应当及时依法履行信息披露义务。信息披露义务人披露的信息，应当真实、准确、完整，简明清晰，通俗易懂，不得有虚假记载、误导性陈述或者重大遗漏。

二、组合型选择题(共50题，每题1分，共50分)以下备选项中只有1项最符合题目要求，不选、错选均不得分。

1. 【答案】A

【解析】《中华人民共和国证券法》规定，公开发行公司债券的，应当设立债券持有人会议，并应当在募集说明书中说明债券持有人会议的召集程序、会议规则和其他重要事项。公开发行公司债券的，发行人应当为债券持有人聘请债券受托管理人，并订立债券受托管理协议。受托管理人应当由本次发行的承销机构或者其他经国务院证券监督管理机构认可的机构担任，债券持有人会议可以决议变更债券受托管理人。债券受托管理人应当勤勉尽责，公正履行受托管理职责，不得损害债券持有人利益。债券发行人未能按期兑付债券本息的，债券受托管理人可以接受全部或者部分债券持有人的委托，以自己名义代表债券持有人提起、参加民事诉讼或者清算程序。

2. 【答案】B

【解析】证券公司应当将收取的保证金以及客户融资买入的全部证券和融券卖出所得全部价款，分别存放在客户信用交易担保证券账户和客户信用交易担保资金账户，作为对该客户融资融券所生债权的担保物。

3. 【答案】C

【解析】法律关系由主体、客体与内容三个要素构成。法律关系主体，是指在法律关系中享有权利和承担义务的人，简称为“法律主体”。法律关系客体是法律关系主体的权利和义务所指向的对象，是法律关系产生和存在的前提，表现为一定利益的法律形式。法律关系的内容是指法律关系中的权利和义务。

4. 【答案】C

【解析】下列人员不得担任独立董事：①在上市公司或者其附属企业任职的人员及其直系亲属、主要社会关系(直系亲属是指配偶、父母、子女等；主要社会关系是指兄弟姐妹、岳父母、儿媳女婿、兄弟姐妹的配偶、配偶的兄弟姐妹等)。②直接或间接持有上市公司已发行股份1%以上或者是上市公司前10名股东中的自然人股东及其直系亲属。③在直接或间接持有上市公司已发行股份5%以上的股东单位或者在上市公司前5名股东单位任职的人员及其直系亲属。④最近一年内曾经具有前三项所列举情形的人员。⑤为上市公司或者其附属企业提供财务、法律、咨询等服务的人员。⑥公司章程规定的其他人员。⑦中国证监会认定的其他人员。

5. 【答案】C

【解析】证券公司增加注册资本且股权结构发生重大调整，减少注册资本，变更业务范围或者公司章程中的重要条款，合并、分立，设立、收购或者撤销境内分支机构，在境外设立、收购、参股证券经营机构，应当经国务院证券监督管理机构批准。

6. 【答案】D

【解析】当期货市场出现异常情况时，期货交易所可以按照其章程规定的权限和程序，决定采取下列紧急措施，并应当立即报告国务院期货监督管理机构：①提高保证金；②调整涨跌停板幅度；③限制会员或者客户的最大持仓量；④暂时停止交易；⑤采取其他紧急措施。

7. 【答案】D

【解析】Ⅱ项，发行证券的信息依法公开前，任何知情人不得公开或者泄露该信息。Ⅳ项，向不特定对象发行证券为公开发行证券，必须符合法律、行政法规规定的条件，并依法报经国务院证券监督管理机构或者国务院授权的部门注册。未经依法注册，任何单位和个人不得公开发行证券。

8. 【答案】B

【解析】根据《关于加强证券经纪业务管理的规定》，证券公司从事证券经纪业务的人员应当客观说明公司业务资格、服务职责、范围等情况，不得提供虚假、误导性信息，不得采取不正当竞争手段开展业务，不得诱导无投资意愿或者无风险承受能力的投资者参与证券交易活动。

9. 【答案】D

【解析】另类子公司不得存在下列行为：①向投资者募集资金开展基金业务；②从事或变相从事实体业务，财务投资的除外；③下设任何机构；④投资违背国家宏观政策和产业政策；⑤以商业贿赂等非法手段获得投资机会，或者违法违规进行交易；⑥以拟投资企业聘请母公司或母公司的承销保荐子公司担任保荐机构或主办券商作为对企业进行投资的前提；⑦为他人从事场外配资活动或非法证券活动提供便利；⑧从事融资类收益互换业务；⑨投资于高杠杆的结构化资产管理产品；⑩违反法律法规规定或合同约定的保密义务；⑪中国证监会和中国证券业协会禁止的其他行为。

10. 【答案】D

【解析】合伙企业有下列情形之一的，应当解散：①合伙期限届满，合伙人决定不再经营；②合伙协议约定的解散事由出现；③全体合伙人决定解散；④合伙人已不具备法定人数满 30 天；⑤合伙协议约定的合伙目的已经实现或者无法实现；⑥依法被吊销营业执照、责令关闭或者被撤销；⑦法律、行政法规规定的其他原因。

11. 【答案】A

【解析】违反法律、行政法规或者中国证监会有关规定，情节严重的，中国证监会可以单独对有关责任人员采取证券市场禁入措施，或者一并依法进行行政处罚；涉嫌犯罪的，依法移送公安机关、人民检察院，并可同时采取证券市场禁入措施。共同违反法律、行政法规或者中国证监会有关规定，需要采取证券市场禁入措施的，对负次要责任的人员，中国证监会可以比照应负主要责任的人员，适当从轻、减轻或者免予采取证券市场禁入措施。中国证监会采取证券市场禁入措施前，应当告知当事人采取证券市场禁入措施的事实、理由及依据，并告知当事人有陈述、申辩和要求举行听证的权利。被中国证监会采取证券市场禁入措施的人员，中国证监会将通过中国证监会网站或指定媒体向社会公布，并记入被认定为证券市场禁入者的诚信档案。

12. 【答案】D

【解析】《证券期货经营机构及其工作人员廉洁从业规定》规定，证券期货经营机构及其工作人员在开展证券期货业务及相关活动中，不得以下列方式向公职人员、客户、正在洽谈的潜在客户或者其他利益关系人输送不正当利益：①提供礼金、礼品、房产、汽车、有价证券、股权、佣金返还等财物，或者为上述行为提供代持等便利；②提供旅游、宴请、娱乐健身、工作安排等利益；③安排显著偏离公允价格的结构化、高收益、保本理财产品等交易；④直接或者间接向他人提供内幕信息、未公开信息、商业秘密和客户信息，明示或者暗示他人从事相关交易活动；⑤其他输送不正当利益的情形。

13. 【答案】A

【解析】股东会行使下列法定职权：①决定公司的经营方针和投资计划；②选举和更换非由职工代表担任的董事、监事，决定有关董事、监事的报酬事项；③审议批准董事会的报告；④审议批准监事会或者监事的报告；⑤审议批准公司的年度财务预算方案、决算方案；⑥审议批准公司的利润分配方案和弥补亏损方案；⑦对公司增加或者减少注册资本作出决议；⑧对发行公司债券作出决议；⑨对公司合并、分立、解散、清算或者变更公司形式作出决议；⑨修改公司章程；⑩公司章程规定的其他职权。

14. 【答案】D

【解析】Ⅳ项，证券公司证券自营业务涉及的部门规章及规范性文件包括《证券公司内部控制指引》。

15. 【答案】C

【解析】证券行业文化建设的基本要求包括：①坚持依法合规，筑牢发展基础；②坚持诚实守信，恪守职业操守；③坚持专业精神，提升服务能力；④坚持稳健经营，促进健康发展；⑤坚持廉洁自律，弘扬清风正气；⑥牢记社会责任，展现良好形象。

16. 【答案】C

【解析】根据《上市公司董事、监事和高级管理人员所持本公司股份及其变动管理规则》第五条，上市公司董事、监事和高级管理人员在任职期间，每年通过集中竞价、大宗交易、协议转让等方式转让的股份不得超过其所持本公司股份总数的25%，因司法强制执行、继承、遗赠、依法分割财产等导致股份变动的除外。

17. 【答案】B

【解析】证券公司自营业务中涉及自营规模、风险限额、资产配置、业务授权等方面的重大决策应当经过集体决策并采取书面形式，由相关人员签字确认后存档。

18. 【答案】D

【解析】Ⅰ、Ⅳ两项符合独立原则，即证券公司、证券投资咨询机构应当维护证券研究报告制作发布的独立性，从组织设置、人员职责上，将证券研究报告制作发布环节与销售服务环节分开管理；Ⅲ项符合审慎原则，证券公司、证券投资咨询机构制作证券研究报告应当采用严谨的研究方法和分析逻辑，基于合理的数据基础和事实依据，审慎提出研究结论。

19. 【答案】C

【解析】涉及客户资金账户及证券账户的开立、信息修改、注销，建立及变更客户资金存管关系，客户证券账户转托管和撤销指定交易等与客户权益直接相关的业务应当一人操作、一人复核，复核应当留痕。涉及限制客户资产转移、改变客户证券账户和资金账户的对应关系、客户账户资产变动记录的差错确认与调整等非常规性业务操作，应当事先审批，事后复核，审批及复核均应留痕。

20. 【答案】A

【解析】证券公司首席风控官及风险管理部门的履职保障要求：①证券公司应当保障首席风险官的独立性；②公司股东、董事不得违反规定的程序，直接向首席风险官下达指令或者干涉其工作；③证券公司应当配备充足的专业人员从事风险管理工作，并提供相应的工作支持和保障。风险管理人员应当熟悉证券业务并具备相应的风险管理技能；④风险管理部门具备3年以上的证券、金融、会计、信息技术等有关领域工作经历的人员占公司总部员工比例应不低于2%；⑤证券公司承担管理职能的业务部门应当配备专职风险管理人员，风险管理人员不得兼任与风险管理职责相冲突的职务等。

21. 【答案】B

【解析】下列单位和个人不得从事期货交易，期货公司不得接受其委托为其进行期货交易：①国家机关和事业单位；②国务院期货监督管理机构、期货交易所、期货保证金安全存管监控机构和期货业协会的工作人员；③证券、期货市场禁止进入者；④未能提供开户证明材料的单位和个人；⑤国务院期货监督管理机构规定不得从事期货交易的其他单位和个人。

22. 【答案】A

【解析】融入方不得为金融机构或者从事贷款、私募证券投资或私募股权投资、个人借贷等业务的其他机构，或者前述机构发行的产品。符合一定政策支持的创业投资基金及其他上交所认可的情形除外。证券公司及其资产管理子公司管理的公开募集集合资产管理计划不得作为融出方参与股票质押回购。

23. 【答案】A

【解析】根据《中华人民共和国证券法》，保荐人出具有虚假记载、误导性陈述或者重大遗漏的保荐书，或者不履行其他法定职责的，责令改正，给予警告，没收业务收入，并处以业务收入1倍以上10倍以下的罚款；没有业务收入或者业务收入不足100万元的，处以100万元以上1000万元以下的罚款；情节严重的，并处暂停或者撤销保荐业务许可。对直接负责的主管人员和其他直接责任人员给予警告，并处以50万元以上500万元以下的罚款。

24. 【答案】B

【解析】为切实保护投资者权益，私募基金管理人、私募基金托管人、私募基金销售机构及其他私募服务机构及其从业人员从事私募基金业务，除Ⅰ、Ⅱ、Ⅲ、Ⅳ四项外，还不得有以下行为：①不公平地对待其管理的不同基金财产；②侵占、挪用基金财产；③从事损害基金财产和投资者利益的投资活动；④从事内幕交易、操纵交易价格及其他不正当交易活动；⑤法律、行政法规和中国证监会规定禁止的其他行为。

25. 【答案】C

【解析】Ⅰ项，有限责任公司设监事会，其成员不得少于3人。Ⅲ项，监事会应当包括股东代表和适当比例的公司职工代表，其中职工代表的比例不得低于1/3，具体比例由公司章程规定。

26. 【答案】C

【解析】Ⅰ项，证券公司可以设立子公司开展自营业务，从事《证券公司证券自营投资品种清单》所列品种以外的金融产品等投资。Ⅱ、Ⅲ两项，证券公司可以委托具备证券资产管理业务资格、特定客户资产管理业务资格或者合格境内机构投资者资格的其他证券公司或者基金管理公司进行证券投资管理。Ⅳ项，具备证券自营业务资格的证券公司可以从事金融衍生产品交易，不具备证券自营业务资格的证券公司只能以对冲风险为目的，从事金融衍生产品交易。

27. 【答案】C

【解析】公司合并或者分立，登记事项发生变更的，应当依法向公司登记机关办理变更登记；公司解散的，应当依法办理公司注销登记；设立新公司的，应当依法办理公司设立登记。

28. 【答案】D

【解析】根据《证券经纪人管理暂行规定》，证券经纪人不得有下列行为：①替客户办理账户开立、注销、转移，证券认购、交易或者资金存取、划转、查询等事宜；②为客户提供非法的服务场所或者交易设施，或者通过互联网络、新闻媒体从事客户招揽和客户服务等活动。根据《中国证券业协会证券经纪人执业规范(试行)》，证券经纪人除不得有上述行为外，也不得有以下行为：①以所服务证券公司或证券营业部的名义，与客户或他人签订任何合同、协议；②代客户在相关合同、协议、文件等资料上签字；③在执业过程中索取或收受客户款项和财物；④向客户提供非由所服务证券公司统一提供的研究报告及与证券投资有关的信息、证券类金融产品宣传推介材料及有关信息；⑤违背职业道德的其他行为。

29. 【答案】C

【解析】保荐机构受聘履行保荐职责应遵守以下规定：①同次发行的证券，其发行保荐和上市保荐应当由同一保荐机构承担。②证券发行规模达到一定数量的，可以采用联合保荐，但参与联合保荐的保荐机构不得超过2家。③证券发行的主承销商可以由该保荐机构担任，也可以由其他具有保荐业务资格的证券公司与该保荐机构共同担任。④保荐机构及其控股股东、实际控制人、重要关联方持有发行人股份的，或者发行人持有、控制保荐机构股份的，保荐机构在推荐发行人证券发行上市时，应当进行利益冲突审查，出具合规审核意见，并按规定充分披露。通过披露仍不能消除影响的，保荐机构应联合1家无关联保荐机构共同履行保荐职责，且该无关联保荐机构为第一保荐机构。

30. 【答案】B

【解析】证券公司应当建立合理的内部控制监督、检查与评价机制，确保内部控制的有效性。证券公司应明确董事会、监事会、经理人员等各层级的内部控制职责。

31. 【答案】D

【解析】根据合伙人对合伙企业债务承担的责任不同，合伙企业可分为普通合伙企业和有限合伙企业。普通合伙企业由普通合伙人组成，合伙人对合伙企业债务承担无限连带责任。有限合伙企业由普通合伙人和有限合伙人组成，普通合伙人对合伙企业债务承担无限连带责任，有限合伙人以其认缴的出资额为限对合伙企业债务承担责任。

32. 【答案】B

【解析】根据《证券、期货投资咨询管理暂行办法》，证券、期货投资咨询人员在报刊、电台、电视台或者其他传播媒体上发表投资咨询文章、报告或者意见时，必须注明所在证券、期货投资咨询机构的名称和个人真实姓名，并对投资风险作充分说明。证券、期货投资咨询机构向投资人或者客户提供的证券、期货投资咨询传真件必须注明机构名称、地址、联系电话和联系人姓名。

33.【答案】D

【解析】证券公司向客户推介金融产品，应当了解客户的身份、财产和收入状况、金融知识和投资经验、投资目标、风险偏好等基本情况，评估其购买金融产品的适当性。

34.【答案】D

【解析】《证券公司内部控制指引》对证券公司建立规范、有效的内部控制制度、机制提出了以下方面的基本要求(包括但不限于)：①根据经营环境的变化，建立动态的净资本监控机制，确保净资本符合有关监管指标的要求。②加强法人统一管理，建立具体、明确、合理的授权、检查和逐级问责制度，明确界定部门、分支机构的目标、职责和权限，确保其在授权范围内行使经营管理职能。③主要业务部门之间建立健全隔离墙制度，确保经纪、自营、受托投资管理、投资银行、研究咨询等业务相对独立。电脑部门、财务部门、监督检查部门与业务部门的人员不得相互兼任，资金清算人员不得由电脑部门人员和交易部门人员兼任。④建立危机处理机制和程序，制订切实有效的应急应变措施和预案。

35.【答案】A

【解析】Ⅰ项，除金融监管部门明确规定必须事前审批、备案的私募产品外，证券公司在柜台市场发行、销售与转让的私募产品，直接实行事后备案。Ⅱ项，证券公司可以采取协议、报价、做市、拍卖竞价、标购竞价等方式发行、销售与转让私募产品，不得采用集中竞价方式，法律法规有明确规定的除外。

36.【答案】D

【解析】证券公司与其股东(或者股东的关联方)之间不得有下列行为：①持有股东的股权，但法律、行政法规或者中国证监会另有规定的除外。②通过购买股东持有的证券等方式向股东输送不当利益。③股东违规占用公司资产。④法律、行政法规或者中国证监会禁止的其他行为。

37.【答案】C

【解析】Ⅰ项，公司可以设立分公司，分公司不具有法人资格。Ⅱ、Ⅲ、Ⅳ项，分公司可以对外从事经营活动，但必须以总公司的名义，民事责任由总公司承担。

38.【答案】C

【解析】金融机构应当按照安全、准确、完整、保密的原则，妥善保存客户身份资料和交易记录，确保能足以重现每项交易，以提供识别客户身份、监测分析交易情况、调查可疑交易活动和查处洗钱案件所需的信息。

39.【答案】C

【解析】证券业财务与会计人员禁止从事以下行为：①承担与本职岗位有冲突的工作；②违反内部工作流程和岗位职责管理规定，将本人工作委托他人代为履行；③违规向其他人员提供自己保管的印章、凭证、钥匙等物品或泄露密码信息；④未经授权动用本单位的资金、财产；⑤擅自修改或危害本单位的财务系统；⑥损害、侵占、挪用和滥用本单位及其所管理的资金、财产；⑦损坏、隐匿或丢弃凭证、账簿、印章等财务资料；

⑧法律法规或自律规则规定的其他行为。

40. 【答案】B

【解析】根据《中华人民共和国证券法》和中国证券业协会《证券业从业人员执业行为准则》的规定，证券公司在从事证券经纪业务过程中禁止下列行为：①挪用客户所委托买卖的证券或者客户账户上的资金；或将客户的资金和证券借与他人，或者作为担保物或质押物；或违规向客户提供资金或有价证券。②侵占、损害客户的合法权益。③未经客户的委托，擅自为客户买卖证券，或者假借客户的名义买卖证券；违背客户的委托为其买卖证券；接受客户的全权委托而决定证券买卖、选择证券种类、决定买卖数量或者买卖价格；代理买卖法律规定不得买卖的证券。④以任何方式对客户证券买卖的收益或者赔偿证券买卖的损失做出承诺。⑤为牟取佣金收入，诱使客户进行不必要的证券买卖。⑥在批准的营业场所之外私下接受客户委托买卖证券。⑦编造、传播虚假或者误导投资者的信息；散布、泄露或利用内幕信息。⑧从事或协同他人从事欺诈、内幕交易、操纵证券交易价格等非法活动。⑨贬损同行或以其他不正当竞争手段争揽业务。⑩隐匿、伪造、篡改或者毁损交易记录。⑪泄露客户资料。

41. 【答案】A

【解析】根据《上市公司并购重组财务顾问业务管理办法》，证券公司从事上市公司并购重组财务顾问业务，应当具备下列条件：①公司净资本符合中国证监会的规定。②具有健全且运行良好的内部控制机制和管理制度，严格执行风险控制和内部隔离制度。③建立健全的尽职调查制度，具备良好的项目风险评估和内核机制。④公司财务会计信息真实、准确、完整。⑤公司控股股东、实际控制人信誉良好且最近3年无重大违法违规记录。⑥财务顾问主办人不少于5人。⑦中国证监会规定的其他条件。

42. 【答案】A

【解析】以发起方式设立股份有限公司的，发起人可以用货币、实物、知识产权或土地使用权等可以用货币估价并可以依法转让的非货币财产作价出资；但是，法律、行政法规规定不得作为出资的财产除外。

43. 【答案】A

【解析】有下列情形之一的，集合计划应当终止：①资产管理计划存续期届满且不展期。②证券公司被依法撤销资产管理业务资格或者依法解散、被撤销、被宣告破产，且在6个月内没有新的管理人承接。③托管人被依法撤销基金托管资格或者依法解散、被撤销、被宣告破产，且在6个月内没有新的托管人承接。④经全体投资者、证券公司和托管人协商一致决定终止的。⑤发生资产管理合同约定的应当终止的情形。⑥集合资产管理计划存续期间，持续5个工作日投资者少于2人。⑦法律、行政法规及中国证监会规定的其他情形。

44. 【答案】A

【解析】Ⅳ项，欺诈发行证券罪的犯罪主体主要是单位，自然人在一定条件下也能成为犯罪的主体。

45. 【答案】B

【解析】合伙人以实物、知识产权、土地使用权或者其他财产权利出资，需要评估作价的，可以由全体合伙人协商确定，也可以由全体合伙人委托法定评估机构评估。合伙人以劳务出资的，其评估办法由全体合伙人协商确定，并在合伙协议中载明。

46. 【答案】A

【解析】证券公司经营融资融券业务，应当以自己的名义，在证券登记结算机构分别开立融券专用证券账户、客户信用交易担保证券账户、信用交易证券交收账户和信用交易资金交收账户，在商业银行分别开立融资专用资金账户和客户信用交易担保资金账户。

47. 【答案】C

【解析】证券期货经营机构及其工作人员违反《证券期货经营机构及其工作人员廉洁从业规定》，有下列情形之一的，中国证监会应当从重处理：①直接、间接或者唆使、协助他人向监管人员输送利益。②连续或者多次违反《证券期货经营机构及其工作人员廉洁从业规定》。③涉及金额较大或者涉及人员较多。④产生恶劣社会影响。⑤曾为公职人员特别是监管人员，以及曾任证券期货经营机构合规风控职务的人员违反《证券期货经营机构及其工作人员廉洁从业规定》。⑥中国证监会认定应当从重处理的其他情形。

48. 【答案】B

【解析】期货公司办理下列事项，应当经国务院期货监督管理机构批准：①合并、分立、停业、解散或者破产；②变更业务范围；③变更注册资本且调整股权结构；④新增持有5%以上股权的股东或者控股股东发生变化；⑤国务院期货监督管理机构规定的其他事项。

49. 【答案】D

【解析】除Ⅰ、Ⅱ、Ⅲ、Ⅳ四项外，保荐机构持续督导的内容还包括持续关注发行人募集资金的专户存储、投资项目的实施等承诺事项。

50. 【答案】A

【解析】根据《上市公司收购管理办法》，上市公司董事会或者独立董事聘请的独立财务顾问，不得同时担任收购人的财务顾问或者与收购人的财务顾问存在关联关系。独立财务顾问应当客观、公正地发表专业意见。独立财务顾问报告应当对收购人是否具备主体资格进行说明和分析，发表明确意见。

证券业从业人员一般从业资格考试辅导系列

证券市场基本法律法规

高频考点

主编：圣才学习网
www.100xuexi.com

中国石化出版社

目　录

第一章　证券市场基本法律法规

高频考点一：法的定义及特征

(1)法的定义

法是由国家制定或认可并由国家强制力保证实施的，反映特定物质生活条件所决定的统治阶级意志，以权利和义务为内容，以确认、保护和发展对统治阶级有利的社会关系和社会秩序为目的的规范系统。

(2)法的特征

①规范性。这是法的基本特征，法对人们的行为或社会关系确定了规则及标准。

②国家意志性。法是由国家制定或认可的社会规范。

③以权利和义务为内容的社会规范。

④国家强制性。依靠国家强制力来保障实施。

高频考点二：法律关系的定义及特征

(1)定义

法律关系是以法律规范为基础形成的、以权利和义务为内容的社会关系。

(2)特征

①法律关系是一种以法律规范为基础形成的社会关系；

②法律关系是以权利和义务为内容的社会关系；

③法律关系是法律主体之间的社会关系。

高频考点三：纵向法律关系与横向法律关系

按照法律主体在法律关系中的地位不同，可以将法律关系分为纵向法律关系与横向法律关系。纵向法律关系是指在不平等的法律主体之间所建立的权力服从关系，又称为“隶属法律关系”。横向法律关系是指平等法律主体之间的权利义务关系，又称为“平权法律关系”。

高频考点四：法律关系的构成要素

法律关系由主体、客体与内容三个要素构成。

(1)主体包括自然人、组织和国家三类。

(2)客体包括物、人身、人格、精神成果、行为。

(3)内容是指法律关系中的权利和义务。

高频考点五：证券市场法律法规体系的主要层级

主要层级	主要法规
法律	①由全国人民代表大会及全国人民代表大会常务委员会制定并颁布。 ②主要法规包括：《证券法》《公司法》《刑法》《证券投资基金法》《信托法》等
行政法规	①由国务院制定并颁布。 ②主要法规包括：《证券公司监督管理条例》《证券公司风险处置条例》《证券、期货投资咨询管理暂行办法》《证券交易所风险基金管理暂行办法》《期货交易管理条例》《企业债券管理条例》等

续表

主要层级	主要法规
部门规章	①由国务院各组成部门、直属特设机构、直属机构，中国证监会等国务院直属事业单位制定并颁布。 ②主要法规包括：《证券发行与承销办法》《证券期货投资者适当性管理办法》《证券投资基金管理公司管理办法》《证券公司风险控制指标管理办法》等
规范性文件	①由有关部门或具有行政管理职能的机构制定并颁布。 ②主要法规包括：《证券公司内部控制指引》《证券公司治理准则》等
自律性规则	①由证券交易所制定的自律性规则。主要有《上海证券交易所股票上市规则》《上海证券交易所公司债券上市规则》等。 ②由中国证券业协会制定的自律性规则。主要有《中国证券业协会会员管理办法》《首次公开发行股票承销业务规范》《证券公司直接投资业务规范》《证券业从业人员执业行为准则》等。 ③由中国证券登记结算有限责任公司制定的自律性规则。主要有《证券质押登记业务实施细则》《非上市公众公司股份登记存管业务实施细则(试行)》《约定购回式证券交易及登记结算业务办法》等

高频考点六：有限责任公司和股份有限公司的主要区别

(1)股东人数上，有限责任公司设立时股东在50人以下；股份有限公司股东人数无上限。

(2)在股份流动性上，有限责任公司股份转让前须征求其他股东意见；股份有限公司的资本划分为等额股份，股份转让相对便捷、自由。

(3)股份有限公司可以公开发行股份募集资金；有限责任公司不可以。

高频考点七：分公司与子公司的独立性

要点	独立性
分公司	公司可以设立分公司，分公司具有非独立性，主要表现在以下方面： ①不具有法人资格，其民事责任由公司承担； ②没有独立的公司名称及章程，从事经营活动须以总公司的名义； ③在人事、经营上没有自主权； ④没有独立的财产，其所有资产属于总公司
子公司	公司可以设立子公司，子公司具有独立性，主要表现在以下方面： ①拥有独立的公司名称和公司章程； ②拥有独立的组织机构； ③拥有独立的财产，能够自负盈亏，独立核算； ④以自己的名义开展经营活动，从事各类民事活动； ⑤独立承担公司行为所带来的后果和责任

高频考点八：公司的设立

(1)设立方式

公司的设立方式包括发起设立和募集设立。

发起设立，是指由发起人认购公司应发行的全部股份而设立公司。发起设立适用于有限责任公司和股份有限公司。

募集设立，是指由发起人认购公司应发行股份的一部分，其余股份向社会公开募集或者向特定对象募集而设立公司。募集设立只适用于股份有限公司。发起人认购的股份不得少于公司股份总数的35%。

(2)设立登记的要求

①公司登记：设立公司，应当依法向公司登记机关申请设立登记。法律、行政法规规定设立公司必须报经批准的，应当在公司登记前依法办理批准手续。

②营业执照：依法设立的公司，由公司登记机关发给公司营业执照。公司营业执照签发日期为公司成立日期。公司营业执照应当载明公司的名称、住所、注册资本、经营范围、法定代表人姓名等事项。公司营业执照记载的事项发生变更的，公司应当依法办理变更登记，由公司登记机关换发营业执照。

③公司名称：有限责任公司，必须在公司名称中标明"有限责任公司"或者"有限公司"字样。股份有限公司，必须在公司名称中标明"股份有限公司"或者"股份公司"字样。

④公司形式变更：有限责任公司变更为股份有限公司，应当符合《公司法》规定的股份有限公司的条件。股份有限公司变更为有限责任公司，应当符合《公司法》规定的有限责任公司的条件。

高频考点九：公司章程的内容

(1)有限责任公司

有限责任公司章程应当载明的事项：公司名称和住所；公司经营范围；公司注册资本；股东的姓名或者名称；股东的出资方式、出资额和出资时间；公司的机构及其产生办法、职权、议事规则；公司法定代表人；股东会会议认为需要规定的其他事项。股东应当在公司章程上签名、盖章。

(2)股份有限公司

股份有限公司章程应当载明的事项：公司名称和住所；公司经营范围；公司设立方式；公司股份总数、每股金额和注册资本；发起人的姓名或者名称、认购的股份数、出资方式和出资时间；董事会的组成、职权和议事规则；公司法定代表人；监事会的组成、职权和议事规则；公司利润分配办法；公司的解散事由与清算办法；公司的通知和公告办法；股东大会会议认为需要规定的其他事项。

高频考点十：有限责任公司

(1)注册资本制度

有限责任公司的注册资本为在公司登记机关登记的全体股东认缴的出资额。法律、行政法规以及国务院另有规定的依照规定。股东可以用货币出资，也可以用实物、知识产权、土地使用权等可以用货币估价并可以依法转让的非货币财产作价出资；但是，法律、行政法规规定不得作为出资的财产除外。股东应当按期足额缴纳公司章程中规定的各自所认缴的出资额。

(2)设立条件

①股东符合法定人数，有限责任公司由50个以下股东出资设立；②有符合公司章程规定的全体股东认缴的出资额；③股东共同制定公司章程；④有公司名称，建立符合有限责任公司要求的组织机构；⑤有公司住所。

(3)组织机构

要点	具体内容
股东会	公司的权力机构，由全体股东组成，依法行使职权
董事会/执行董事	①董事会成员为3人至13人(法律另有规定的除外)。董事会设董事长1人，可以设副董事长。对股东人数较少或者规模较小的公司，可设1名执行董事，不设董事会。 ②两个以上的国有企业或者两个以上的其他国有投资主体投资设立的有限责任公司，其董事会成员中应当有公司职工代表；其他有限责任公司董事会成员中可以有公司职工代表。 ③董事任期每届任期不得超过3年。但任期届满，连选可以连任
经理	由董事会决定聘任或者解聘。经理对董事会负责
监事会/监事	①监事会成员不得少于3人。股东人数较少或者规模较小的公司可设1至2名监事，不设监事会。 ②监事会应当包括股东代表和适当比例的公司职工代表，其中职工代表的比例不得低于1/3，具体比例由公司章程规定。 ③监事会设主席1人，由全体监事过半数选举产生。监事的任期每届为3年。监事任期届满，连选可以连任

(4)股东会、董事会、经理、监事会的职权

①股东会的职权包括：决定公司的经营方针和投资计划；选举和更换非由职工代表担任的董事、监事，决定有关董事、监事的报酬事项；审议批准董事会的报告；审议批准监事会或者监事的报告；审议批准公司的年度财务预算方案、决算方案；审议批准公司的利润分配方案和弥补亏损方案；对公司增加或者减少注册资本作出决议；对发行公司债券作出决议；对公司合并、分立、解散、清算或者变更公司形式作出决议；修改公司章程；公司章程规定的其他职权。

②董事会对股东会负责，职权包括：召集股东会会议，并向股东会报告工作；执行股东会的决议；决定公司的经营计划和投资方案；制订公司的年度财务预算方案、决算方案；制订公司的利润分配方案和弥补亏损方案；制订公司增加或者减少注册资本以及发行公司债券的方案；制订公司合并、分立、解散或者变更公司形式的方案；决定公司内部管理机构的设置；决定聘任或者解聘公司经理及其报酬事项，并根据经理的提名决定聘任或者解聘公司副经理、财务负责人及其报酬事项；制定公司的基本管理制度；公司章程规定的其他职权。

③经理列席董事会会议，职权包括：主持公司的生产经营管理工作，组织实施董事会决议；组织实施公司年度经营计划和投资方案；拟订公司内部管理机构设置方案；拟订公司的基本管理制度；制定公司的具体规章；提请聘任或者解聘公司副经理、财务负责人；决定聘任或者解聘除应由董事会决定聘任或者解聘以外的负责管理人员；董事会授予的其他职权。

④监事可以列席董事会会议，并对董事会决议事项提出质询或者建议。监事会、不设监事会的公司的监事发现公司经营情况异常，可以进行调查；必要时，可以聘请会计师事务所等协助其工作，费用由公司承担。监事的职权包括：检查公司财务；对董事、高级管理人员执行公司职务的行为进行监督，对违反法律、行政法规、公司章程或者股东会决议的董事、高级管理人员提出罢免的建议；当董事、高级管理人员的行为损害公司利益时，要求董事、高级管理人员予以纠正；提议召开临时股东会会议，在董事会不履行《公司法》规定的召集和主持股东会会议职责时召集和主持股东会会议；向股东会会议提出提案；依照《公司法》第一百五十一条的规定，对董事、高级管理人员提起诉讼；公司章程规定的其他职权。

高频考点十一：股份有限公司

（1）设立条件

股份有限公司的设立条件：①发起人符合法定人数。设立股份有限公司，应当有2人以上200人以下为发起人，其中须有半数以上的发起人在中国境内有住所。②有符合公司章程规定的全体发起人认购的股本总额或者募集的实收股本总额。股份有限公司采取发起设立方式设立的，注册资本为在公司登记机关登记的全体发起人认购的股本总额。股份有限公司采取募集方式设立的，注册资本为在公司登记机关登记的实收股本总额；③股份发行、筹办事项符合法律规定；④发起人制订公司章程，采用募集方式设立的经创立大会通过；⑤有公司名称，建立符合股份有限公司要求的组织机构；⑥有公司住所。

（2）设立方式

股份有限公司的设立包括发起设立或者募集设立两种方式。

（3）设立程序

订立发起人协议、订立公司章程、认缴资本、选举董事会和监事会，申请设立登记。

（4）组织机构

股份有限公司的组织机构包括股东大会、董事会、经理、监事会。

（5）股份有限公司的股份发行

股份有限公司的资本划分为股份，每一股的金额相等。公司的股份采取股票的形式。

股票发行价格可以按票面金额，也可以超过票面金额，但不得低于票面金额。

股票应当载明的主要事项包括：公司名称；公司成立日期；股票种类、票面金额及代表的股份数；股票的编号。

（6）股份转让的有关规定

发起人持有的本公司股份，自公司成立之日起1年内不得转让。公司公开发行股份前已发行的股份，自公司股票在证券交易所上市交易之日起1年内不得转让。公司董事、监事、高级管理人员应当向公司申报所持有的本公司的股份及其变动情况，在任职期间每年转让的股份不得超过其所持有本公司股份总数的25%；所持本公司股份自公司股票上市交易之日起1年内不得转让。上述人员离职后半年内，不得转让其所持有的本公司股份。

（7）公司不得股份回购的情形

公司不得收购本公司股份。但是，有下列情形之一的除外：①减少公司注册资本；②与持有本公司股份的其他公司合并；③将股份用于员工持股计划或者股权激励；④股东因对股东大会作出的公司合并、分立决议持异议，要求公司收购其股份；⑤将股份用于转换上市公司发行的可转换为股票的公司债券；⑥上市公司为维护公司价值及股东权益所必需。

公司因前两项规定的情形收购本公司股份的，应当经股东大会决议；公司因前款第③项、第⑤项、第⑥项规定的情形收购本公司股份的，可以依照公司章程的规定或者股东大会的授权，经2/3以上董事出席的董事会会议决议。

高频考点十二：公司合并、分立

（1）对债权人的通知或公告

公司应当自作出合并、分立决议之日起10日内通知债权人，并于30日内在报纸上公告。

（2）债务承担

公司合并的，债权人自接到通知书之日起30日内，未接到通知书的自公告之日起45日内，可以要求公司清偿债务或者提供相应的担保。公司合并时，合并各方的债权、债务，应当由合并后存续的公司或者新设的公司继承。公司分立的，分立前的债务由分立后的公司承担连带责任。但是，另有规定的除外。

高频考点十三：高级管理人员、控股股东、实际控制人和关联关系

高级管理人员指公司的经理、副经理、财务负责人，上市公司董事会秘书和公司章程规定的其他人员。

控股股东指其出资额占有限责任公司资本总额50%以上或者其持有的股份占股份有限公司股本总额50%以上的股东；出资额或者持有股份的比例虽然不足50%，但依其出资额或者持有的股份所享有的表决权已足以对股东会、股东大会的决议产生重大影响的股东。

实际控制人指虽不是公司的股东，但通过投资关系、协议或者其他安排，能够实际支配公司行为的人。

关联关系指公司控股股东、实际控制人、董事、监事、高级管理人员与其直接或者间接控制的企业之间的关系，以及可能导致公司利益转移的其他关系。

高频考点十四：合伙企业

（1）企业

合伙企业是指由自然人、法人和其他组织依照《合伙企业法》订立合伙协议，共同出资，共担风险，共享收益，对合伙企业债务承担责任的经营性组织。

（2）合伙企业与公司的区别

区别	合伙企业	公司
法律地位	合伙企业不是法人，是非法人企业	公司具有独立的法人主体资格，是企业法人
财产独立性	合伙企业的财产与合伙人仅相对独立，合伙企业的财产属于合伙人共有	公司的财产独立于股东
承担的责任	合伙企业中，普通合伙人对合伙企业承担无限责任	股东对公司的责任以出资为限，承担有限责任
其他	与公司相比，合伙企业具有高度的人合性，因此合伙企业的加入、退出、运营管理等方面，与公司均有较大不同	

高频考点十五：普通合伙企业和有限合伙企业

根据合伙人对合伙企业债务承担责任的不同，合伙企业可分为普通合伙企业和有限合伙企业。

普通合伙企业由普通合伙人组成，合伙人对合伙企业债务承担无限连带责任。有限合伙企业由普通合伙人和有限合伙人组成，普通合伙人对合伙企业债务承担无限连带责任，有限合伙人以其认缴的出资额为限对合伙企业债务承担责任。

国有独资公司、国有企业、上市公司、公益性的事业单位、社会团体不得成为普通合伙人。

高频考点十六：合伙企业的设立条件

（1）有2个以上合伙人；合伙人为自然人的，应当具有完全民事行为能力；

（2）有书面合伙协议；

（3）有合伙人认缴或者实际缴付的出资；

(4)有合伙企业的名称和生产经营场所；

(5)法律、行政法规规定的其他条件。

高频考点十七：需经合伙人一致同意的事项

合伙企业的下列事项应当经全体合伙人一致同意：

(1)改变合伙企业的名称；

(2)改变合伙企业的经营范围、主要经营场所的地点；

(3)处分合伙企业的不动产；

(4)转让或者处分合伙企业的知识产权和其他财产权利；

(5)以合伙企业名义为他人提供担保；

(6)聘任合伙人以外的人担任合伙企业的经营管理人员。

高频考点十八：合伙企业利润分配和亏损分担的原则

(1)按照合伙协议的约定办理；合伙协议未约定或者约定不明确的，由合伙人协商决定；

(2)协商不成的，由合伙人按照实缴出资比例分配、分担；

(3)无法确定出资比例的，由合伙人平均分配、分担。

合伙协议不得约定将全部利润分配给部分合伙人或者由部分合伙人承担全部亏损。

高频考点十九：有限合伙和普通合伙的转化

有限合伙企业仅剩有限合伙人的，应当解散；有限合伙企业仅剩普通合伙人的，转为普通合伙企业。除合伙协议另有约定外，普通合伙人转变为有限合伙人，或者有限合伙人转变为普通合伙人，应当经全体合伙人一致同意。

有限合伙人转变为普通合伙人的，对其作为有限合伙人期间有限合伙企业发生的债务承担无限连带责任。普通合伙人转变为有限合伙人的，对其作为普通合伙人期间合伙企业发生的债务承担无限连带责任。

高频考点二十：合伙企业的清算规则

(1)清算人

清算人由全体合伙人担任；经全体合伙人过半数同意，可以自合伙企业解散事由出现后15日内指定1个或者数个合伙人，或者委托第三人，担任清算人。自合伙企业解散事由出现之日起15日内未确定清算人的，合伙人或者其他利害关系人可以申请人民法院指定清算人。

(2)清偿顺序

合伙企业财产在支付清算费用和职工工资、社会保险费用、法定补偿金以及缴纳所欠税款、清偿债务后的剩余财产，依照普通合伙企业利润分配、亏损分担规则进行分配。

高频考点二十一：证券法的适用范围

《证券法》的适用范围包括以下四类：

(1)在中华人民共和国境内，股票、公司债券、存托凭证和国务院依法认定的其他证券的发行和交易；

(2)政府债券、证券投资基金份额的上市交易；

(3)资产支持证券、资产管理产品发行、交易的管理办法，由国务院依照《证券法》的原则规定；

(4)在中华人民共和国境外的证券发行和交易活动，扰乱中华人民共和国境内市场秩序，损害境内投资者合法权益的，依照《证券法》有关规定处理并追究法律责任。

高频考点二十二：证券发行与承销

(1)证券发行

证券发行包括公开发行和非公开发行。有下列情形之一的，为公开发行：①向不特定对象发行证券；②向特定对象发行证券累计超过200人，但依法实施员工持股计划的员工人数不计算在内；③法律、行政法规规定的其他发行行为。非公开发行证券，不得采用广告、公开劝诱和变相公开方式。

(2)证券承销

①向不特定对象发行证券聘请承销团承销的，承销团应当由主承销和参与承销的证券公司组成。

②证券的代销、包销期限最长不得超过90日。

③股票发行采取溢价发行的，其发行价格由发行人与承销的证券公司协商确定。

④股票发行采用代销方式，代销期限届满，向投资者出售的股票数量未达到拟公开发行股票数量70%的，为发行失败。发行人应当按照发行价并加算银行同期存款利息返还股票认购人。

高频考点二十三：证券公司承销证券的禁止性行为

证券公司承销证券，不得有下列行为：

(1)进行虚假的或者误导投资者的广告宣传或者其他宣传推介活动；

(2)以不正当竞争手段招揽承销业务；

(3)其他违反证券承销业务规定的行为。

证券公司有上述所列行为，给其他证券承销机构或者投资者造成损失的，应当依法承担赔偿责任。

高频考点二十四：证券交易的禁止性活动

禁止行为	具体内容
内幕交易	①禁止证券交易内幕信息的知情人和非法获取内幕信息的人利用内幕信息从事证券交易活动。 ②内幕信息：证券交易活动中，涉及发行人的经营、财务或者对该发行人证券的市场价格有重大影响的尚未公开的信息
操纵证券市场	禁止任何人以下列手段操纵证券市场，影响或者意图影响证券交易价格或者证券交易量： ①单独或者通过合谋，集中资金优势、持股优势或者利用信息优势联合或者连续买卖。 ②与他人串通，以事先约定的时间、价格和方式相互进行证券交易。 ③在自己实际控制的账户之间进行证券交易。 ④不以成交为目的，频繁或者大量申报并撤销申报。 ⑤利用虚假或者不确定的重大信息，诱导投资者进行证券交易。 ⑥对证券、发行人公开作出评价、预测或者投资建议，并进行反向证券交易。 ⑦利用在其他相关市场的活动操纵证券市场。 ⑧操纵证券市场的其他手段

续表

禁止行为	具体内容
虚假陈述或信息误导行为	①禁止单位和个人编造、传播虚假信息或者误导性信息，扰乱证券市场。 ②禁止证券交易场所、证券公司、证券登记结算机构、证券服务机构及其从业人员，证券业协会、证券监督管理机构及其工作人员，在证券交易活动中作出虚假陈述或者信息误导。 ③禁止传播媒介及其从事证券市场信息报道的工作人员从事与其工作职责发生利益冲突的证券买卖
损害客户利益的行为	①违背客户的委托为其买卖证券； ①不在规定时间内向客户提供交易的确认文件； ③未经客户的委托，擅自为客户买卖证券，或者假借客户的名义买卖证券； ④为牟取佣金收入，诱使客户进行不必要的证券买卖； ⑤其他

高频考点二十五：上市公司的收购

上市公司的收购方式包括要约收购、协议收购及其他合法方式。

(1)要约收购

收购要约约定的收购期限不得少于30日，并不得超过60日。在收购要约确定的承诺期限内，收购人不得撤销其收购要约。收购人在收购期限内，不得卖出被收购公司的股票，也不得采取要约规定以外的形式和超出要约的条件买入被收购公司的股票。

(2)协议收购

以协议方式收购上市公司时，达成协议后，收购人必须在3日内将该收购协议向国务院证券监督管理机构及证券交易所作出书面报告，并予公告。在公告前不得履行收购协议。

高频考点二十六：信息披露

信息披露包括：信息披露制度、定期报告、临时报告、法律责任。

在每一会计年度结束之日起四个月内，报送并公告年度报告，其中的年度财务会计报告应当经符合《证券法》规定的会计师事务所审计；在每一会计年度的上半年结束之日起二个月内，报送并公告中期报告。

高频考点二十七：投资者保护制度

《证券法》规定，证券公司向投资者销售证券、提供服务时，应当按照规定充分了解投资者的基本情况、财产状况、金融资产状况、投资知识和经验、专业能力等相关信息；如实说明证券、服务的重要内容，充分揭示投资风险；销售、提供与投资者上述状况相匹配的证券、服务。

投资者在购买证券或者接受服务时，应当按照证券公司明示的要求提供前款所列真实信息。拒绝提供或者未按照要求提供信息的，证券公司应当告知其后果，并按照规定拒绝向其销售证券、提供服务。

高频考点二十八：证券登记结算机构

(1)设立条件

设立证券登记结算机构，应当具备下列条件：①自有资金不少于人民币2亿元；②具有证券登记、存管和结算服务所必需的场所和设施；③国务院证券监督管理机构规定的其他条件。

证券登记结算机构的名称中应当标明“证券登记结算”字样。

(2)证券登记结算机构的职能

证券登记结算机构应履行下列职能：①证券账户、结算账户的设立；②证券的存管和过户；③证券持有人名册登记；④证券交易的清算和交收；⑤受发行人的委托派发证券权益；⑥办理与上述业务有关的查询、信息服务；⑦国务院证券监督管理机构批准的其他业务。

证券登记结算机构应当妥善保存登记、存管和结算的原始凭证及有关文件和资料。其保存期限不得少于20年。

高频考点二十九：基金合同当事人的职责

当事人	内容	
基金管理人	职责：①依法募集资金，办理基金份额的发售和登记事宜；②办理基金备案手续；③对所管理的不同基金财产分别管理、分别记账，进行证券投资；④按照基金合同的约定确定基金收益分配方案，及时向基金份额持有人分配收益；⑤进行基金会计核算并编制基金财务会计报告；⑥编制中期和年度基金报告；⑦计算并公告基金资产净值，确定基金份额申购、赎回价格；⑧办理与基金财产管理业务活动有关的信息披露事项；⑨按照规定召集基金份额持有人大会；⑩保存基金财产管理业务活动的记录、账册、报表和其他相关资料；⑪以基金管理人名义，代表基金份额持有人利益行使诉讼权利或者实施其他法律行为；⑫国务院证券监督管理机构规定的其他职责	
基金托管人	职责：①安全保管基金财产；②按照规定开设基金财产的资金账户和证券账户；③对所托管的不同基金财产分别设置账户，确保基金财产的完整与独立；④保存基金托管业务活动的记录、账册、报表和其他相关资料；⑤按照基金合同的约定，根据基金管理人的投资指令，及时办理清算、交割事宜；⑥办理与基金托管业务活动有关的信息披露事项；⑦对基金财务会计报告、中期和年度基金报告出具意见；⑧复核、审查基金管理人计算的基金资产净值和基金份额申购、赎回价格；⑨按照规定召集基金份额持有人大会；⑩按照规定监督基金管理人的投资运作；⑪国务院证券监督管理机构规定的其他职责	
基金份额持有人	基金份额持有人的权利	①分享基金财产收益；②参与分配清算后的剩余基金财产；③依法转让或者申请赎回其持有的基金份额；④按照规定要求召开基金份额持有人大会或召集基金份额持有人大会；⑤对基金份额持有人大会审议事项行使表决权；⑥对基金管理人、基金托管人、基金销售机构损害其合法权益的行为依法提出诉讼；⑦公开募集基金的基金份额持有人有权查阅或者复制公开披露的基金信息资料；非公开募集基金的基金份额持有人有权对涉及自身利益的情况，查阅基金的财务会计账簿等财务资料；⑧基金合同约定其他权利
	基金份额持有人大会的职权	基金份额持有人大会由全体基金份额持有人组成，行使的职权包括：①决定基金扩募或者延长基金合同期限；②决定修改基金合同的重要内容或者提前终止基金合同；③决定更换基金管理人、基金托管人；④决定调整基金管理人、基金托管人的报酬标准；⑤基金合同约定的其他职权

高频考点三十：基金管理公司的设立条件

根据《证券投资基金法》，设立管理公开募集基金的基金管理公司，应当具备的条件有：①有符合《证券投资基金法》和《公司法》规定的章程；②注册资本不低于1亿元人民币，且必须为实缴货币资本；③主要股东应当具有经营金融业务或者管理金融机构的良好业绩、良好的财务状况和社会信誉，资产规模达到国务院规定的标准，最近3年没有违法记录；④取得基金从业资格的人员达到法定人数；⑤董事、监事、高级管理人员具备相应的任职条件；⑥有符合要求的营业场所、安全防范设施和与基金管理业务有关的其他设施；⑦有良好的内部治理结构、完善的内部稽核监控制度、风险控制制度；⑧法律、行政法规规定的和经国务院批准的国务院证券监督管理机构规定的其他条件。

高频考点三十一：基金的公开募集与非公开募集

（1）定义

公开募集基金，是指以公开方式发售基金份额募集资金设立的证券投资基金，包括向不特定对象募集资金、向特定对象募集资金累计超过200人，以及法律、行政法规规定的其他情形。

非公开募集基金，是指以非公开方式向合格投资者募集资金设立的证券投资基金，又称“私募基金”。

（2）区别

①募集方式和对象不同；②基金管理人的类型及产生方式不同；③投资范围不同；④信息披露要求不同。

高频考点三十二：非公开募集基金的合格投资者的要求

（1）达到规定资产规模或者收入水平

非公开募集基金的合格投资者是指具备相应风险识别能力和风险承担能力，投资于单只私募基金的金额不低于100万元且符合下列相关标准的单位和个人：①净资产不低于1000万元的单位；②金融资产不低于300万元或者最近3年个人年均收入不低于50万元的个人。前述金融资产包括银行存款、股票、债券、基金份额、资产管理计划、银行理财产品、信托计划、保险产品、期货权益等。

下列投资者视为合格投资者：①社会保障基金、企业年金等养老基金，慈善基金等社会公益基金；②依法设立并在中国基金业协会备案的私募基金产品；③受国务院金融监督管理机构监管的金融产品；④投资于所管理私募基金的私募基金管理人及其从业人员以及法律法规、中国证监会和中国基金业协会规定的其他投资者。

（2）具备相应的风险识别能力和风险承担能力

（3）基金份额认购金额不低于规定限额

高频考点三十三：期货交易所的职责

期货交易所履行下列职责：①提供交易的场所、设施和服务；②设计合约，安排合约上市；③组织并监督交易、结算和交割；④为期货交易提供集中履约担保；⑤按照章程和交易规则对会员进行监督管理；⑥国务院期货监督管理机构规定的其他职责。

高频考点三十四：期货公司的设立条件

①注册资本最低限额为人民币3000万元；②董事、监事、高级管理人员具备任职条件，从业人员具有期货从业资格；③有符合法律、行政法规规定的公司章程；④主要股东以及实际控制人具有持续盈利能力，信誉良好，最近3年无重大违法违规记录；⑤有合格的经营场所和业务设施；⑥有健全的风险管理和内部控制制度；⑦国务院期货监督管理机构规定的其他条件。

高频考点三十五：成为持有证券公司5%以上股权的股东、实际控制人资格的禁止性规定

有下列情形之一的单位或者个人，不得成为持有证券公司5%以上股权的股东、实际控制人：

①因故意犯罪被判处刑罚，刑罚执行完毕未逾3年；

②净资产低于实收资本的50%，或者或有负债达到净资产的50%；

③不能清偿到期债务。

除上述条件以外，具有国务院证券监督管理机构认定的其他情形的单位与个人也不得成为持有证券公司5%以上股权的股东或实际控制人。其他具体情形将由国务院证券监督管理机构根据实际情况进行认定。

高频考点三十六：证券公司组织机构

证券公司健全的组织机构包括：独立董事、薪酬与提名委员会、审计委员会和风险控制委员会、董事会秘书、行使证券公司经营管理职权的机构、合规负责人。

高频考点三十七：证券公司的监督管理

对证券公司采取的监督管理措施包括：①信息、材料的报送；②信息披露；③检查；④行政监管措施。

信息、材料的报送包括定期报送和不定期报送。证券公司应当自每一会计年度结束之日起4个月内，向国务院证券监督管理机构报送年度报告；自每月结束之日起7个工作日内，报送月度报告。临时报告中，应当说明事件的起因、目前的状态、可能产生的后果和拟采取的相应措施。

证券公司以及有关单位和个人披露、报送或者提供的资料、信息应当真实、准确、完整，不得有虚假记载、误导性陈述或者重大遗漏。

第二章　证券经营机构管理规范

高频考点一：证券公司与股东之间关系的特别规定

证券公司对客户负有诚信义务，证券公司股东和实际控制人在行使合法权利的同时不得占用客户资产，损害客户合法权益。

(1)证券公司的控股股东、实际控制人不得利用其控制地位或者滥用权力损害证券公司、公司其他股东和公司客户的合法权益。

(2)证券公司的控股股东不得超越股东(大)会、董事会任免证券公司的董事、监事和高级管理人员。证券公司的股东、实际控制人不得违反法律、行政法规和公司章程的规定干预证券公司的经营管理活动。

(3)证券公司与其股东、实际控制人依法维护证券公司独立性。

(4)证券公司的控股股东、实际控制人及其关联方应当采取有效措施，防止与其所控制的证券公司发生业务竞争。

(5)证券公司的股东、实际控制人及其关联方与证券公司的关联交易不得损害证券公司及其客户的合法权益。

高频考点二：证券公司与客户关系的基本原则

(1)证券公司对客户负有诚信义务，不得侵犯客户的财产权、选择权、公平交易权、知情权及其他合法权益。

(2)不得挪用、侵占客户资金。

(3)保守客户秘密。证券公司有权拒绝其他任何单位或者个人对客户资料的查询，但法律、行政法规或者中国证监会另有规定的除外。

(4)履行法定信息披露义务。证券公司向客户提供产品或者服务应当对有关产品或者服务的内容及风险予以充分披露，不得有虚假陈述、误导及其他欺诈客户的行为。

(5)完善客户沟通、投诉处理机制。

(6)履行公司财务报告披露义务。

高频考点三：内部控制

(1)应当贯彻的原则

证券公司内部控制应当遵循以下原则，确保内部控制有效：健全、合理、制衡、独立。

(2)组织结构要求

①建立重要一线岗位双人、双职、双责为基础的第一道防线，并加强对单人单岗业务的监控。与资金、有价证券、重要空白凭证、业务合同、印章等直接接触的岗位和涉及信息系统安全的岗位，应当实行双人负责制；

②建立相关部门、相关岗位之间相互制衡、监督的第二道防线。不同部门应有明确的职责分工，不相容职务应适当分离；

③建立独立的监督检查部门对各项业务、各部门、各分支机构、各岗位全面实施监控、检查和反馈的第三道防线。

高频考点四：证券公司董事会、监事会或监事的合规管理职责

(1)证券公司董事会决定本公司的合规管理目标，对合规管理的有效性承担责任，履行下列合规管理职责：①审议批准合规管理的基本制度；②审议批准年度合规报告；③决定解聘对发生重大合规风险负有主要责任或者领导责任的高级管理人员；④决定聘任、解聘、考核合规负责人，决定其薪酬待遇；⑤建立与合规负责人的直接沟通机制；⑥评估合规管理有效性，督促解决合规管理中存在的问题；⑦公司章程规定的其他合规管理职责。

(2)证券公司的监事会或者监事履行下列合规管理职责：①对董事、高级管理人员履行合规管理职责的情况进行监督；②对发生重大合规风险负有主要责任或者领导责任的董事、高级管理人员提出罢免的建议；③公司章程规定的其他合规管理职责。

高频考点五：证券公司信息隔离墙制度

信息隔离墙制度是指证券公司为控制内幕信息及未公开信息(即“敏感信息”)的不当流动和使用而采取的一系列管理措施。

(1)敏感信息

敏感信息包括内幕信息及其他未公开信息。内幕信息指证券交易活动中，涉及发行人的经营、财务或者对该发行人证券的市场价格有重大影响的尚未公开的信息。

(2)管理敏感信息的基本原则

证券公司应当按照需知原则管理敏感信息，确保敏感信息仅限于存在合理业务需求或管理职责需要的工作人员知悉。“需知原则”是信息隔离墙制度中敏感信息管理的核心原则，有需要方享有知情权。敏感信息应仅限于“需要知悉”的人知悉，即仅限于存在合理业务需求或管理职责需要的工作人员才可获得相关敏感信息。

高频考点六：证券公司分类监管

证券公司分类监管评价首先设定正常经营的证券公司基准分为100分。在基准分的基础上，根据证券公司风险管理能力评价指标与标准、持续合规状况、业务发展状况等方面情况，进行相应加分或扣分以确定证券公司的评价计分。分类评价每年进行一次。

风险管理能力主要根据资本充足、公司治理与合规管理、全面风险管理、信息技术管理、客户权益保护、信息披露六类评价指标进行评价。

证券公司持续合规状况主要根据司法机关采取的刑事处罚措施、中国证监会及其派出机构采取的行政处罚措施、行政监管措施及证券期货行业自律组织纪律处分、自律管理措施等情况进行评价。

证券公司业务发展状况主要根据证券公司经纪业务、投资银行业务、资产管理业务、综合实力、机构客户服务能力、财富管理能力、境外业务、信息技术管理等方面的情况进行评价。

证券公司分为A(AAA、AA、A)、B(BBB、BB、B)、C(CCC、CC、C)、D、E五大类十一个级别。其中，C级是正常经营状态的最低等级。

高频考点七：证券公司从事相关证券业务的净资本标准

(1)证券公司经营证券经纪业务的，其净资本不得低于人民币2000万元。

(2)证券公司经营证券承销与保荐、证券自营、证券资产管理、其他证券业务等业务之一的，其净资本不得低于人民币5000万元。

(3)证券公司经营证券经纪业务，同时经营证券承销与保荐、证券自营、证券资产管理、其他证券业务等业务之一的，其净资本不得低于人民币1亿元。

(4)证券公司经营证券承销与保荐、证券自营、证券资产管理、其他证券业务中两项及两项以上的，其净资本不得低于人民币2亿元。

高频考点八：证券公司风险控制

(1)风险控制指标

证券公司风险控制指标体系以净资本和流动性为核心，主要包括净资本、风险覆盖率、资本杠杆率、流动性覆盖率、净稳定资金率等。

(2)证券公司应持续符合的风险控制指标标准

①风险覆盖率不得低于100%；②资本杠杆率不得低于8%；③流动性覆盖率不得低于100%；④净稳定资金率不得低于100%。

证券公司应当至少每半年分别向公司全体董事及股东报告一次公司净资本等风险控制指标的具体情况和达标情况。

高频考点九：风险管理机制的相关要求

(1)建立评估标准并进行风险控制；(2)建立逐日盯市等机制并进行报告；(3)建立压力测试机制并实施；(4)选择与公司风险偏好相适应的应对策略与机制；(5)建立在各层级畅通的风险沟通机制。

高频考点十：证券公司流动性风险管理

(1)流动性风险的定义

流动性风险指证券公司无法以合理成本及时获得充足资金，以偿付到期债务、履行其他支付义务和满足正常业务开展的资金需求的风险。

(2)流动性风险管理应遵循的原则

证券公司流动性风险管理应遵循全面性、审慎性和预见性原则。

高频考点十一：证券公司信用风险管理

(1)信用风险的定义

信用风险指因融资方、交易对手或发行人等违约导致损失的风险。信用风险管理指证券公司以自有资金出资业务的信用风险管理。

(2)信用风险的类别

按照业务类型分类，信用风险包括但不限于以下几类：①股票质押式回购交易、约定购回式证券交易、融资融券等融资类业务；②互换、场外期权、远期、信用衍生品等场外衍生品业务；③债券投资交易(包括债券现券交易、债券回购交易、债券远期交易、债券借贷业务等债券相关交易业务)，债券包括但不限于国债、地方债、金融债、政府支持机构债、企业债、非金融企业债务融资工具、公司债、资产支持证券、同业存单；④非标准化债权资产投资；⑤其他涉及信用风险的自有资金出资业务。

(3)信用风险管理应遵循的原则

全面性、内部制衡、全流程风控。

高频考点十二：投资者适当性的基本原则

经营机构及其工作人员在落实投资者适当性管理的过程中，应当遵循以下原则：投资者利益优先原则、勤勉尽责原则、客观性原则、有效性原则、差异性原则。

高频考点十三：普通投资者享有特别保护的规定

投资者分为普通投资者与专业投资者。普通投资者在信息告知、风险警示、适当性匹配等方面享有特别保护。

高频考点十四：专业投资者的范围

专业投资者可以划分为三类：

第一类是专业机构投资者，即经有关金融监管部门批准设立的金融机构、金融机构发行的理财产品以及经监管部门批准设立的养老基金、社会公益基金、合格境外机构投资者（QFII）、人民币合格境外机构投资者（RQFII）等。

第二类是符合一定条件的专业投资者，即符合一定资产、财务规模并且具备一定投资知识和经验的投资者。此类投资者需提供相关证明材料，经经营机构核验属实的可以直接认定为专业投资者。

第三类属于普通投资者自愿申请转化的专业投资者，在其资产、财务规模以及投资知识和经验符合一定要求的前提下，经营机构有权自主决定是否同意其转化。

高频考点十五：普通投资者转化为专业投资者

符合下列条件之一的普通投资者可以申请转化成为专业投资者：

（1）最近1年末净资产不低于1 000万元，最近1年末金融资产不低于500万元，且具有1年以上证券、基金、期货、黄金、外汇等投资经历的除专业投资者外的法人或其他组织；

（2）金融资产不低于300万元或者最近3年个人年均收入不低于30万元，且具有1年以上证券、基金、期货、黄金、外汇等投资经历或者1年以上金融产品设计、投资、风险管理及相关工作经历的自然人投资者。

高频考点十六：经营机构向普通投资者销售产品或提供服务前应告知的信息

经营机构向普通投资者销售产品或者提供服务前，应当告知下列信息：

（1）可能直接导致本金亏损的事项；

（2）可能直接导致超过原始本金损失的事项；

（3）因经营机构的业务或者财产状况变化，可能导致本金或者原始本金亏损的事项；

（4）因经营机构的业务或者财产状况变化，影响客户判断的重要事由；

（5）限制销售对象权利行使期限或者可解除合同期限等全部限制内容；

（6）投资者适当性匹配意见。

高频考点十七：反洗钱

反洗钱指为了预防通过各种方式掩饰、隐瞒毒品犯罪、黑社会性质的组织犯罪、恐怖活动犯罪、走私犯罪、贪污贿赂犯罪、破坏金融管理秩序犯罪、金融诈骗犯罪等犯罪所得及其收益的来源和性质的洗钱活动，依照《反洗钱法》等相关法律法规、部门规章、规范性文件以及行业自律规则等规定采取相关措施的行为。

高频考点十八：客户身份资料与交易记录保存的基本要求

（1）保存内容

证券公司应当保存的客户身份资料包括记载客户身份信息、资料以及反映证券公司开展客户身份识别工作情况的各种记录和资料。应当保存的交易记录包括关于每笔交易的数据信息、业务凭证、账簿以及有关规定要求的反映交易真实情况的合同、业务凭证、单据、业务函件和其他资料。

(2)保存期限

①客户身份资料，自业务关系结束当年或者一次性交易记账当年计起至少保存5年；②交易记录，自交易记账当年计起至少保存5年。

高频考点十九：洗钱风险管理工作基本原则

全面性原则、独立性原则、匹配性原则、有效性原则。

高频考点二十：证券公司信息技术治理

(1)董事会的职责

①审议信息技术战略，确保与本公司的发展战略、风险管理策略、资本实力相一致；②建立信息技术人力和资金保障方案；③评估年度信息技术管理工作的总体效果和效率；④公司章程规定的其他信息技术管理职责。

(2)经营管理层的职责

①组织实施董事会相关决议；②建立责任明确、程序清晰的信息技术管理组织架构，明确管理职责、工作程序和协调机制；③完善绩效考核和责任追究机制；④公司章程规定或董事会授权的其他信息技术管理职责。

(3)信息技术治理委员会的职责

证券公司应当在公司管理层下设立信息技术治理委员会或指定专门委员会负责制定信息技术战略并审议下列事项：①信息技术规划；②信息技术投入预算及分配方案；③重要信息系统建设或重大改造立项、重大变更方案；④信息技术应急预案；⑤使用信息技术手段开展相关业务活动的审查报告以及年度评估报告；⑥信息技术治理委员会委员提请审议的事项；⑦其他对信息技术管理产生重大影响的事项。

第三章　证券公司业务规范

高频考点一：证券经纪业务

（1）定义

证券经纪业务，是指在证券交易中，接受投资者委托，处理交易指令、办理清算交收的经营性活动。

（2）特点

证券经纪业务的特点包括：①业务对象的广泛性；②证券经纪商的中介性；③客户指令的权威性；④客户资料的保密性。

高频考点二：委托交易

（1）委托方式

客户向证券公司下达委托指令的方式由双方约定，其中客户委托指令的下达方式包括柜台委托、自助委托以及证券公司认可的其他合法委托方式，自助委托包括网上委托、电话委托、热键委托等。

（2）委托指令的无效

客户发出的指令被证券公司委托系统或证券交易所交易系统拒绝受理，则该委托应视为无效委托。证券公司接受客户委托指令时，如果出现由于客户原委托指令未撤销而造成证券公司无法执行客户新的委托指令时，由此导致的后果、风险和损失，由客户承担。

（3）委托指令的撤销

客户在委托有效期内可对未显示成交回报的委托发出撤销委托指令（交易规则另有规定的除外），但由于市场价格随时波动及成交回报速度的原因，客户的撤销委托指令虽经证券公司发出，但客户委托可能已在市场成交，此时客户应承认并接受该成交结果。

高频考点三：异常交易行为

上交所和深交所对下列可能影响证券交易价格或者证券交易量的异常交易行为，予以重点监控：

（1）可能对证券交易价格产生重大影响的信息披露前，大量买入或者卖出相关证券；

（2）以同一身份证明文件、营业执照或其他有效证明文件开立的证券账户之间，大量或者频繁进行互为对手方的交易；

（3）委托、授权给同一机构或者同一个人代为从事交易的证券账户之间，大量或者频繁进行互为对手方的交易；

（4）两个或两个以上固定的或涉嫌关联的证券账户之间，大量或者频繁进行互为对手方的交易；

（5）大笔申报、连续申报或者密集申报，以影响证券交易价格；

（6）频繁申报或频繁撤销申报，以影响证券交易价格或其他投资者的投资决定；

（7）巨额申报，且申报价格明显偏离申报时的证券市场成交价格；

（8）一段时期内进行大量且连续的交易；

(9)在同一价位或者相近价位大量或者频繁进行回转交易；

(10)大量或者频繁进行高买低卖交易；

(11)进行与自身公开发布的投资分析、预测或建议相背离的证券交易；

(12)在大宗交易中进行虚假或其他扰乱市场秩序的申报；

(13)证券交易所认为需要重点监控的其他异常交易。

高频考点四：情节严重的异常交易行为处理措施

对情节严重的异常交易行为，证券交易所可以视情况采取下列措施：

(1)口头或书面警示；

(2)约见谈话；

(3)要求相关投资者提交书面承诺；

(4)限制相关证券账户交易；

(5)报请中国证监会冻结相关证券账户或资金账户；

(6)上报中国证监会查处。

高频考点五：沪港通与深港通业务

要点	类别	范围
沪港通	沪股通股票	①上证180指数成分股； ②上证380指数成分股； ③A+H股上市公司的上交所上市A股
	港股通股票	①恒生综合大型股指数的成分股； ②恒生综合中型股指数的成分股； ③A+H股上市公司的H股
深港通	深股通股票	①深证成分指数及深证中小创新指数的成分股，且成分股定期调整考察截止日前6个月A股日均市值不低于人民币60亿元，上市时间不足6个月的按实际上市时间计算市值； ②A+H股上市公司在深交所上市的A股
	港股通股票	①恒生综合大型股指数成分股； ②恒生综合中型股指数成分股； ③恒生综合小型股指数成分股，且成分股定期调整考察截止日前12个月港股平均月末市值不低于港币50亿元，上市时间不足12个月的按实际上市时间计算市值； ④A+H股上市公司在联交所上市的H股

高频考点六：科创板的投资者适当性管理

投资者参与科创板股票交易的具体条件：①个人投资者申请权限开通前20个交易日证券账户及资金账户内的资产日均不低于人民币50万元，并且参与证券交易24个月以上；②符合法律法规及上交所规定的机构投资者，可直接申请开通科创板股票交易权限。

高频考点七：创业板的投资者适当性管理

新申请开通创业板交易权限的投资者条件：个人投资者申请权限开通前20个交易日证券账户及资金账户内的资产日均应不低于人民币10万元，并参与证券交易24个月以上。本次修订取消了原规则中2日、5日的冷静期要求。

高频考点八：证券投资咨询、证券投资顾问、证券研究报告的概念

要点	具体内容
证券投资咨询	从事证券投资咨询业务的机构及其投资咨询人员以下列形式为证券投资人或者客户提供证券投资分析、预测或者建议等直接或者间接有偿咨询服务的活动： ①接受投资人或者客户委托，提供证券投资咨询服务； ②举办有关证券投资咨询的讲座、报告会、分析会等； ③在报刊上发表证券投资咨询的文章、评论、报告，以及通过电台、电视等公众传播媒体提供证券投资咨询服务； ④通过电话、传真、电脑网络等电信设备系统，提供证券投资咨询服务； ⑤中国证监会认定的其他形式。 证券投资咨询人员不得同时在 2 个或者 2 个以上的证券投资咨询机构执业
证券投资顾问	①证券投资咨询业务的一种基本形式，指证券公司、证券投资咨询机构接受客户委托，按照约定向客户提供涉及证券及证券相关产品的投资建议服务，辅助客户作出投资决策，并直接或者间接获取经济利益的经营活动； ②投资建议服务内容包括投资的品种选择、投资组合以及理财规划建议等。 ③证券公司、证券投资咨询机构从事证券投资顾问业务，应当遵守的基本原则：守法合规、诚实信用、忠实客户利益
证券研究报告	①证券投资咨询业务的一种基本形式，指证券公司、证券投资咨询机构对证券及证券相关产品的价值、市场走势或者相关影响因素进行分析，形成证券估值、投资评级等投资分析意见，制作证券研究报告，并向客户发布的行为； ②主要包括涉及证券及证券相关产品的价值分析报告、行业研究报告、投资策略报告等； ③证券研究报告可以采用书面或者电子文件形式

高频考点九：证券投资咨询机构从业管理

(1)机构管理

证券投资咨询机构应当具备下列条件：①单独从事证券投资咨询业务的机构，有 5 名以上符合证券投资咨询从业条件的专职人员；同时从事证券和期货投资咨询业务的机构，有 10 名以上符合证券、期货投资咨询从业条件的专职人员；其高级管理人员中，至少有 1 名符合规定的证券投资咨询从业条件；②有100 万元人民币以上的注册资本；③有固定的业务场所和与业务相适应的通讯及其他信息传递设施；④有公司章程；⑤有健全的内部管理制度；⑥具备中国证监会要求的其他条件。

(2)人员从业管理

从事证券投资咨询业务的人员，必须符合证券投资咨询从业条件并加入一家有从业资格的证券投资咨询机构后，方可从事证券投资咨询业务。证券投资咨询人员不得同时在 2 个或者 2 个以上的证券投资咨询机构执业。

高频考点十：证券投资咨询人员执业行为准则

(1)证券投资咨询人员执业行为的总体要求

①谨慎、诚实、勤勉尽责；②完整、客观、准确；③规范在传播媒体上发表投资咨询文章、报告、意见；④证券投资咨询人员不得从事《证券、期货投资咨询管理暂行办法》中规定的禁止性行为。

(2)证券分析师执业行为准则

保持独立性；保持客观性；公平对待发布对象；认真审慎、专业严谨；恪守诚信原则；信息保密；充分尊重知识产权；报告违法违规事项；防范利益冲突；珍惜职业称号和职业声誉；防范不正当竞争；规范参与公众交流活动；备案客户服务；维护所在机构利益；规范外请专家服务；加强后续培训；引导市场预期、传递正能量。

(3)证券投资顾问的禁止性行为

证券投资顾问不得从事下列活动：①以任何方式向客户承诺或者保证投资收益；②对服务能力和过往业绩进行虚假、不实、误导性的营销宣传；③向他人泄露客户的投资决策计划信息；④以个人名义向客户收取证券投资顾问服务费用；⑤通过广播、电视、网络、报刊等公众媒体作出买入、卖出或者持有具体证券的投资建议。

高频考点十一：财务顾问业务的相关规定

(1)不得担任财务顾问的情形

证券公司、证券投资咨询机构和其他财务顾问机构有下列情形之一的，不得担任财务顾问：①最近24个月内存在违反诚信的不良记录；②最近24个月内因执业行为违反行业规范而受到行业自律组织的纪律处分；③最近36个月内因违法违规经营受到处罚或者因涉嫌违法违规经营正在被调查。

(2)不得担任独立财务顾问的情形

证券公司、证券投资咨询机构或者其他财务顾问机构不得担任独立财务顾问的情形包括：①持有或者通过协议、其他安排与他人共同持有上市公司股份达到或者超过5%，或者选派代表担任上市公司董事；②上市公司持有或者通过协议、其他安排与他人共同持有财务顾问的股份达到或者超过5%，或者选派代表担任财务顾问的董事；③最近2年财务顾问与上市公司存在资产委托管理关系、相互提供担保，或者最近一年财务顾问为上市公司提供融资服务；④财务顾问的董事、监事、高级管理人员、财务顾问主办人或者其直系亲属有在上市公司任职等影响公正履行职责的情形；⑤在并购重组中为上市公司的交易对方提供财务顾问服务；⑥上市公司董事会或者独立董事聘请的独立财务顾问，不得同时担任收购人的财务顾问或者与收购人的财务顾问存在关联关系；⑦与上市公司存在利害关系、可能影响财务顾问及其财务顾问主办人独立性的其他情形。

高频考点十二：证券发行上市保荐业务的一般规定

(1)保荐业务资格

证券公司申请保荐业务资格，应当具备下列条件：①注册资本不低于人民币1亿元，净资本不低于人民币5000万元；②具有完善的公司治理和内部控制制度，风险控制指标符合相关规定；③保荐业务部门具有健全的业务规程、内部风险评估和控制系统，内部机构设置合理，具备相应的研究能力、销售能力等后台支持；④具有良好的保荐业务团队且专业结构合理，从业人员不少于35人，其中最近3年从事保荐相关业务的人员不少于20人；⑤保荐代表人不少于4人；⑥最近3年内未因重大违法违规行为受到行政处罚；⑦中国证监会规定的其他条件。

(2)需聘请保荐机构的情形

①首次公开发行股票；②上市公司发行新股、可转换公司债券；③公开发行存托凭证；④中国证监会认定的其他情形。

(3)保荐机构的聘请

保荐机构受聘履行保荐职责应遵守以下规定：

①同次发行的证券，其发行保荐和上市保荐应当由同一保荐机构承担。

②证券发行规模达到一定数量的，可以采用联合保荐，但参与联合保荐的保荐机构不得超过2家。

③证券发行的主承销商可以由该保荐机构担任，也可以由其他具有保荐业务资格的证券公司与该保荐机构共同担任。

④保荐机构及其控股股东、实际控制人、重要关联方持有发行人股份的，或者发行人持有、控制保荐机构股份的，保荐机构在推荐发行人证券发行上市时，应当进行利益冲突审查，出具合规审核意见，并按规定充分披露。通过披露仍不能消除影响的，保荐机构应联合1家无关联保荐机构共同履行保荐职责，且该无关联保荐机构为第一保荐机构。

高频考点十三：融资融券业务

(1)融资融券业务管理的基本原则

合法合规性原则、集中管理原则、业务隔离原则、了解客户原则。

(2)证券公司融资融券业务资格的取得

证券公司申请融资融券业务资格应具备的条件：①具有证券经纪业务资格；②公司治理健全，内部控制有效，能有效识别、控制和防范业务经营风险和内部管理风险；③公司最近2年内不存在因涉嫌违法违规正被中国证监会立案调查或者正处于整改期间的情形；④财务状况良好，最近2年各项风险控制指标持续符合规定，注册资本和净资本符合增加融资融券业务后的规定；⑤客户资产安全、完整，客户交易结算资金第三方存管有效实施，客户资料完整真实；⑥已建立完善的客户投诉处理机制，能够及时、妥善处理与客户之间的纠纷；⑦已建立符合监管规定和自律要求的客户适当性制度，实现客户与产品的适当性匹配管理；⑧信息系统安全稳定运行，最近1年未发生因公司管理问题导致的重大事件，融资融券业务技术系统已通过证券交易所、证券登记结算机构组织的测试；⑨有拟负责融资融券业务的高级管理人员和适当数量的专业人员；⑩中国证监会规定的其他条件。

高频考点十四：融资融券业务的账户体系

(1)证券公司信用账户

证券公司经营融资融券业务，应当以自己的名义，在证券登记结算机构分别开立账户。开立的账户主要包括以下六种类型：

①融券专用证券账户：用于记录证券公司持有的拟向客户融出的证券和客户归还的证券。

②客户信用交易担保证券账户：用于记录客户委托证券公司持有、担保证券公司因向客户融资融券所生债权的证券。

③信用交易证券交收账户：用于客户融资融券交易的证券结算。

④信用交易资金交收账户：用于客户融资融券交易的资金结算。

⑤融资专用资金账户：用于存放证券公司拟向客户融出的资金及客户归还的资金。

⑥客户信用交易担保资金账户：用于存放客户交存的担保证券公司因向客户融资融券所生债权的资金。

(2)客户信用账户

客户申请开展融资融券业务要在证券公司开立实名信用资金台账和信用证券账户，在指定商业银行开立实名信用资金账户。客户信用账户主要包括以下三种类型：客户信用资金台账、客户信用证券账户、客户信用资金账户。

高频考点十五：转融通业务

证券金融公司向证券公司转融通的期限不得超过 6 个月。转融通的期限，自资金或者证券实际交付之日起算。

高频考点十六：证券自营业务

（1）定义

证券自营业务，是指经中国证监会批准经营证券自营业务的证券公司用自有资金以自己名义开设的证券账户买卖依法公开发行的股票、债券、证券投资基金或者国务院证券监督管理机构认可的其他证券，以获取盈利的行为。

（2）关于投资范围的一般性规定

证券公司从事证券自营业务，可以买卖《证券公司证券自营投资品种清单》所列证券，主要包括：①已经和依法可以在境内证券交易所上市交易和转让的证券，主要包括股票、债券、证券投资基金等；②已经在全国中小企业股份转让系统挂牌转让的证券；③已经和依法可以在符合规定的区域性股权交易市场挂牌转让的私募债券，已经在符合规定的区域性股权交易市场挂牌转让的股票；④已经和依法可以在境内银行间市场交易的证券。主要包括政府债券、国际开发机构人民币债券、央行票据、金融债券、短期融资券、公司债券、中期票据、企业债券；⑤经国家金融监管部门或者其授权机构依法批准或备案发行并在境内金融机构柜台交易的证券。

（3）投资决策机制

自营业务决策机构原则上应当按照董事会——投资决策机构——自营业务部门的三级体制设立。

高频考点十七：证券自营业务的风险控制指标

证券公司经营自营业务，其持仓规模必须符合下列规定：

（1）自营权益类证券及其衍生品的合计额不得超过净资本的 100%。

（2）自营非权益类证券及其衍生品的合计额不得超过净资本的 500%。

（3）持有一种权益类证券的成本不得超过净资本的 30%。

（4）持有一种权益类证券的市值与其总市值的比例不得超过 5%，因包销、中国证监会认可的做市业务以及股票质押违约处理等导致的情形及中国证监会另有认定的除外。

（5）持有一种非权益类证券的规模不得超过其总规模的 20%，不含同业存单，国债、中央银行票据、国开债及基金名称显示投资方向为此类债券的指数基金（含 ETF）。因包销、成立发起式基金、中国证监会认可的做市业务、买入信用衍生品（合约名义本金未超过持有标的债券规模）或卖出信用衍生品履行保护义务等导致的情形及中国证监会另有认定的除外。

高频考点十八：自营业务的法律责任

（1）证券、期货交易内幕信息的知情人员或者非法获取证券、期货交易内幕信息的人员，在涉及证券的发行，证券、期货交易或者其他对证券、期货交易价格有重大影响的信息尚未公开前，买入或者卖出该证券，或者从事与该内幕信息有关的期货交易，或者泄露该信息，或者明示、暗示他人从事上述交易活动，情节严重的，处 5 年以下有期徒刑或者拘役，并处或者单处违法所得1倍以上5倍以下罚金；情节特别严重的，处5年以上10年以下有期徒刑，并处违法所得1倍以上5倍以下罚金。单位犯前述罪的，对单位判处罚金，并对其直接负责的主管人员和其他直接责任人员，处5年以下有期徒刑或者拘役。

(2)编造并且传播影响证券、期货交易的虚假信息，扰乱证券、期货交易市场，造成严重后果的，处5年以下有期徒刑或者拘役，并处或者单处1万元以上10万元以下罚金。

(3)有下列情形之一，操纵证券、期货市场，影响证券、期货交易价格或者证券、期货交易量，情节严重的，处5年以下有期徒刑或者拘役，并处或者单处罚金；情节特别严重的，处5年以上10年以下有期徒刑，并处罚金：单独或者合谋，集中资金优势、持股或者持仓优势或者利用信息优势联合或者连续买卖的；与他人串通，以事先约定的时间、价格和方式相互进行证券、期货交易的；在自己实际控制的账户之间进行证券交易，或者以自己为交易对象，自买自卖期货合约的；不以成交为目的，频繁或者大量申报买入、卖出证券、期货合约并撤销申报的；利用虚假或者不确定的重大信息，诱导投资者进行证券、期货交易的；对证券、证券发行人、期货交易标的公开作出评价、预测或者投资建议，同时进行反向证券交易或者相关期货交易的；以其他方法操纵证券、期货市场的。

高频考点十九：资产管理产品的分类

(1)资产管理产品按照募集方式的不同，分为公募产品和私募产品。

(2)资产管理产品按照投资性质不同，分为固定收益类产品、权益类产品、商品及金融衍生品类产品和混合类产品。

①固定收益类产品投资于存款、债券等债权类资产的比例不低于80%。

②权益类产品投资于股票、非上市企业股权等权益类资产的比例不低于80%。

③商品及金融衍生品类产品投资于商品及金融衍生品的比例不低于80%。

④混合类产品投资于债权类资产、权益类资产、商品及金融衍生品类资产且任一资产的投资比例未达到前三类产品标准。

(3)私募资产管理产品按照投资者人数不同，可分为单一资产管理产品、集合资产管理产品。

高频考点二十：证券资产管理业务基本要求

要点	具体内容
业务资质	①需依法经中国证监会批准。 ②中国证监会及其派出机构依据法律、行政法规实施监督管理
审慎经营	制定科学合理的投资策略和风险管理制度，有效防范和控制风险，确保业务开展与资本实力、管理能力及风险控制水平相适应
客户利益至上勤勉尽责	遵循自愿、公平、诚实信用和客户利益至上原则，恪尽职守，谨慎勤勉，维护投资者合法权益，不得损害国家利益、社会共同利益和他人合法权益
业务隔离	①实行集中运营管理，建立健全内部控制和合规管理制度，将私募资产管理业务与公司其他业务分开管理，控制敏感信息的不当流动和使用，防范内幕交易、利用未公开信息交易、利益冲突和利益输送。 ②资产管理计划财产独立于证券公司和托管人的固有财产，并独立于证券公司管理的和托管人托管的其他财产

高频考点二十一：证券资产管理业务的募集推广

(1)资产管理计划的初始募集规模不得低于1000万元。

(2)集合资产管理计划的初始募集期自资产管理计划份额发售之日起不得超过60天，专门投资于未上市企业股权的集合资产管理计划的初始募集期自资产管理计划份额发售之日起不得超过12个月。

(3)封闭式单一资产管理计划的投资者可以分期缴付委托资金，但应当在资产管理合同中事先明确约定分期缴付资金的数额、期限，且首期缴付资金不得少于1000万元，全部资金缴付期限自资产管理计划成立之日起不得超过3年。

高频考点二十二：资产管理计划的成立

集合资产管理计划成立应当具备下列条件：

(1)募集过程符合法律、行政法规和中国证监会的规定。

(2)募集金额达到资产管理合同约定的成立规模，且不违反中国证监会规定的最低成立规模。

(3)投资者人数不少于2人。

(4)符合中国证监会规定以及资产管理合同约定的其他条件。

集合资产管理计划的募集金额缴足之日起10个工作日内，证券公司应当委托具有证券相关业务资格的会计师事务所进行验资并出具验资报告。

高频考点二十三：资产管理计划可以投资的资产范围

证券公司设立集合资产管理计划进行投资，除中国证监会另有规定外，应当采用资产组合的方式。资产管理计划可以投资于以下资产：

(1)银行存款、同业存单，以及符合《关于规范金融机构资产管理业务的指导意见》规定的标准化债权类资产。

(2)上市公司股票、存托凭证，以及中国证监会认可的其他标准化股权类资产。

(3)在证券期货交易所等国务院同意设立的交易场所集中交易清算的期货及期权合约等标准化商品及金融衍生品类资产。

(4)公开募集证券投资基金，以及中国证监会认可的比照公募基金管理的资产管理产品。

(5)第1项至第3项规定以外的非标准化债权类资产、股权类资产、商品及金融衍生品类资产。

(6)第4项规定以外的其他受国务院金融监督管理机构监管的机构发行的资产管理产品。

(7)中国证监会认可的其他资产。

第1项至第4项为标准化资产，第5项至第6项为非标准化资产。

高频考点二十四：资产管理计划的终止

有下列情形之一的，资产管理计划应当终止：

(1)资产管理计划存续期届满且不展期。

(2)证券公司被依法撤销资产管理业务资格或者依法解散、被撤销、被宣告破产，且在6个月内没有新的管理人承接。

(3)托管人被依法撤销基金托管资格或者依法解散、被撤销、被宣告破产，且在6个月内没有新的托管人承接。

(4)经全体投资者、证券公司和托管人协商一致决定终止的。

(5)发生资产管理合同约定的应当终止的情形。

(6)集合资产管理计划存续期间，持续5个工作日投资者少于2人。

(7)法律、行政法规及中国证监会规定的其他情形。

证券公司应当自资产管理计划终止之日起5个工作日内报中国证券投资基金业协会备案，并抄报中国证监会相关派出机构。

高频考点二十五：证券公司大集合资产管理业务

大集合产品应当控制产品规模，不得新增以下行为：

(1)未完成整改规范前，公开或变相公开募集产品份额；

(2)通过分期发行独立核算子份额等方式变相发起设立新的大集合产品；

(3)违规为大集合产品聘请投资顾问；

(4)未经注册擅自对合同条款进行实质性调整或变更；

(5)法律、行政法规及中国证监会规定的其他事项。

高频考点二十六：资产支持证券

(1)发行对象

资产支持证券应当面向合格投资者发行，发行对象不得超过200人，单笔认购不少于100万元人民币发行面值或等值份额。

(2)专项计划设立及备案

专项计划设立失败的，管理人应当自发行期结束之日起10个工作日内，向投资者退还认购资金，并加算银行同期活期存款利息。管理人应当自专项计划成立日起5个工作日内将设立情况报中国证券投资基金业协会备案，同时抄送对管理人有辖区监管权的中国证监会派出机构。中国证券投资基金业协会根据备案规则，对备案实施自律管理。

高频考点二十七：全国股转系统主要业务的有关规定

(1)股份有限公司申请股票在全国股份转让系统挂牌，不受股东所有制性质的限制，不限于高新技术企业，应当符合下列条件：

①依法设立且存续满2年。有限责任公司按原账面净资产值折股整体变更为股份有限公司的，存续时间可以从有限责任公司成立之日起计算；②业务明确，具有持续经营能力；③公司治理机制健全，合法规范经营；④股权明晰，股票发行和转让行为合法合规；⑤主办券商推荐并持续督导；⑥全国股份转让系统公司要求的其他条件。

(2)申请挂牌公司应当与主办券商签订推荐挂牌并持续督导协议，按照全国股份转让系统公司的有关规定编制申请文件，并向全国股份转让系统公司申报。

(3)全国股份转让系统公司对挂牌申请文件审查后，出具是否同意挂牌的审查意见。

(4)申请挂牌公司取得全国股份转让系统公司同意挂牌的审查意见后，按照全国股份转让系统公司规定的有关程序办理挂牌手续。

申请挂牌公司应当在其股票挂牌前与全国股份转让系统公司签署挂牌协议，明确双方的权利、义务和有关事项。

高频考点二十八：违反全国股转系统业务有关规定的法律责任

(1)公司在其公告的股票挂牌公开转让、股票发行文件中隐瞒重要事实或者编造重要虚假内容的，除依照《证券法》有关规定进行处罚外，中国证监会可以采取终止审核并自确认之日起在36个月内不受理公司的股票转让和股票发行申请的监管措施。

公司擅自改动已提交的股票转让、股票发行申请文件的，或发生重大事项未及时报告或者未及时披露的，中国证监会可视情节轻重，采取责令改正、监管谈话、出具警示函、终止审核并自确认之日起在12个月内不受理公司的股票转让和股票发行申请的监管措施。

(2)公司向不符合公众公司办法规定条件的投资者发行股票的，中国证监会可以责令改正，并可以自确认之日起在36个月内不受理其申请。

(3)信息披露义务人及其董事、监事、高级管理人员，公司控股股东、实际控制人，为信息披露义务人出具专项文件的证券公司、证券服务机构及其工作人员，违反《证券法》、行政法规和中国证监会相关规定的，中国证监会可以采取责令改正、监管谈话、出具警示函、认定为不适当人选等监管措施，并记入诚信档案；情节严重的，中国证监会可以对有关责任人员采取证券市场禁入的措施。

高频考点二十九：重大资产重组业务

重大资产重组是指公众公司及其控股或者控制的公司在日常经营活动之外购买、出售资产或者通过其他方式进行资产交易，导致公众公司的业务、资产发生重大变化的资产交易行为。

公众公司及其控股或者控制的公司购买、出售资产，达到下列标准之一的，构成重大资产重组：购买、出售的资产总额占公众公司最近一个会计年度经审计的合并财务会计报表期末资产总额的比例达到50%以上；购买、出售的资产净额占公众公司最近一个会计年度经审计的合并财务会计报表期末净资产额的比例达到50%以上，且购买、出售的资产总额占公众公司最近一个会计年度经审计的合并财务会计报表期末资产总额的比例达到30%以上。

股东大会就重大资产重组事项作出的决议，必须经出席会议的股东所持表决权的2/3以上通过。公众公司股东人数超过200人的，应当对出席会议的持股比例在10%以下的股东表决情况实施单独计票。公众公司应当在决议后及时披露表决情况。

中国证监会受理申请文件后，依法进行审核，在20个工作日内作出核准、中止审核、终止审核、不予核准的决定。

高频考点三十：证券公司的定期报告及重大事项报告

证券公司应当向中国证券业协会报送柜台市场业务年度报告以及重大事项报告。

(1)定期报告

证券公司应于每月结束后5个工作日内按要求向中国证券业协会报送柜台交易月度报表；每年结束后规定时间报送柜台市场业务年度报告，内容包括但不限于：柜台市场业务总体情况、交易、登记结算、投资者适当性管理、风险及合规管理等。

(2)重大事项报告

柜台市场发生对业务开展、客户权益、证券公司风险等产生重大影响的事项，或者可能影响柜台交易顺利进行、投资者利益或可能诱发证券公司风险的重大事件时，证券公司应当在该事项发生后1个交易日内向中国证券业协会报告，并于3个交易日内提交重大事项报告，内容包括：事项基本情况、产生原因、影响、应对措施等。

高频考点三十一：证券公司代销金融产品

(1)基本原则

证券公司代销金融产品的基本原则是避免利益冲突、集中统一管理。

(2)代销金融产品的禁止性规定

根据《证券公司代销金融产品管理规定》，证券公司及其从事金融产品代销业务的人员在代销金融产品过程中不得有下列行为：

①采取夸大宣传、虚假宣传等方式误导客户购买金融产品；

②采取抽奖、回扣、赠送实物等方式诱导客户购买金融产品；

③与客户分享投资收益、分担投资损失；

④使用除证券公司客户交易结算资金专用存款账户外的其他账户，代委托人接收客户购买金融产品的资金；

⑤证券公司从事代销金融产品活动的人员不得接受委托人给予的财物或其他利益；

⑥其他可能损害客户合法权益的行为。

高频考点三十二：证券公司中间介绍业务

(1)业务范围

根据《证券公司为期货公司提供中间介绍业务试行办法》，证券公司受期货公司委托从事介绍业务，应当提供下列服务：

①协助办理开户手续；

②提供期货行情信息、交易设施；

③中国证监会规定的其他服务。

证券公司不得代理客户进行期货交易、结算或者交割，不得代期货公司、客户收付期货保证金，不得利用证券资金账户为客户存取、划转期货保证金。

(2)委托协议内容

证券公司从事介绍业务，应当与期货公司签订书面委托协议。委托协议应当载明下列事项：①介绍业务的范围；②执行期货保证金安全存管制度的措施；③介绍业务对接规则；④客户投诉的接待处理方式；⑤报酬支付及相关费用的分担方式；⑥违约责任；⑦中国证监会规定的其他事项。双方可以在委托协议中约定前述规定以外的其他事项，但不得违反法律、行政法规和《证券公司为期货公司提供中间介绍业务试行办法》的规定。不得损害客户的合法权益。

(3)中间介绍业务中证券公司的禁止事项

证券公司为期货公司介绍客户时，应当向客户明示其与期货公司的介绍业务委托关系，解释期货交易的方式、流程及风险，不得作获利保证、共担风险等承诺，不得虚假宣传，误导客户。

证券公司不得代客户下达交易指令，不得利用客户的交易编码、资金账号或者期货结算账户进行期货交易，不得代客户接收、保管或者修改交易密码。

证券公司不得直接或者间接为客户从事期货交易提供融资或者担保。

高频考点三十三：基金托管业务

(1)业务开展条件

《证券投资基金托管业务管理办法》在净资产指标、专门托管部门设置、系统配备、人员素质、制度建设等方面设置了准入条件，具体如下：

①净资产不低于200亿元人民币。

②符合监管部门的有关规定。

③设有专门的基金托管部门，保证托管业务运营的完整与独立。

④有安全保管基金财产、确保基金财产完整与独立的条件。

⑤有安全高效的清算、交割系统；有满足营业需要的固定场所、配备独立的安全监控系统；配备独立的托管业务技术系统，包括网络系统、应用系统、安全防护系统、数据备份系统。

⑥最近3年无重大违法违规记录。

⑦需具备完善的内部稽核监控制度和风险控制制度。

⑧基金托管部门拟任高级管理人员符合法定条件，取得基金从业资格的人员不低于该部门员工人数的1/2；拟从事基金清算、核算、投资监督、信息披露、内部稽核监控等业务的执业人员不少于8人，并具有基金从业资格，其中核算、监督等核心业务岗位人员应当具备2年以上托管业务从业经验。

(2)托管职责的履行

托管职责包括：基金财产保管、投资监督、结算职责、信息披露、估值核算与收益分配复核。

高频考点三十四：基金托管业务申请的有关规定

(1)申请人在申请基金托管资格时，隐瞒有关情况或者提供虚假申请材料的，中国证监会不予受理或者不予核准，并给予警告；申请人在3年内不得再次申请基金托管资格。

(2)申请人以欺骗、贿赂等不正当手段取得基金托管资格的，中国证监会可商中国银保监会取消基金托管资格，给予警告、罚款；中国银保监会可以区别不同情形，责令申请人对直接负责的主管人员和其他直接责任人员给予纪律处分，或者对其给予警告、罚款，或者禁止其一定期限直至终身从事银行业工作；申请人在3年内不得再次申请基金托管资格；涉嫌犯罪的依法移送司法机关，追究刑事责任。

(3)未取得基金托管资格擅自从事基金托管业务的，责令停止，没收违法所得，并处违法所得1倍以上5倍以下罚款；没有违法所得或者违法所得不足100万元的，并处10万元以上100万元以下罚款；对直接负责的主管人员和其他直接责任人员给予警告，并处3万元以上30万元以下罚款。

第四章　证券市场典型违法违规行为及法律责任

高频考点一：欺诈发行证券

(1)构成要件

构成要件	具体内容
主体	一般主体，包括自然人和单位
主观方面	犯罪主观方面是故意
客体	国家金融管理秩序
客观方面	犯罪客观方面表现为未依法定程序经有关部门批准的集资行为

(2)刑事立案追诉标准

发行股票或者公司、企业债券，涉嫌下列情形之一的，应予立案追诉：

①发行数额在 500 万元以上的；

②伪造、变造国家机关公文、有效证明文件或者相关凭证、单据的；

③利用募集的资金进行违法活动的；

④转移或者隐瞒所募集资金的；

⑤其他后果严重或者有其他严重情节的情形。

(3)发行人的法律责任

根据《刑法》第一百六十条的规定，在招股说明书、认股书、公司、企业债券募集办法等发行文件中隐瞒重要事实或者编造重大虚假内容，发行股票或者公司、企业债券、存托凭证或者国务院依法认定的其他证券，数额巨大、后果严重或者有其他严重情节的，处 5 年以下有期徒刑或者拘役，并处或者单处罚金；数额特别巨大、后果特别严重或者有其他特别严重情节的，处 5 年以上有期徒刑，并处罚金。

控股股东、实际控制人组织、指使实施前款行为的，处 5 年以下有期徒刑或者拘役，并处或者单处非法募集资金金额 20% 以上 1 倍以下罚金；数额特别巨大、后果特别严重或者有其他特别严重情节的，处 5 年以上有期徒刑，并处非法募集资金金额 20% 以上 1 倍以下罚金。

单位犯前述罪的，对单位判处非法募集资金金额 20% 以上 1 倍以下罚金，并对其直接负责的主管人员和其他直接责任人员，依照《刑法》第一百六十条第一款的规定处罚。

高频考点二：非法吸收公众存款

(1)构成要件

构成要件	具体内容
主体	一般主体，包括自然人和单位
主观方面	在主观方面是故意
客体	国家金融管理秩序
客观方面	非法吸收公众存款或者变相吸收公众存款的行为

(2)刑事立案追诉标准

非法吸收公众存款或者变相吸收公众存款，扰乱金融秩序，涉嫌下列情形之一的，应予立案追诉：

①个人非法吸收或者变相吸收公众存款数额在20万元以上的，单位非法吸收或者变相吸收公众存款数额在100万元以上的；

②个人非法吸收或者变相吸收公众存款30户以上的，单位非法吸收或者变相吸收公众存款150户以上的；

③个人非法吸收或者变相吸收公众存款给存款人造成直接经济损失数额在10万元以上的，单位非法吸收或者变相吸收公众存款给存款人造成直接经济损失数额在50万元以上的；

④造成恶劣社会影响的；

⑤其他扰乱金融秩序情节严重的情形。

(3)法律责任

非法吸收公众存款或者变相吸收公众存款，扰乱金融秩序的，处3年以下有期徒刑或者拘役，并处或者单处2万元以上20万元以下罚金；数额巨大或者有其他严重情节的，处3年以上10年以下有期徒刑，并处罚金；数额特别巨大或者有其他特别严重情节的，处10年以上有期徒刑，并处罚金。单位犯该罪的，对单位判处罚金，并对其直接负责的主管人员和其他直接责任人员，依照前述规定处罚。有前述行为，在提起公诉前积极退赃退赔，减少损害结果发生的，可以从轻或者减轻处罚。

高频考点三：集资诈骗罪

(1)构成要件

构成要件	具体内容
主体	一般主体，包括自然人和单位
主观方面	在主观方面是故意，且以非法占有为目的
客体	国家金融管理秩序及公私财产所有权
客观方面	为使用欺诈手段实施非法集资，且数额较大的行为

(2)立案追诉标准

以非法占有为目的，使用诈骗方法非法集资，涉嫌下列情形之一的，应予立案追诉：

①个人集资诈骗，数额在10万元以上的；

②单位集资诈骗，数额在50万元以上的。

(3)法律责任

根据《刑法》第一百九十二条的规定，以非法占有为目的，使用诈骗方法非法集资，数额较大的，处3年以上7年以下有期徒刑，并处罚金；数额巨大或者有其他严重情节的，处7年以上有期徒刑或者无期徒刑，并处罚金或者没收财产。单位犯该罪的，对单位判处罚金，并对其直接负责的主管人员和其他直接责任人员，依照前述规定处罚。

高频考点四：中介机构其他典型违法违规行为及法律责任

(1)中介机构违反证券承销业务规定的行为认定

证券公司承销证券，应当对公开发行募集文件的真实性、准确性、完整性进行核查。发现有虚假记载、误导性陈述或者重大遗漏的，不得进行销售活动；已经销售的，必须立即停止销售活动，并采取纠正措施。

证券公司承销证券，不得有下列行为：①进行虚假的或者误导投资者的广告宣传或者其他宣传推介活动；②以不正当竞争手段招揽承销业务；③其他违反证券承销业务规定的行为。

(2)法律责任

根据《证券法》第一百八十四条的规定，证券公司承销证券违反《证券法》第二十九条规定的，责令改正，给予警告，没收违法所得，可以并处50万元以上500万元以下的罚款；情节严重的，暂停或者撤销相关业务许可。对直接负责的主管人员和其他直接责任人员给予警告，可以并处20万元以上200万元以下的罚款；情节严重的，并处以50万元以上500万元以下的罚款。

高频考点五：在证券交易活动中作出虚假陈述或者信息误导

(1)在证券交易活动中作出虚假陈述或者信息误导的认定

在证券交易活动中作出虚假陈述或者信息误导，是指证券交易所、证券公司、证券登记结算机构、证券服务机构及其从业人员，证券业协会、证券监督管理机构及其工作人员，在证券交易活动中作出虚假陈述或者信息误导。

(2)行政责任

根据《证券法》第一百九十三条的规定，编造、传播虚假信息或者误导性信息，扰乱证券市场的，没收违法所得，并处以违法所得1倍以上10倍以下的罚款；没有违法所得或者违法所得不足20万元的，处以20万元以上200万元以下的罚款。在证券交易活动中作出虚假陈述或者信息误导的，责令改正，处以20万元以上200万元以下的罚款；属于国家工作人员的，还应当依法给予行政处分。

高频考点六：诱骗投资者买卖证券、期货合约罪

要点	具体内容	
犯罪构成	主体	①证券交易所、期货交易所、证券公司、期货经纪公司的从业人员； ②证券业协会、期货业协会或者证券期货监督管理部门的工作人员
	主观方面	主观方面只能是故意，过失不构成本罪
	客体	证券、期货交易市场的正常管理秩序和证券、期货投资人的合法利益
	客观方面	行为人故意提供虚假信息或者伪造、变造、销毁交易记录，诱骗投资者买卖证券、期货合约，造成严重后果的行为
刑事立案追诉标准	①获利或者避免损失数额累计在5万元以上的； ②造成投资者直接经济损失数额在5万元以上的； ③致使交易价格和交易量异常波动的； ④其他造成严重后果的情形	

高频考点七：利用未公开信息交易罪

要点	具体内容	
犯罪构成	主体	①证券交易所、期货交易所、证券公司、期货经纪公司、基金管理公司、商业银行、保险公司等金融机构的从业人员； ②有关监管部门或者行业协会的工作人员
	主观方面	主观方面只能是故意，过失不构成本罪

续表

要点	具体内容	
犯罪构成	客体	证券、期货交易市场的正常管理秩序和证券、期货投资人的合法利益
	客观方面	利用因职务便利获取的内幕信息以外的其他未公开的信息，违反规定，从事与该信息相关的证券、期货交易活动，或者明示、暗示他人从事相关交易活动，情节严重的行为
刑事立案标准	①证券交易成交额累计在50万元以上的； ②期货交易占用保证金数额累计在30万元以上的； ③获利或者避免损失数额累计在15万元以上的； ④多次利用内幕信息以外的其他未公开信息进行交易活动的； ⑤其他情节严重的情形	

高频考点八：内幕交易、泄露内幕信息罪

要点	具体内容	
犯罪构成	主体	证券、期货交易内幕信息的知情人员或者非法获取证券、期货交易内幕信息的人员
	主观方面	主观方面只能是故意，过失不构成本罪
	客体	证券、期货交易市场的正常管理秩序和证券、期货投资人的合法利益
	客观方面	行为人违反有关法规，在涉及证券的发行，证券、期货交易或者其他对证券、期货交易价格有重大影响的信息尚未公开前，买卖该证券、期货，或者明示、暗示其他人从事买卖该证券、期货，或者泄露内幕信息，情节严重的行为
刑事立案标准	①证券交易成交额累计在50万元以上的； ②期货交易占用保证金数额累计在30万元以上的； ③获利或者避免损失数额累计在15万元以上的； ④多次进行内幕交易、泄露内幕信息的； ⑤其他情节严重的情形	

高频考点九：操纵证券、期货市场罪

要点	具体内容	
概念	①单独或合谋，集中资金优势、持股或者持仓优势或者利用信息优势联合或者连续买卖； ②与他人串通以事先约定的时间、价格和方式相互进行交易； ③在自己实际控制的账户之间进行交易，或者以自己为交易对象，自买自卖等方式，操纵证券、期货市场(含交易价格、交易量等)的行为	
犯罪构成	主体	一般主体。凡达到刑事责任年龄并且具有刑事责任能力的自然人均可成为本罪犯罪主体，单位亦可
	主观方面	主观方面只能是故意
	客体	侵犯国家证券、期货管理制度和投资者合法权益
	客观方面	利用其资金、信息等优势或者滥用职权操纵职场、制造市场假象，影响证券、期货市场

第五章　行业文化、职业道德与从业人员行为规范

高频考点一：行业文化建设的重要意义

（1）健康良好的行业文化是行稳致远的立身之本。

（2）健康良好的行业文化是服务实体经济的内在要求。

（3）健康良好的行业文化是全面深化资本市场改革的重要保障。

（4）健康良好的行业文化是防范金融风险的有力抓手。

高频考点二：行业的文化理念

证券行业文化理念包括：合规、诚信、专业、稳健。其中，合规是底线，诚信是义务，专业是特色，稳健是保证。

高频考点三：行业文化建设的基本要求

①坚持依法合规，筑牢发展基础；②坚持诚实守信，恪守职业操守；③坚持专业精神，提升服务能力；④坚持稳健经营，促进健康发展；⑤坚持廉洁自律，弘扬清风正气；⑥牢记社会责任，展现良好形象。

高频考点四：廉洁从业的内控机制

廉洁从业的内控机制包括制度建设、人员管理、财经纪律、信息保密及利益冲突。

证券期货经营机构应当在重要制度中以专门章节明确廉洁从业要求，建立涵盖所有业务及各个环节的廉洁从业内部控制制度，将其纳入整个内部控制体系之中。

证券期货经营机构应当明确董事、监事、高级管理人员及各层级管理人员的廉洁文化建设和廉洁从业管理责任，并对廉洁从业风险防控工作的相关底稿留档保存。

证券经营机构应当强化财经纪律，杜绝账外账等不规范行为。对于业务活动中产生的费用支出制定明确的内部决策流程和具体标准，确保相关费用支出合法合规。

证券经营机构应当加强保密信息的管理，采取保密措施，防范工作人员利用内幕信息、未公开信息、客户信息、商业秘密等信息输送或者谋取不正当利益。

高频考点五：廉洁从业的禁止性要求

证券期货经营机构及其工作人员在开展证券期货业务及相关活动中，不得以下列方式向公职人员、客户、正在洽谈的潜在客户或者其他利益关系人输送不正当利益：①提供礼金、礼品、房产、汽车、有价证券、股权、佣金返还等财物，或者为上述行为提供代持等便利；②提供旅游、宴请、娱乐健身、工作安排等利益；③安排显著偏离公允价格的结构化、高收益、保本理财产品等交易；④直接或者间接向他人提供内幕信息、未公开信息、商业秘密和客户信息，明示或者暗示他人从事相关交易活动；⑤其他输送不正当利益的情形。

高频考点六：诚信信息的保存

诚信信息以电子文档形式保存。诚信信息有纸质证明文件的，证明文件以电子和纸质两种形式保存。诚信信息电子文档长期保存。纸质证明文件保存期与相关诚信信息效力期限一致。

高频考点七：诚信信息的效力期限

（1）基本信息长期有效。

(2)奖励信息、处罚处分信息效力期限为3年，但因证券期货违法行为被行政处罚、市场禁入的信息，效力期限为5年。效力期限自奖励、处罚处分决定生效之日起算。

(3)超过效力期限的诚信信息转入历史记录库。转入历史记录库的信息不再提供查询服务，但法律法规及中国证券业协会另有规定的除外。

高频考点八：证券市场禁入措施

根据《证券市场禁入规定》，下列人员违反法律、行政法规或者中国证监会有关规定，情节严重的，中国证监会可以根据情节严重的程度，采取证券市场禁入措施：

(1)发行人、上市公司、非上市公众公司的董事、监事、高级管理人员，其他信息披露义务人或者其他信息披露义务人的董事、监事、高级管理人员；

(2)发行人、上市公司、非上市公众公司的控股股东、实际控制人，或者发行人、上市公司、非上市公众公司控股股东、实际控制人的董事、监事、高级管理人员；

(3)证券公司的董事、监事、高级管理人员及其内设业务部门负责人、分支机构负责人或者其他证券从业人员；

(4)证券公司的控股股东、实际控制人或者证券公司控股股东、实际控制人的董事、监事、高级管理人员；

(5)证券服务机构的董事、监事、高级管理人员等从事证券服务业务的人员和证券服务机构的实际控制人或者证券服务机构实际控制人的董事、监事、高级管理人员；

(6)证券投资基金管理人、证券投资基金托管人的董事、监事、高级管理人员及其内设业务部门、分支机构负责人或者其他证券投资基金从业人员；

(7)中国证监会认定的其他违反法律、行政法规或者中国证监会有关规定的有关责任人员。

高频考点九：证券业从业人员

(1)从事证券业务的专业人员范围

根据《证券业从业人员资格管理办法》，从事证券业务的专业人员是指：

①证券公司中从事自营、经纪、承销、投资咨询、受托投资管理等业务的专业人员，包括相关业务部门的管理人员。②基金管理公司、基金托管机构中从事基金销售、研究分析、投资管理、交易、监察稽核等业务的专业人员，包括相关业务部门的管理人员；基金销售机构中从事基金宣传、推销、咨询等业务的专业人员，包括相关业务部门的管理人员。③证券投资咨询机构中从事证券投资咨询业务的专业人员及其管理人员。④证券资信评级机构中从事证券资信评级业务的专业人员及其管理人员。⑤中国证监会规定的其他人员。

(2)证券业从业人员应当符合的要求

证券公司中从事证券业务的人员应当符合《证券法》等法律法规、中国证监会规定、中国证券业协会自律规则的要求，品行良好，具备从事证券业务所需的专业能力。包括但不限于，满足基本要求：品行端正，具有良好的职业道德；最近3年未受过刑事处罚；未被中国证监会认定为证券市场禁入者，或者已过禁入期；通过相应的证券业从业人员资格考试等。

高频考点十：证券从业人员不得从事的活动

证券从业人员不得从事以下活动：

(1)从事内幕交易或利用未公开信息交易活动，泄露利用工作便利获取的内幕信息或其他未公开信息，或明示、暗示他人从事内幕交易活动；

(2)利用资金优势、持股优势和信息优势，单独或者合谋串通，影响证券交易价格或交易量，误导和干扰市场；

(3)编造、传播虚假信息，作出虚假陈述或信息误导，扰乱证券市场；

(4)损害社会公共利益、所在机构或者他人的合法权益；

(5)从事与其履行职责有利益冲突的业务；

(6)接受利益相关方的贿赂或对其进行贿赂，或从事可能导致与投资者或所在机构之间产生利益冲突的活动；

(7)买卖法律明文禁止买卖的证券；

(8)利用工作之便向任何机构和个人输送利益，损害客户和所在机构利益；

(9)违规向客户作出投资不受损失或保证最低收益的承诺；

(10)隐匿、伪造、篡改或者毁损交易记录；

(11)中国证监会、中国证券业协会禁止的其他行为。

高频考点十一：证券从业人员职业道德准则

(1)敬畏法律，遵纪守规；(2)诚实守信，勤勉尽责；(3)守正笃实，严谨专业；(4)审慎稳健，严控风险；(5)公正清明，廉洁自律；(6)持续精进，追求卓越；(7)爱岗敬业，忠于职守；(8)尊重包容，共同发展；(9)关爱社会，益国利民。

高频考点十二：证券经纪业务相关人员

(1)从事证券经纪业务人员不得存在的行为

根据《关于加强证券经纪业务管理的规定》，证券公司从事证券经纪业务的人员应当客观说明公司业务资格、服务职责、范围等情况，不得提供虚假、误导性信息，不得采取不正当竞争手段开展业务，不得诱导无投资意愿或者无风险承受能力的投资者参与证券交易活动。

(2)违反证券经纪业务相关规定的人员承担的法律责任

证券从业人员发生违反法律、行政法规、监管机构和其他行政管理部门规定以及自律规则、证券公司证券经纪业务管理制度行为的，证券公司应当追究其责任。证券公司及证券营业部违反《关于加强证券经纪业务管理的规定》的，中国证监会及其派出机构将视情况依法采取责令改正、监管谈话、出具警示函、暂不受理与行政许可有关的文件、责令处分有关人员、暂停核准新业务、限制业务活动等监管措施。违反法律法规的，依法进行行政处罚。构成犯罪的，移送司法机关处理。

高频考点十三：证券经纪人的禁止性规定

根据《证券经纪人管理暂行规定》，证券经纪人不得有下列行为：

(1)替客户办理账户开立、注销、转移，证券认购、交易或者资金存取、划转、查询等事宜；

(2)提供、传播虚假或者误导客户的信息，或者诱使客户进行不必要的证券买卖；

(3)与客户约定分享投资收益，对客户证券买卖的收益或者赔偿证券买卖的损失作出承诺；

(4)采取贬低竞争对手、进入竞争对手营业场所劝导客户等不正当手段招揽客户；

(5)泄露客户的商业秘密或者个人隐私；

(6)为客户之间的融资提供中介、担保或者其他便利；

(7)为客户提供非法的服务场所或者交易设施，或者通过互联网络、新闻媒体从事客户招揽和客户服务等活动；

(8)委托他人代理其从事客户招揽和客户服务等活动；

(9)损害客户合法权益或者扰乱市场秩序的其他行为。

高频考点十四：证券投资咨询人员

证券投资咨询人员申请登记为从事证券投资咨询业务的人员，在满足基本要求基础上，还应当必须具备下列条件：

(1)具有中华人民共和国国籍；

(2)具有完全民事行为能力；

(3)品行良好、正直诚实，具有良好的职业道德；

(4)未受过刑事处罚或者与证券业务有关的严重行政处罚；

(5)具有大学本科以上学历；

(6)证券投资咨询人员具有从事证券业务两年以上的经历，期货投资咨询人员具有从事期货业务两年以上的经历；

(7)通过相应的证券从业人员资格考试；

(8)中国证监会规定的其他条件。

高频考点十五：证券投资咨询人员禁止性行为规定

(1)根据《证券法》，证券投资咨询机构及其从业人员从事证券服务业务不得有下列行为：

①代理委托人从事证券投资；

②与委托人约定分享证券投资收益或者分担证券投资损失；

③买卖本证券投资咨询机构提供服务的证券；

④法律、行政法规禁止的其他行为。

有前款所列行为之一，给投资者造成损失的，依法承担赔偿责任。

(2)根据《证券、期货投资咨询管理暂行办法》，证券投资咨询机构及其投资咨询人员，不得从事下列活动：

①代理投资人从事证券、期货买卖；

②向投资人承诺证券、期货投资收益；

③与投资人约定分享投资收益或者分担投资损失；

④为自己买卖股票及具有股票性质、功能的证券以及期货；

⑤利用咨询服务与他人合谋操纵市场或者进行内幕交易；

⑥法律、法规、规章所禁止的其他证券、期货欺诈行为。

高频考点十六：证券公司申请保荐业务资格的条件

(1)注册资本不低于人民币1亿元，净资本不低于人民币5000万元。

(2)具有完善的公司治理和内部控制制度，风险控制指标符合相关规定。

(3)保荐业务部门具有健全的业务规程、内部风险评估和控制系统，内部机构设置合理，具备相应的研究能力、销售能力等后台支持。

(4)具有良好的保荐业务团队且专业结构合理，从业人员不少于35人，其中最近3年从事保荐相关业务的人员不少于20人。

(5)保荐代表人不少于4人。

(6)最近3年内未因重大违法违规行为受到行政处罚。

(7)中国证监会规定的其他条件。

高频考点十七：财务顾问主办人应当具备的条件

(1)具有证券从业资格。

(2)具备中国证监会规定的投资银行业务经历。

(3)参加中国证监会认可的财务顾问主办人胜任能力考试且成绩合格。

(4)所任职机构同意推荐其担任本机构的财务顾问主办人。

(5)未负有数额较大到期未清偿的债务。

(6)最近24个月无违反诚信的不良记录。

(7)最近24个月未因执业行为违反行业规范而受到行业自律组织的纪律处分。

(8)最近36个月未因执业行为违法违规受到处罚。

(9)中国证监会规定的其他条件。